# MATREIER GESPRÄCHE

Kulturwissenschaftliche
Beiträge zur
Verhaltensforschung

KRIEG · FRIEDE · KONFLIKT

Forschungsgemeinschaft Wilhelminenberg

Gesellschaft der Freunde der
Forschungsgemeinschaft Wilhelminenberg

Verein für Ökologie und Umweltforschung

Institut für angewandte Öko-Ethologie

# MATREIER GESPRÄCHE

Kulturwissenschaftliche
Beiträge zur
Verhaltensforschung

## KRIEG · FRIEDE · KONFLIKT

Otto Koenig (Hrsg.)

Ueberreuter

Die Deutsche Bibliothek – CIP-Einheitsaufnahme

**Matreier Gespräche ⟨15, 1989⟩:**
Matreier Gespräche Krieg, Friede, Konflikt / Otto Koenig
(Hrsg.). – Wien : Ueberreuter, 1992
ISBN 3-8000-3481-6
NE: Koenig, Otto [Hrsg.]: HST

AU 256/1


Printed in Austria

*Die Gesellschaft der Freunde*
*der Forschungsgemeinschaft Wilhelminenberg*
*widmet diesen Band*
*Herrn Universitätsprofessor Dr. Max Liedtke*
*zum 60. Geburtstag*
*in aufrichtiger Dankbarkeit*
*für jahrelange richtungweisende Teilnahme*
*an den »Matreier Gesprächen«*
*und sein großes Verständnis für die Aktivitäten*
*des »Institutes für angewandte Öko-Ethologie«*

# *Inhalt*

# *Zur Entstehung des Bandes*

Herr Professor Dr. Max Liedtke, Inhaber des Lehrstuhls Pädagogik I an der Erziehungswissenschaftlichen Fakultät der Universität Nürnberg-Erlangen, wurde am 8. März 1991 60 Jahre alt. Die Forschungsgemeinschaft Wilhelminenberg hatte damals die Absicht, ihm zu Ehren eine Publikationssammlung zu veröffentlichen. Es handelt sich um Vorträge, die im Dezember 1989 bei den 15. Matreier Gesprächen zum Thema »Krieg, Friede, Konflikt« gehalten und von den Referenten für Herrn Professor Liedtke als Geburtstagsgeschenk niedergeschrieben wurden. Doch wie das schon so ist, fehlte einmal das Budget, dann wieder die Zeit. Wir konnten nichts tun, als uns zu bemühen, und das taten denn auch alle Wilhelminenberger Mitarbeiter aus tiefster Überzeugung. Nun endlich sind alle Hürden genommen, und der Band kann übergeben werden.

Einen Mann zu ehren, der jede Art interdisziplinärer Zusammenarbeit forcierte und außerdem gerade dort immer an vorderster Front stand, wo es galt, Brücken zu schlagen zwischen Natur- und Geisteswissenschaften, der ist berufen, den Dank des Wilhelminenberger Ethologenteams in doppelter Richtung zu erfahren. Einerseits für direkte Hilfe, Beratung, Information und Zusammenarbeit. Anderseits aber auch für überzeugte Abwehrstellung und notfalls auch Kampfbereitschaft gegenüber allzu biologiefremden Auffassungen.

Man muß wissen, daß gerade die Bereiche Natur- und Geisteswissenschaften heute noch in einer umstrittenen Position stehen und eine sichere gemeinsame Diskussionsbasis zwischen diesen Fachrichtungen noch nicht gefunden wurde. Während der Großteil der Naturwissenschaftler den Menschen als volles Produkt der Stammesgeschichte betrachtet und entsprechend beurteilt, postulieren die meisten Geisteswissenschaftler eine ihm zukommende Sonderstellung und lehnen daher die Zusammenarbeit mit den Naturwissenschaften ab. Professor Max Liedtke zählt zu den entschlossensten und gerechtesten Mitarbeitern im Bemühen um eine Verständigung zwischen beiden Disziplinen.

Dafür haben wir ihm ebenso aufrichtig zu danken wie für all seine oft völlig neuartige interdisziplinäre Forschungsarbeit. Auf Betreiben Professor Liedtkes wurde völlig offiziell ein »Interdisziplinäres Institut für anthropologisch-historische Bildungsforschung« eingerichtet, das von Anfang an enge Position zur Kulturethologie bezog. Er ist ein langjähriger Teilnehmer an den »Matreier Gesprächen«, und wir können alle nur hoffen, daß sich auch diese Zusammenarbeit vertiefen wird.

*Otto Koenig* Matrei/Osttirol, Dezember 1992

*Hartmut Heller*

# *Professor Dr. Max Liedtke Zwischenbild zum 60. Geburtstag*

In seiner Freizeit, er gönnt sich davon wenig, ist er gern mit dem Surfbrett zu Wasser – jede Bö nützend, zuversichtlich abwartend bei Flauten, manchmal auch gegen den Wind kreuzend. Dieses Hobby legt viel offen von der Persönlichkeit Max Liedtkes, der am 8. März 1931 in Düsseldorf geboren wurde und mithin 1991 seinen 60. Geburtstag feiern konnte, für seine beruflichen Leistungen u. a. geehrt mit dem deutschen Bundesverdienstkreuz am Bande.

Dem Abitur am humanistischen Goerres-Gymnasium folgte ein breit angelegtes Studium in den Fächern Theologie, Philosophie, Pädagogik und Musikwissenschaft, das Liedtke aus seiner rheinischen Heimatstadt weg an die Universitäten Bonn, München und Hamburg führte und in hungrigen Zeiten auch Hafenarbeiten nicht scheuen ließ. Der Musik blieb er durch Neigung bis heute verbunden; man hört ihm gern zu, wenn er bei Fakultätsfeiern oder im geselligen Teil der Matreier Gespräche, und zwar eben um solcher Gemeinschaftspflege willen, fröhlich-gekonnt die Violine oder Flöte spielt. Eine besondere Vorliebe für A-capella-Gesang und Johann Sebastian Bach setzt dieses musische Element aber zugleich in eins mit streng rationaler Argumentationsweise in der Pädagogik, die Liedtkes eigentliches Tätigkeitsfeld als Wissenschaftler wurde. Die 1964 vorgelegte Dissertation behandelt bezeichnenderweise den »Begriff der reflektierenden Urteilskraft in Kants Kritik der reinen Vernunft«. Ebenfalls an der Universität Hamburg konnte sich Liedtke dann 1970/71 für das Fach Erziehungswissenschaften habilitieren. Und schon drei Jahre später, zwischenzeitlich hatte er außerdem an der Pädagogischen Hochschule Göttingen Vorlesungen gehalten, erreichte den jungen Dozenten 1973 der Ruf auf das Ordinariat Pädagogik I an der Erziehungswissenschaftlichen Fakultät der Universität Erlangen-Nürnberg, der er seither treu blieb. Für eine ungewöhnliche Doppelperiode 1979–1983 zum Dekan gewählt, hat er die Gleichschätzung dieser juvenilen Nürnberger Universitätsabteilung gegenüber den älteren Fakultäten wesentlich vorangetrieben. Bei mittlerweile 1600 Studierenden des Lehramts Grund- und Hauptschule an der EWF sind die primären Unterrichts- und Prüfungspflichten oft eine Last. Trotzdem hat sich Max Liedtke immer wieder bereit gefunden, in kollegialer Verantwortung zusätzlich auch Lehrstuhlvertretungen an der Universität München (1974/79), Lehraufträge an den Universitäten Bamberg (seit 1984) bzw. Jena (1991) und neuerdings fachspezifische Beraterfunktionen beim Aufbau der Universität Erfurt zu übernehmen. In eigener Sache gelang es ihm 1991, die Universitätsleitung dafür zu gewinnen, seine vordem nicht näher definierte Pädagogik-Professur zum Kern eines zielgerichtet-größeren Instituts für Historisch-Anthropologische Bildungsforschung zu verwandeln.

In dieser Benennung kommen die zwei Hauptschwerpunkte der wissenschaftlichen Arbeit Max Liedtkes zum Ausdruck, die sich in bislang 95 Veröffentlichungen niedergeschlagen hat. Seit der Berührung mit seinem Doktorvater, dem Physiker, Philosophen und Friedensforscher Carl Friedrich von Weizsäcker, geht es Liedtke darum, Pädagogik anthropologisch zu fundieren, Kultur als Zusammenspiel von Erbfaktoren und Lernleistungen zu begreifen und mit entwicklungsgeschichtlichem Denkansatz naturwissenschaftliche und geisteswissenschaftliche Aussagen zu verknüpfen. Die daraus erwachsene Habilitationsschrift »Evolution und Erziehung. Ein Beitrag zur integrativen Pädagogischen Anthropologie« erschien 1991 bereits in dritter Auflage. Besonders wichtig wurden ihm dabei Ergebnisse der biologischen Evolutionsforschung sowie der Verhaltensforschung im gesamten Tier-Mensch-Bereich, was ihn zusammenbrachte mit ähnlich grenzüberschreitend operierenden Wissenschaftlern wie Bernhard Hassenstein, Bernhard Rensch, Paul Leyhausen, Konrad Lorenz und vor allem Otto Koenig als Begründer der Kulturethologie. In der Stammesgeschichte des Menschen sieht Liedtke »die großartige Erkenntnismöglichkeit . . ., Phänomene bis an die Wurzeln ihrer Entstehung zurückzuverfolgen«. Der von beiden, Koenig und Liedtke, gesuchte interdisziplinäre Kontakt hat u. a. seine spezifische Heimstatt alljährlich um den Nikolaustag in den 1976 von Otto Koenig inspirierten Matreier Gesprächen, bei denen sich zu veränderlichen Rahmenthemen Zoologen, Völker- und Volkskundler, Soziologen, Theologen, Pädagogen, Prähistoriker usw. treffen und Max Liedtke seit 1978 ein nicht wegzudenkender Diskussionspartner ist.

Aus der Gewißheit, daß Lernen ein irreversibler Vorgang der Phylogenie ist und einmal gegebene Anstöße, langsam zwar, doch nachwirken, bezieht

Liedtke einen beinahe unerschütterlichen pädagogischen Optimismus. »Durch nichts«, so formulierte er einmal, »wäre die Menschheit so bedroht wie durch eine Jugend ohne Hoffnung.« In diesem Zusammenhang ist wohl auch sein in letzter Zeit verstärkter Einsatz für Umwelterziehung in der Schule einzuordnen. So macht er sich im fränkischen Raum stark für eine sinnvolle Wiederbelebung des Unterrichts im Schulgarten, damit Kinder in vernetzten Systemen zu denken lernen, und ist ferner Vorsitzender im Wissenschaftlichen Beirat des Vereins für Ökologie und Umweltforschung, Wien.

Im engeren Sinn gelten die historiographischen Bemühungen Liedtkes zum zweiten der Schulgeschichte, woran ihn besonders die Institutionalisierung der Weitergabe von Wissen, die benachteiligte Mädchenbildung und das Amt des Lehrers interessieren. In der Deutschen Gesellschaft für Erziehungswissenschaft leitet er deren Historische Kommission. Früher diesbezüglicher Fixpunkt war 1968 seine Monographie über Johann Heinrich Pestalozzi, die später sogar ins Holländische und Japanische übersetzt wurde. Biographische Skizzen widmete er ferner dem Nürnberger Schreibmeister Johann Neudörfer und dem fränkischen Schulmann Heinrich Stephani. Kaum in Nürnberg seßhaft geworden, begann der »neue Pädagogikprofessor« sodann bald für eine »Schulgeschichtliche Sammlung« zu werben, die sich zunächst vornehmlich auf alte Schulbücher ausrichtete. Die sogenannte »Johannes-Guthmann-Schulbuchsammlung« der Universität Erlangen-Nürnberg umfaßt inzwischen 12 235 Titel (1990) und zählt damit zu den größten, überregional beachteten Bibliotheken ihrer Art. Sie ist per se Beleg für das von Max Liedtke oft angesprochene Problem der Wissenskumulation durch Schrift (bei gleichzeitiger Vernachlässigung der Emotionalität); er selbst hat sie immer wieder benutzt als unerschöpfliche Datenbank für spannende Referate in Matrei. Geschickte Pressearbeit ließ der Dokumentationsstelle daneben aus der Öffentlichkeit auch zahlreichst dingliche Erinnerungsstücke aus dem Schulalltag zufließen – Ranzen, Tintenfässer, Schiefertafeln, Schulbänke, Zeugnisse, Klassenfotos. Doch war noch viel Zähigkeit in Gestalt von Denkschriften, Konzeptionspapieren und publikumswirksamen Kleinausstellungen nötig, bis endlich im Herbst 1985 die Exponate aus den Kellern der EWF geholt und im Obergeschoß des Nürnberger Schulhauses am Paniersplatz das »Schulmuseum der Universität Erlangen-Nürnberg« eröffnet werden konnte. Der Herr Professor hat dabei eigenhändig geschleppt und Wände gestrichen.

Die Finanzierung des laufenden Betriebs, die auf einer recht schwachen Trägerschaft von Universität, Stadt Nürnberg, Regierungsbezirk Mittelfranken, Förderverein usw. beruht, macht ihm Sorgen bis zum heutigen Tag, obwohl jährlich über 12 000 Besucher die allgemeine Attraktivität des Gezeigten außer Frage stellen. Landesunterstützung durch die Dienststelle »Nichtstaatliche Museen« konnte Liedtke für Nürnburg nur dadurch erlangen, daß er in arbeitsteiliger Gliederung zugleich auch das Konzept für das in Ichenhausen (Lkr. Günzburg) angesiedelte »Bayerische Schulmuseum« entwarf, das bereits 1984 eingeweiht werden konnte. So ist Max Liedtke derzeit geistiger Herr sogar zweier Museen, von denen Ichenhausen Schulgeschichte in Epochenschritten von der Steinzeit bis zur Gegenwart darstellt und Nürnberg mehr die Schularten, z. B. Volksschule im 19. Jahrhundert, Gymnasialwesen, Gehörlosenbildung, Berufsschulen sowie den Fachunterricht etwa in Mathematik und Physik betont. Wie sehr er darüber zum Museumsfachmann und Pionier eigenständiger Schulmuseen geworden ist, die über bloße schulgeschichtliche Andeutungen im Heimatmuseum hinausgehen, dabei nach seiner Art stets bedacht auf systematische Horizonte und übergreifende Kontaktaufnahme, zeigte sich 1988, als er mit großer Resonanz in Nürnberg das »III. Internationale Symposion für Schulmuseen und schulgeschichtliche Sammlungen« veranstaltete. Und gewissermaßen zur zentralen Anlaufstation geworden, kam fast zwangsläufig auf ihn zu, neuerdings auch in den östlichen Bundesländern Koordinationsvorschläge für Schulmuseen zu machen und bedrohte Bestände retten zu helfen. Dank Liedtke und seinen fleißigen Mitarbeitern sind die beiden Einrichtungen in Ichenhausen bzw. Nürnberg nicht statisch, sondern höchst lebendig durch intensive museumsdidaktische Betreuung der Schulklassen, die sich zuhauf mit den Unterrichtsbedingungen von gestern konfrontieren lassen, sowie durch Akzente setzende Wanderausstellungen zu Themen wie »Vom Kritzeln zur Kunst«, »200 Jahre Abitur«, »Schulanfang 1945« oder »Schulbildung in der DDR«, zu denen in der Regel auch ein sorgfältiger Kurzkatalog erscheint. Nachgefragt aus vielen Städten, gehen diese Ausstellungen heute regelrecht auf Tournee durch die ganze Republik, was für den Initiator Liedtke wiederum manche neue Pflicht als Eröffnungsredner mit sich bringt. An das Museum Ichenhausen hat Liedtke außerdem ein seit 1983 alljährlich stattfindendes wissenschaftliches Symposion angebunden, das sich – ähnlich interdisziplinär strukturiert wie die Matreier Gespräche – bisher u. a. mit »Regionaler Schulentwicklung im

19. und 20. Jahrhundert« (1984), »Erziehungs- und Unterrichtsmethoden im historischen Wandel« (1985), »Schreiber, Magister, Lehrer – Zur Geschichte und Funktion eines Berufsstandes« (1988) bzw. »Schülerbeurteilungen und Schülerzeugnisse« (1990) befaßte. Aus den im Verein mit dem Bayerischen Nationalmuseum rasch edierten Vortragsserien ist mittlerweile schon eine stattliche Publikationsreihe entstanden.

Auf die 1990er Jahre zu kehrte Max Liedtke insgesamt vom dreidimensionalen Museumsgut wieder mehr zur Zweidimensionalität von Buchveröffentlichungen zurück. Bewährt als Herausgeber der genannten Tagungsbände sowie der neu aufgefundenen Nürnberger Lehrervereins-Protokolle 1821–1830, die aufschlußreich die generellen Anfänge der Lehrervereinsbewegung beleuchten, wird er künftig auch eine Schriftenreihe des BLLV betreuen. Vor allem aber beschäftigt ihn augenblicklich das selbstgestellte Mammutvorhaben, erstmals ein umfassendes »Handbuch der Geschichte des Bayerischen Bildungswesens« zustande zu bringen; den ersten von vier geplanten Bänden hat der Klinkhardt-Verlag soeben ausgeliefert. »Der Liedtke«, wie man dieses Buchmonument wohl salopp bald nennen wird, besticht schon jetzt durch sein vielschichtiges Gliederungskonzept in Längsschnitten, Ergänzungskapiteln und Spezialuntersuchungen. 74 Mitautoren pünktlich zusammenzuhalten ist darüber hinaus eine Rektorenaufgabe erster Güte, die ihn gewiß noch manch graues Haar kosten wird.

Der aus Hamburg gekommene Rheinländer hat sein berufliches Handlungsfeld Franken-Bayern, dessen Flora und Landschaftseigentümlichkeiten er sonntags auch gern mit Freunden erwandert, somit sichtlich gut angenommen. Er hat es zugleich aus der Sicht seines Faches schöpferisch bereichert und ist stets bereit, hier auch sonstige Kulturentwicklungen aktiv mitzugestalten, z. B. als Sprecher des Kulturbeirates der Stadt Nürnberg oder Förderer des Windsbacher Knabenchores. Enge wissenschaftliche Beziehungen hat er ferner durch Otto Koenig nach Österreich und, seit die Mauer fiel, in die ostdeutschen Bundesländer geknüpft. Er verharrt nicht im akademischen Elfenbeinturm, sondern sucht – nicht anders sind seine Rundfunkvorträge der 70er Jahre, seine Museumsgründungen der 80er Jahre zu deuten – sehr wohl auch öffentliche Breitenwirkung für seine Themen.

Bei allem, was Liedtke anpackt, fällt auf, mit welcher Disziplin, mit welch hohem Organisationsgrad, mit welcher Kontaktfähigkeit, Überzeugungsgabe und Tatkraft es geschieht. Sogar noch im Scherz bleibt er, wie das kunstvollwitzige Nonsens elaborat einer amtlich gesiegelten Matreier-Gespräche-»Satzung« beweist, Systematiker. Mit natürlicher Autorität und liebenswürdiger Hartnäckigkeit, die sein Grundzug ist, weiß er sich dabei, ob ABM-Kräfte, Kollegen oder politische Mandatsträger, stets auch gute Mitarbeiter zu schaffen – engagiert deshalb, weil er durch eigene Unermüdlichkeit, Kompetenz und Zuverlässigkeit zwingendes Vorbild ist. Heiter-resigniert spricht er gelegentlich, wenn das freiwillige Muß überhandnimmt oder es an erhoffter administrativer Hilfe mangelt, von der »Selbstausbeutung des Wissenschaftlers«. Doch obwohl er aus ökologischer Einsicht sonst jeden Raubbau an der Natur beschränken möchte, meint er das Wort von der Selbstausbeutung nie so ernst, daß er persönlich je damit aufhören würde . . .

Die Matreier Gesprächsrunde wünscht Herrn Professor Dr. Max Liedtke in diesem Sinne das Glück lang anhaltender Robustheit.

*Max Liedtke*

# *Wissenschaftliche Veröffentlichungen*


1. Der Begriff der reflektierenden Urteilskraft in Kants Kritik der reinen Vernunft, Dissertation Hamburg 1964, 168 S.
2. Von der Überbewertung der Sprache, in: Westermanns Pädagogische Beiträge 1965, Heft 10, S. 455–466 (Vortrag im NDR 1964).
3. Geschichte und Geschichtshörspiel, in: Westermanns Pädagogische Beiträge 1966, Heft 2, S. 67–70.
4. Kant und die Erziehungswissenschaft, in: Zeitschrift für Pädagogik 1965, Heft 2, S. 134–143; auszugsweise nachgedruckt in: Weißkopf, Traugott, Immanuel Kant und die Pädagogik, Editio Academica, Zürich 1970, S. 518 f.
5. Der Begriff der Reflexion bei Kant, in: Archiv für Geschichte der Philosophie 1966, Heft 2, S. 207–216.
6. Zum Problem des sittlichen Fehlverhaltens des Erziehers, in: Pädagogische Rundschau 1967, Heft 4/5, S. 260–271.
7. Pestalozzi und die Erziehungswissenschaft, in: Zeitschrift für Pädagogik 1967, Heft 4, S. 346–354.
8. Rezension: Johann Heinrich Pestalozzi, Sämtliche Briefe, in: Zeitschrift für Pädagogik 1967, Heft 2, S. 403–407.
9. Einige Anmerkungen zu H. J. Ipflings »Anmerkungen über die Wissenschaftstheoretische Grundlegung der Pädagogik bei Kant«, in: Pädagogische Rundschau 1967, Heft 8, S. 607–609.
10. Rezension: Rang, Adalbert, Der politische Pestalozzi, in: Zeitschrift für Pädagogik 1967, Heft 6, S. 620–623.
11. Johann Heinrich Pestalozzi (»rowohlts monographien« Nr. 138), Reinbek 1968, 180 S., 9. Auflage 1984; 10. Auflage 1987. Holländische Ausgabe 1976, Verlag Het Wereldvenster Baarn; japanische Übersetzung durch Prof. Sakata, Nishinomiyashi, Japan 1984, Rososha-Verlag, Tokio; ro-ro-ro-Bildmonographien, 11. Auflage 1989.

12. Texte Helmut Heißenbüttels im Deutschunterricht der Hauptschule, in: Westermanns Pädagogische Beiträge 1968, Heft 6, S. 302–310.
13. Rezension: J. H. Pestalozzi, Sämtliche Briefe, Bd. 9, in: Zeitschrift für Pädagogik, Heft 5, 1968, S. 513–515.
14. Zur historischen Dimension in einer empirischen Erziehungswissenschaft, in: Westermanns Pädagogische Beiträge 1971, Heft 7, S. 351–361.
15. Evolution und Erziehung. Ein Beitrag zur integrativen Pädagogischen Anthropologie, Göttingen 1972, 288 S., 2. Auflage 1976; 3. Auflage 1991.
16. Zur Funktion von Erziehung in der Gesellschaft – Problemgeschichtliche und phylogenetische Aspekte, in: Pädagogische Rundschau 1972, Heft 2, S. 106–126.
17. Rezension: Gudjons, H., Erziehung und Gesellschaft in Pestalozzis »Lienhard und Gertrud«, in: Zeitschrift für Pädagogik 1972, Heft 3, S. 463–466.
18. Versuch einer Apologie der Pädagogischen Anthropologie, in: Vierteljahresschrift für wissenschaftliche Pädagogik 1972, Heft 4, S. 294–314.
19. Lexikonartikel: J. H. Pestalozzi, Meine Nachforschungen, in: Kindlers Literatur-Lexikon, München 1973, 4 S.
20. Unterwerfung und Ungehorsam als pädagogisches Problem, in: Schlemmer, J. (Hrsg.), Anpassung als Notwendigkeit, München 1973, S. 119–130 (Vortrag im Süddeutschen Rundfunk 1972; abgedruckt in der »Welt« am 17. 2. 1973).
21. Kritische Lehre? Pädagogische Bedenken zum Schulbuch von George/Hillingen, in: Ortlieb, H.-D. (Hrsg.), Destruktive Zeitzünder, Hamburg 1973, S. 30–41.
22. Erziehungswissenschaft auf ungewohnten Wegen. Anmerkungen zu Ulrich Aselmeier, Biologische Anthropologie und Pädagogik, Weinheim und Basel 1973, in: Pädagogische Rundschau 1973, Heft 11, S. 871–876.
23. Vor schwierigen Gesprächen mit der marxistischen Pädagogik. Anmerkungen zu Koroljow, F. F. und Gmurman, W. J. (Hrsg.), Allgemeine Grundlagen der marxistischen Pädagogik, Pullach 1973, in: Zeitschrift für Pädagogik 1974, Heft 3, S. 477–483.

24. Rezension: J. H. Pestalozzi, Sämtliche Werke, Kritische Ausgabe, Bd. 23, in: Zeitschrift für Pädagogik 1974, Heft 6, S. 986–990.
25. Rezension: J. H. Pestalozzi, Sämtliche Briefe, Bde. 10–13, in: Zeitschrift für Pädagogik 1974, Heft 6, S. 982–986.
26. Ein Beitrag der Biologie zur Humanisierung der Erziehung. Zu Bernhard Hassenstein, Verhaltensbiologie des Kindes, in: Zeitschrift für Pädagogik 1975, Heft 2, S. 205–212.
27. Anthropologische Grundlagen der Erziehung, in: Hierdeis, H. (Hrsg.), Taschenwörterbuch der Pädagogik, Baltmannsweiler 1978, S. 12–27.
28. Pestalozzi – Plädoyer für die Methode, in: Zeitschrift für Pädagogik, 14. Beiheft 1977, S. 249–258.
29. Rezension: J. H. Pestalozzi, Sämtliche Werke, Kritische Ausgabe, Band 17A, Band 25 (1974), Band 26 (1975), Band 27 (1976), Band 28 (1976), in: Zeitschrift für Pädagogik, 14. Beiheft 1977, S. 337–342.
30. Lehrer und Schule zwischen Förderung und Selektion – Notwendigkeit und Inhumanität von Leistung, in: Ipfling, H. J./Sacher, W. (Hrsg.), Lehrerbild und Lehrerbildung, Gedenkschrift für Johannes Guthmann, München 1978, S. 45–63.
31. Die Funktion der emotionalen Komponente bei der Wertorientierung und Wertvermittlung, in: Blätter für Lehrerfortbildung 1978, Heft 9, S. 386–391.
32. Konsequenzen für die Erziehung, in: Schlemmer, J. (Hrsg.), Der neue Streit ums Milieu, Heidelberg 1978, S. 100–109 (Vortrag im Süddeutschen Rundfunk vom 8. 3. 1978).
33. Johann Heinrich Pestalozzi, in: Scheuerl, H. (Hrsg.), Klassiker der Pädagogik, München 1979, S. 170–186.
34. Zur Frage der Frustration in der Erziehung, in: ajs Informationen – Mitteilungsblatt der Aktion Jugendschutz, Landesarbeitsstelle Baden-Württemberg Nr. 5/79, S. 1–5 (Vortrag im Süddeutschen Rundfunk 1979).
35. Pädagogik und Evolutionswissenschaften – Möglichkeiten einer phylogenetischen Betrachtungsweise in der Pädagogik, in: Rassegna di Pedagogia 1980, Heft 3, S. 220–235.
36. Warum hat Pestalozzi keinen exakten Erziehungsbegriff? – Anmerkungen über injunktive Begriffe, in: Pädagogische Rundschau 1980, Heft 2/3, S. 109–120.

37. Pädagogische Anthropologie als anthropologische Fundierung von Erziehung, in: König, E./Ramsenthaler, H. (Hrsg.), Diskussion Pädagogische Anthropologie, München 1980, S. 175–190.
38. Zusammen mit Muhri, J. G.: Anstalten der Bildung, in: Glaser, H., Ruppert, W., Neudecker, N. (Hrsg.), Industriekultur in Nürnberg. Eine Stadt im Maschinenzeitalter, München 1980, S. 255–264.
39. Ethologie bzw. Kulturethologie als Instrument der Normenkritik, in: Institut für Vergleichende Verhaltensforschung der Österreichischen Akademie der Wissenschaften (Hrsg.), Beiträge zur interdisziplinären Kulturforschung, Matreier Gespräche, Maske – Mode – Kleingruppe, Wien – München 1981, S. 59–67.
40. Die Erziehung in der familialen Kleingruppe und das Problem des kulturellen Wandels, in: Institut für Vergleichende Verhaltensforschung der Österreichischen Akademie der Wissenschaften (Hrsg.), Beiträge zur interdisziplinären Kulturforschung, Matreier Gespräche, Maske – Mode – Kleingruppe, Wien – München 1981, S. 69–75.
41. Das Leistungsproblem – Anthropologische und pädagogische Implikationen, in: Schnitzer, A. (Hrsg.), Schwerpunkt: Leistung in der Schule, München 1981, S. 9–27.
42. Anthropologische Grundlagen der Bildungsaufgaben der Gegenwart, in: Beckmann, H. K. (Hrsg.), Schulpädagogik und Fachdidaktik, Stuttgart, Berlin, Köln, Mainz 1981, S. 12–28.
43. Anforderungen an die Schule der Gegenwart und das Problem der pädagogischen Qualifikation des Lehrers, in: Blätter für Lehrerfortbildung 1982, Heft 7/8, S. 298–301.
44. Art und Funktion der Kleidung, aufgezeigt an Texten und Illustrationen historischer Schulbücher von ca. 1650–1945, in: Textilarbeit + Unterricht 1982, Heft 5, S. 195–208.
*Nachdruck* in: Koenig, O. (Hrsg.), Verhaltensforschung in Österreich: Konrad Lorenz 80 Jahre (Konrad-Lorenz-Festschrift), Wien – Heidelberg 1983, S. 411–430.
45. Die Kultur des Menschen als Faktor und Produkt von Erziehung und Schule, in: Kriss-Rettenbeck, L./Liedtke, M. (Hrsg.), Schulgeschichte im Zusammenhang der Kulturentwicklung, Schriftenreihe zum Bayerischen Schulmuseum Ichenhausen, Bd. 1, Bad Heilbrunn 1983, S. 40–52, 55, 61, 76, 118, 143, 166 f.

46. Bayerisches Schulmuseum Ichenhausen: Schule und Kulturentwicklung, in: Schulreport 1983, Heft 6, S. 18 f.
47. Die Schulmuseumskiste der Universität Erlangen-Nürnberg: »Entwicklung der Schrift und der Schreibgeräte«, in: Heimatkundliche Beiträge, Beilage des Amtlichen Schulanzeigers für den Regierungsbezirk Mittelfranken, 1984, Heft 1, S. 49 f.
48. Evolutive Daten als Anweisungen für die Erziehung. Notwendigkeit, Reichweite, Ambivalenz. – Beispiel: Die Emotionalität des Menschen, in: Holtkemper, F.-J. (Hrsg.), Dokumente und Berichte. Symposion zur technischen Funktion von Erziehungswissenschaft, Schloß Hofen 1984, S. 93–111.
49. Das Schulmuseum als geschichtswissenschaftliche und didaktische Aufgabe. Die Schulmuseumsvorhaben in Ichenhausen (Landkreis Günzburg) und Nürnberg, in: Zeitschrift für Pädagogik, 30. Jg., 1984, S. 343–354.
50. Regionale Schulgeschichte und ihr überregionaler Zusammenhang, in: Kriss-Rettenbeck, L./Liedtke, M. (Hrsg.), Regionale Schulentwicklung im 19. und 20. Jahrhundert, Schriftenreihe zum Bayerischen Schulmuseum Ichenhausen, Bd. 2, Bad Heilbrunn 1984.
51. Johann Neudörfer d. Ä. – Schreibmeister und Historiograph, in: Imhoff, Chr. v. (Hrsg.), Berühmte Nürnberger aus neun Jahrhunderten, Nürnberg 1984, S. 119–120.
52. Matreier Gespräche für interdisziplinäre Kulturforschung – Wege zur Integration von Wissenschaft, in: Otto Koenig 70 Jahre, Kulturwissenschaftliche Beiträge zur Verhaltensforschung/Matreier Gespräche (Otto-Koenig-Festschrift), Wien – Heidelberg 1984, S. 86.
53. Wohnung und Haus, dargestellt an Texten und Bildern historischer Schulbücher, in: Otto Koenig 70 Jahre, Kulturwissenschaftliche Beiträge zur Verhaltensforschung/Matreier Gespräche 1981 (Otto-Koenig-Festschrift), Wien – Heidelberg 1984, S. 117–128.
54. Traditionsbildung und Kulturentwicklung im Humanbereich. Voraussetzungen – Strukturmerkmale – Entwicklungstendenzen, in: Otto Koenig 70 Jahre, Kulturwissenschaftliche Beiträge zur Verhaltensforschung/Matreier Gespräche 1982 (Otto-Koenig-Festschrift), Wien – Heidelberg 1984, S. 217–224.
55. »Ob der Philipp heute still/wohl bei Tische sitzen will?« Historische und systematische Marginalien zu leidigen Erziehungsfragen, in: Otto Koe-

nig 70 Jahre, Kulturwissenschaftliche Beiträge zur Verhaltensforschung/Matreier Gespräche 1983 (Otto-Koenig-Festschrift), Wien – Heidelberg 1984, S. 315–333.

56. Warum Schule Schule gemacht hat – Zum Zusammenhang von Schule, Kultur und Gesellschaft, Erlanger Universitätsreden Nr. 16, 1984. Japanische Fassung: Journal of Educational Research. Bd. 56, Nr. 2/1989, S. 174–184 (Japanese Society for the Study of Education).
57. Das Schulmuseum der Universität Erlangen-Nürnberg, in: Heimatkundliche Beiträge, Beilage des amtlichen Schulanzeigers für den Regierungsbezirk Mittelfranken, 1985, Heft 2, S. 18 f.
58. Das Schulmuseum im Unterricht, in: Heimatkundliche Beiträge. Beilage des amtlichen Schulanzeigers für den Regierungsbezirk Mittelfranken, 1985, Heft 2, S. 33–35.
59. Technik – Erlösung oder Sündenfall des Menschen. Zum Problem der Humanität in der technischen Entwicklung, in: Broschüre des Vereins für Ökologie und Umweltforschung (Hrsg.), Wien 1985.
    Englische Fassung in: Proceedings of international symposium on higher engineering education, Hangzhou, China 1990.
60. Die geschichtliche Bedeutung der Verbesserung von Unterrichts- und Erziehungsmethoden, in: Kriss-Rettenbeck, L./Liedtke, M. (Hrsg.), Erziehungs- und Unterrichtsmethoden im historischen Wandel, Schriftenreihe zum Bayerischen Schulmuseum Ichenhausen, Bd. 4, Bad Heilbrunn 1986.
61. Begründbarkeit und pädagogische Vermittelbarkeit von Toleranz, in: Heim, H./Ipfling, H.-J. (Hrsg.), Pädagogik in geschichtlicher Erfahrung und gegenwärtiger Verantwortung, Festschrift zum 65. Geburtstag von Karl Ernst Maier, Frankfurt am Main 1986, S. 27–40.
    Abgedruckt in: Matreier Gespräche – Walter Hirschberg 85 Jahre, Wien – München 1989, S. 211–218.
62. Was Lehrer bildet – Von der Zeitgebundenheit eines Qualifikationsprofils. Veröffentlichung des Aktionskreises Wirtschaft, Politik, Wissenschaft e. V., München 1986, 29 Seiten.
63. Männersache Bildung – Der weite Schulweg der Mädchen. Historische Wurzeln einer Benachteiligung, in: Kanz, H. (Hrsg.), Bildungsgeschichte als Sozialgeschichte, Festschrift zum 60. Geburtstag von Franz Pöggeler, Frankfurt am Main 1986.

Erweiterte Fassung in: Matreier Gespräche/Walter Hirschberg 85 Jahre, Wien – München 1989, S. 117–137.

64. Heinrich Stephani, in: Wendehorst, A. u. Pfeiffer G. (Hrsg.), Fränkische Lebensbilder, Bd. 12, Neustadt/Aisch 1986, S. 218–233.
65. Lernen und Erinnern. Das Schulmuseum der Universität Erlangen-Nürnberg, in: Das neue Erlangen, 1986, Heft 72, S. 40–44.
66. Der Mensch und seine Gefühle – Zur Bedeutung und Beeinflußbarkeit der Emotionalität, Verein für Ökologie und Umweltforschung (Hrsg.), Wien 1987, 24 Seiten.
67. Vom Kritzeln zur Kunst – Pädagogische Anmerkungen zur zweifachen Geschichte von Kunst, in: Prinz von Hohenzollern, J. G./Liedtke, M. (Hrsg.), Vom Kritzeln zur Kunst, Schriftenreihe zum Bayerischen Schulmuseum Ichenhausen, Bd. 6, Bad Heilbrunn 1987, S. 21–26.
68. Über die Schrift, in: InN, Zeitschrift für Literatur, Innsbruck, Nr. 11/1987, S. 30–32.
    Abgedruckt in: Amtlicher Schulanzeiger für den Regierungsbezirk Mittelfranken, 1988, Nr. 3, S. 37–39.
69. Ansprache zur Verleihung des Wissenschaftlichen Förderpreises des BLLV am 13. 3. 1987 in Würzburg, in: Bayerische Schule, München 1987, Heft 9, S. 26–28.
70. Der Mensch muß nicht bleiben, was er ist. – Erwartete und unerwartete Wirkungen der Pädagogik Pestalozzis, in: Gruntz-Stoll, J. (Hrsg.), Pestalozzis Erbe – Verteidigung gegen seine Verehrer, Bad Heilbrunn 1987, S. 13–25.
71. Zur Diskussion gestellt: Wie alt ist der Bayerische Lehrer- und Lehrerinnenverein? Die Vorgeschichte des BLLV im Anschluß an die Protokollbücher des Nürnberger Lehrervereins 1821–1830, in: Bayerische Schule, München 1987, Heft 16, S. 9–14, und Heft 17, S. 8–10.
    Abgedruckt in erweiterter Form in: Liedtke, M. (Hrsg.), Lehrervereins-Protokolle Nürnberg 1821–1830. Aus den Anfängen der Lehrervereinsbewegung, Bad Heilbrunn 1989, S. 390–402.
72. Die naturwissenschaftlichen Unterrichtsfächer als Beispiel der Wissenskumulation: Wirkungen und Nebenwirkungen, in: Prinz von Hohenzollern, J. G./Liedtke, M. (Hrsg.), Naturwissenschaftlicher Unterricht und Wissenskumulation, Schriftenreihe zum Bayerischen Schulmuseum Ichenhausen, Bd. 7, Bad Heilbrunn 1988, S. 21–28.

73. Von der Möglichkeit einer Verknüpfung systematischer und historischer Forschung. Beispiel: Die erziehungswissenschaftliche Funktion eines Schulmuseums, in: Becker, M./Pleiß, U. (Hrsg.), Wirtschaftspädagogik im Spektrum ihrer Problemstellung. Festschrift zum 65. Geburtstag von Joachim Peege, Baltmannsweiler 1988.
74. Unterricht und Naturerfahrung – Über die Bedingungen der Vermittlung von ökologischen Kenntnissen und Wertvorstellungen, in: Verein für Ökologie und Umweltforschung (Hrsg.), 1. Tagung des wissenschaftlichen Beirates, Vortragstexte, Wien 1988, S. 43–55.
Abgedruckt in: Berichte der Akademie für Naturschutz und Landschaftspflege (Hrsg.), Nr. 12, Laufen/Salzach 1988, S. 19–24.
Abgedruckt in: Matreier Gespräche/Walter Hirschberg 85 Jahre, Wien – München 1989, S. 301–308.
75. Zeitunabhängige und zeitgebundene Qualifikationen des Lehrers, in: Prinz von Hohenzollern, J. G./Liedtke, M. (Hrsg.), Schreiber, Magister, Lehrer – Zur Geschichte und Funktion eines Berufsstandes, Schriftenreihe zum Bayerischen Schulmuseum Ichenhausen, Bd. 8, Bad Heilbrunn 1989, S. 351–361.
76. Lehrervereins-Protokolle Nürnberg 1821–1830. – Aus den Anfängen der Lehrervereinsbewegung, Bad Heilbrunn 1989, 443 S.
77. Schulgeschichte und das Problem der Darstellbarkeit von Geschichtlichkeit, in: Liedtke, M. (Hrsg.), Das Schulmuseum – Schulgeschichtlicher Anspruch und die Probleme der Museumstechnik und Museumspädagogik, Mitteilungen & Materialien, Arbeitsgruppe Pädagogisches Museum e. V., Heft 28/1989, Berlin, S. 10–22.
78. Der weite Schulweg der Mädchen. – Historische und systematische Aspekte einer Benachteiligung, in: Bayerische Schule, München 1988, Heft 7, S. 4–10.
Abgedruckt in: Prinz von Hohenzollern, J. G./Liedtke, M. (Hrsg.), Der weite Schulweg der Mädchen. Die Geschichte der Mädchenbildung als Beispiel der Geschichte anthropologischer Vorurteile. Schriftenreihe zum Bayerischen Schulmuseum Ichenhausen, Bd. 9, Bad Heilbrunn 1990, S. 25–37.
79. Die kulturelle Funktion der Schule und die Aufgabe der Schulleiter, in: Rosenbusch, H. S./Wissinger, J. (Hrsg.), Schulleiter-Handbuch, Band 50, Braunschweig 1989, S. 17–24.

80. Vom Kritzeln zur Kunst – Die Not und die Notwendigkeit der künstlerischen Fächer. 24 Thesen, in: Bund Österreichischer Kunst- und Werkerzieher (Hrsg.), Fachblatt Bildnerische Erziehung – Werkerziehung – Textiles Gestalten, 1989, Heft 2, S. 27–28 u. 1990, Heft 1, S. 10–11.
81. Der Generationenkonflikt als pädagogische Konstante und die Funktion von Klage und Protest, in: Hierdeis, H./Rosenbusch, H. S. (Hrsg.), Artikulation der Wirklichkeit, Festschrift für Siegfried Oppolzer zum 60. Geburtstag, Frankfurt am Main, Bern, New York, Paris 1989, S. 117–130.
Abgedruckt in: Matreier Gespräche/Walter Hirschberg 85 Jahre, Wien – München 1989, S. 348–357.
82. »Und Gott sprach: Es sammle sich . . .« (Genesis I, 9) – Sammeln als elementares evolutives Konstruktionsprinzip, in: Matreier Gespräche/Walter Hirschberg 85 Jahre, Wien – München 1989, S. 274–278.
83. Paarbildung und Ehe im Blick der Schule, in: Liedtke, M. (Hrsg.), Paarbildung und Ehe. Biologische Grundlagen und kulturelle Aspekte. – Festschrift zur Vollendung des 75. Lebensjahres von Professor Otto Koenig, Wien – München 1989, S. 103–120.
84. Umrisse zu einem Konzept 90, in: Bildnerische Erziehung – Werkerziehung – Textiles Gestalten, Fachblatt des Bundes Österreichischer Kunst- und Werkerzieher, 1990, Heft 1, S. 9–10.
85. Umwelterziehung – Kognitive und emotionale Voraussetzung, in: Schmirber, G. (Hrsg.), Umwelterziehung als Bildungsaufgabe, Akademie für Politik und Zeitgeschehen, Hanns-Seidel-Stiftung e. V., München 1990, S. 25–46.
Abgedruckt in: Liedtke, M./Schreiner, M. (Hrsg.), Ökologie und Schule, Beiträge zur Umwelterziehung, Nürnberg 1990, Bd. 1, S. 96–124.
86. Schule und Schulmuseum, in: Frankenland. Zeitschrift für Fränkische Landeskunde und Kulturpflege, Oktober 1990, S. 279–281.
87. Schule zwischen Tradition und Wandel. – Themen- und Kataloghefte des Bayerischen Schulmuseums Ichenhausen, Heft 3, München 1990 (gemeinsam mit Michael Schneider).
88. Pestalozzi, Johann-Heinrich, in: Killy, W. (Hrsg.), Literaturlexikon. Bertelsmann Lexikon-Verlag, Gütersloh-München 1991, Bd. 9.
89. Ist das Zeugnis das Armutszeugnis der Schule? In: Prinz von Hohenzollern, J. G./Liedtke, M. (Hrsg.), Schülerbeurteilungen und Schulzeugnis-

se. Schriftenreihe zum Bayerischen Schulmuseum Ichenhausen, Bd. 10, Bad Heilbrunn 1991, S. 25–38.
Abgedruckt in: Wissenschaftliche Zeitschrift der Pädagogischen Hochschule Neubrandenburg 2/1991, S. 117–129.

90. Die anthropologische Bedeutung von Erziehung und Unterricht sowie geschichtliche Wurzeln des Bildungswesens, in: Liedtke, M. (Hrsg.), Handbuch der Geschichte des Bayerischen Bildungswesens, Bd. 1, Bad Heilbrunn 1991, S. 19–42.
91. Höfische Erziehung und höfischer Unterricht: Die bayerischen Wittelsbacher, in: Liedtke, M. (Hrsg.), Handbuch der Geschichte des Bayerischen Bildungswesens, Bd. 1, Bad Heilbrunn 1991, S. 581–594.
92. Die Anfänge der Lehrervereinsbewegung im historischen Umfeld Diesterwegs. – Die Protokolle des Nürnberger Lehrervereins von 1821–1830, in: Wissenschaftliche Zeitschrift der Pädagogischen Hochschule Neubrandenburg, 2/1991, S. 41–55.
93. Schulgeschichte im Zusammenhang mit der Kulturentwicklung. Theoretische Grundlagen der Konzepte des Bayerischen Schulmuseums Ichenhausen (Landkreis Günzburg) und des Schulmuseums der Universität Erlangen – Nürnberg. Jugoslawische Fassung in: Zbornik, Jahrbuch für Schul- und Erziehungswesensgeschichte, Nr. 24, 1991, Ljubljana, S. 7–14.
94. Pädagogik in Bayern, in: Böhm, W./Eykmann, W. (Hrsg.), Große Bayerische Pädagogen. Albert Reble zum 80. Geburtstag, Bad Heilbrunn 1991, S. 24–51.
95. Vorwort in: Reißenauer, F., Schule in der Diktatur. Das Dossenberger-Gymnasium Günzburg von 1933–1945. – Schriftenreihe des Vereins der Freunde und Förderer des Bayerischen Schulmuseums Ichenhausen, Schriftenreihe des Dossenberger-Gymnasiums Günzburg Bd. 4, 1991, S. 5–7.

*Walther L. Fischer*

# *Zur Mathematisierung des Verhaltens in Konfliktsituationen – Die mathematische Theorie der Spiele –*

## *I. Einleitung*

### *1. Gegenstands- und Anwendungsbereich der Spieltheorie*

1.1. Wir werden uns im folgenden mit Konfliktsituationen befassen, die aus Interessengegensätzen von Menschen oder Interessengruppen entstehen. In solchen Situationen haben zwei oder mehrere Partner Entscheidungen zu treffen – sie haben eine Wahl aus einer endlichen Anzahl von Möglichkeiten zu treffen. Sie verfolgen dabei gewisse Intentionen, die im wesentlichen auf einen Erfolg ihrer Aktivitäten abzielen, und sie haben zu handeln, ohne im allgemeinen die Wahl ihres Gegners zu kennen.

Konflikt- und Wettbewerbssituationen, in welchen der Erfolg nicht nur von der eigenen Entscheidung, sondern auch von der der Gegner abhängt, finden sich im Umkreis wirtschaftlicher, gesellschaftlicher und auch kriegstechnischer Fragen.

Interessenkonflikte treten aber auch in Gesellschaftsspielen auf, vor allem in Gesellschaftsspielen, die nicht reine Glücksspiele sind. Mit den reinen Glücksspielen – wie dem Würfelspiel oder dem Roulette –, in welchen ein Idiot dieselben Gewinnchancen hat wie ein hochintelligenter Mensch, beschäftigt sich mathematisch die Wahrscheinlichkeitstheorie und die mathematische Statistik. Die Geschehenswelt der strategischen Spiele, in welchen also nicht alle Züge der Partner zufallsbestimmt sind, wird in der sogenannten *»Theorie der strategischen Spiele«* (häufig kurz »Mathematische Spieltheorie« genannt) behandelt.

1.2. Die Mathematisierung einer außermathematischen Situation besteht in der Modellierung des betreffenden Gegenstandsbereichs durch mathematische Strukturen.

Im Falle der theoretischen Behandlung von Interessenkonflikten verwendet die Theorie der Spiele bestimmt modifizierte und definierte Spielbegriffe als Modelle und fragt danach, ob es für den einzelnen Akteur oder »Spieler«, wie wir ihn fortan nennen wollen, optimale Verhaltensweisen gibt, d. h., ob man rationale Argumente dafür vorbringen kann, einer bestimmten Spiel- bzw. Verhaltensweise den Vorzug vor anderen zu geben.

1.3. Die *Aufgabe der Spieltheorie* besteht also zunächst darin, eine gegebene Konfliktsituation in angemessener Weise durch ein Spielmodell darzustellen und sodann für jeden Spieler optimale Verhaltensweisen anzugeben, also Verhaltensweisen, die ihm einen optimalen Gewinn sichern unter der Voraussetzung, daß auch die jeweiligen Gegenspieler intelligent sind und rational handeln.

1.4. Aus dem Gesagten wird ersichtlich, daß sich für die Entwicklung der Spieltheorie der Ausbau ihrer »begrifflichen« Seite als ebenso bedeutsam erweist wie der ihrer »numerischen« Seite.

## *2. Zur Geschichte der Spieltheorie*

Die Theorie der strategischen Spiele ist zunächst und fast ausschließlich das Werk *John v. Neumanns*, eines Mathematikers von säkularer Bedeutung. Legendär ist seine Auffassungsgabe, die Geschwindigkeit seines Denkens, das Fassungsvermögen seines Gedächtnisses. Legendär auch seine mathematische Brillanz.

1903 in Budapest geboren, verstarb von Neumann allzu früh mit 53 Jahren 1957 in Amerika.[1]

Um nur einige seiner bedeutenden Leistungen zu nennen:[2] Neumann hat 1922 eine nach ihm benannte Axiomatik der Mengenlehre konstituiert. Er brachte 1932 den Formalismus der Quantentheorie in eine strenge mathematische Form. Er entwickelte grundlegende Ideen für die Konstruktion des Computers – noch heute sind die gängigen programmgesteuerten Rechenmaschinen vom »von-Neumann-Typ«. Noch auf dem Krankenlager entwickelte er die Idee und Theorie sich selbst reduplizierender Automaten und schrieb das Buch: »The Computer and The Brain«[3].

Im 100. Band der Mathematischen Annalen hat von Neumann 1928 eine

Arbeit veröffentlicht, in der die Grundgedanken seiner »Theorie der strategischen Spiele« formuliert sind. Zusammen mit Oskar Morgenstern hat er dann 1944 das umfangreiche Werk »Theory of Games and Economic Behaviour«[4] publiziert.

## *II. Begriffsbestimmungen*

### *1. Spielerei und Spiel*

1.0. Bevor wir uns den charakteristischen Aufgabenstellungen und den numerischen Fragen der Spieltheorie zuwenden können, sind einige begriffliche Klarstellungen erforderlich; sie sollen helfen, die idealisierenden Voraussetzungen verständlich zu machen, die der Mathematisierung des anschaulichen Hintergrunds der Spieltheorie und der Möglichkeit ihrer Anwendung zugrunde liegen.

1.1. Der tägliche Gebrauch der Umgangssprache unterscheidet sehr genau zwischen Spiel und Spielerei.

Der *Spielerei* fehlt der ernste Hintergrund, der Wille zur Konsequenz, zur unbedingten Konsequenz bis ans Ende, der Wille zur Bindung. In der Spielerei »setzen« wir nichts »aufs Spiel«. Wir wagen nicht und gewinnen oder verlieren daher auch nicht. Die Spielerei ist unverbindlich; sie erschöpft sich im planlosen Kombinieren; der Zufall hat keinen Gegenspieler in unserem zielbewußten Denken, in unserer Strategie. In der Spielerei werden keine Gesetze anerkannt, denen sich die Figurenbewegungen außer der Naturgesetzlichkeit unterzuordnen hätten.

Im *Spiel* dagegen sind wir gebunden durch die Regeln; sie treffen eine Auswahl unter der unendlichen Mannigfaltigkeit möglicher Bewegungen; sie machen das Spielen eines Spieles zu einer Aufgabe, die gelöst sein will, verleihen so dem Spiel einen Sinn, seinen Sinn.

1.2. Was also ist ein Spiel? – Was unsere Gesellschaftsspiele, was Dame, Mühle, Schach und Schafkopf, was Roulette, Fußball und Autorennen, Blindekuh . . . gemeinsam haben, ist, daß in ihnen allen kurzzeitig eine kleine künstliche Welt *in* der Welt aufgerichtet wird – ein künstlicher Ablauf von Geschehnissen, von uns geplant, in Gang gesetzt und von uns in seiner Gesetzmäßigkeit anerkannt.

Auch Tiere spielen. Aber sie wissen nicht um die Mannigfaltigkeit und um die Endlichkeit der Anzahl der Kombinationen – sie spielen ohne Verlangen nach Begrenzung und ohne Konsequenz, d. h. aber: sie bedürfen nicht des definierten Spiel-*Feldes* und nicht der definierten Spiel-*Regel*.

*Jedes Spiel ist erklärt durch den Inbegriff seiner Regeln.*

1.3. Das *reale Spielen* eines Spieles – eine Partie, ein Satz – besteht aus *Bewegungen* von *Figuren* in einem Raumgebiet:

a) von materiellen Realitäten im Realraum (von Menschen, Bällen, Steinen, Holzfiguren, Karten usw., auf Plätzen, in Sälen, auf Tischen, Brettern usw.)
b) oder von ideellen Realitäten im Idealraum (bei Spielen, in denen Worte oder Zahlen zu erraten sind usw.)
c) oder von beiden zugleich (bei Lotto, Toto usw.).

1.4. Jedes Spiel läßt sich als kombinatorisch-topologisches Problem formulieren, läßt sich durch einen bewerteten Graphen darstellen.[5]

1.5. Zu Spiel-Feld, Spiel-Regel, zu Spiel-Figur und Figuren-Bewegung kommt ein Fünftes:

Der Wille zur Konsequenz und die Notwendigkeit, bei jedem Zug eine bestimmte Figurenbewegung unter einer Vielzahl möglicher Bewegungen auszuwählen, und die Tatsache, daß wir uns einem intelligenten Partner gegenübersehen, der einen maximalen Gewinn erstrebt, zwingt uns dazu, nicht willkürlich vorzugehen, sondern uns einen *Plan* zurechtzulegen.

Das Problem, den besten Spiel-Plan, die beste Strategie zu finden, ist das *Problem des Spieles* schlechthin. Die Auffindung der bestmöglichen Strategie bedeutet die *Lösung* des Spielproblems. – Das heißt nicht etwa, daß in jedem Falle vor Beginn eines Spieles die Strategie, der der Spieler zu folgen beabsichtigt, festgelegt sein müsse. Nein, vielfach wird der Spiel-Plan von Zug zu Zug neu gestaltet, modifiziert. Wenn es einfach wäre, die beste Strategie zu finden, im vorhinein zu finden, würde niemand von uns Spaß am Spielen haben; die Auffindung des optimalen Spielplanes macht das Spielen eines Spieles überflüssig.

1.6. Und schließlich: Fragen wir uns, warum die Auffindung der optimalen Strategie solche Schwierigkeiten mit sich bringt, so finden wir, daß es nicht allein die kombinatorische Vielfalt der Figurenbewegungen ist, die als spannungserzeugendes Element im Spiele auftritt. Es ist vielmehr auch die bei vielen Spielen unvollkommene *Information* über die Absichten und Möglichkeiten unserer Gegenspieler, die uns Kopfzerbrechen bereitet. Je unvollkommener unsere Informationen über die Absichten und Möglichkeiten unserer Gegenspieler sind, um so mehr wird unsere Wahl unter den möglichen Figurenbewegungen, um so mehr wird unsere Strategie von Wahrscheinlichkeitsüberlegungen bestimmt.

## *2. Spiel und Partie*

2.1. Den Wortgebrauch präzisierend, sind noch einige terminologische Doppeldeutigkeiten auszuschließen.

Wir sprechen davon, daß »Schach ein Brett-Spiel« sei – und in anderem Zusammenhang sagen wir: »Hätte ich im letzten Schach-Spiel diesen Zug gemacht, so hätte ich gewonnen.«

Diese Beispiele erhellen, daß wir – wie wir bereits in 1.3. angedeutet haben – unterscheiden müssen zwischen dem *abstrakten Begriff* eines Spieles und dem *individuellen Spielen* eines Spieles. Wir werden den abstrakten Begriff eines Spieles, erklärt durch den Inbegriff seiner Regeln, mit dem Wort *»Spiel«* bezeichnen, jeden besonderen Fall, in dem ein Spiel von Anfang bis zum Ende durchgespielt wird, eine *»Partie«* oder einen *»Satz«* nennen.

Eine entsprechende Unterscheidung sollte man für die Figurenbewegungen treffen. Wir könnten das Wort *»Zug«* verwenden, um innerhalb eines Spieles die Gelegenheit einer Auswahl zwischen verschiedenen Alternativen zu bezeichnen, die von einem Spieler getroffen werden muß. Die spezifische Alternative, die der Spieler in einer Partie wählt, wollen wir mit *»Bewegung«* oder durch das Wort *»Wahl«* umschreiben. Wir würden also sagen: »Schwarz gewann durch eine geschickte Figuren-Bewegung bei seinem zehnten Zug.«

2.2. Mit anderen Worten: Ein Spiel besteht aus einer Folge von Zügen – eine Partie aus einer Folge von Figuren-Bewegungen, natürlich jeweils in Übereinstimmung mit den das Spiel erklärenden Regeln.

### *3. Typen strategischer Spiele/Klassifikation*

3.1. Die strategischen Spiele lassen sich in verschiedener Weise klassifizieren. Zunächst lassen sich die Spiele unterscheiden nach der *Anzahl der beteiligten Spieler.*

Schach ist ein 2-Personen-Spiel, Kartenspiele können 2- oder Mehr-Personen-Spiele sein.

3.2. Nehmen wir an, daß es in jedem Spiel um Gewinn-Werte geht, z. B. um Geld, so geschieht es bei den üblichen Gesellschaftsspielen, daß die Summe der Zahlungen am Ende des Satzes gleich 0 sein wird. Jedem Gewinn entspricht beim Verlierenden ein gleich großer Betrag an Verlust.

Im Prozeß des Spielens einer Partie werden in diesem Fall weder Werte geschaffen noch vernichtet. Die Summe der Einsätze wird am Ende der Partie gleich sein der Summe der Gewinne. Daß sich durch das Spielen der Partie die Verteilung der Geldwerte verändert hat, ändert nichts an der Tatsache, daß die Summe aus Gewinn und Verlust am Ende der Partie gleich 0 sein wird. Spiele dieser Art nennen wir *»Nullsummenspiele«* (»0-Summen-Spiele«).

Neben solchen Spielen haben aber auch die *»Nicht-Nullsummenspiele«* große Bedeutung, vor allem dann, wenn wir z. B. Modelle für ökonomische Prozesse suchen. Ökonomische Prozesse erzeugen oder zerstören im allgemeinen Werte. Rohstoffe werden durch menschliche und maschinelle Arbeitsleistung an ihnen veredelt – die benutzten Maschinen nützen sich ab, verlieren an Wert. Auch Situationen im Kriegsgeschehen sind nur durch Nicht-Nullsummenspiele zu modellieren.

3.3. Wir können die Spiele auch klassifizieren nach der Anzahl ihrer Züge. Wir können *endliche* Spiele von *unendlichen Spielen* trennen, Spiele mit *fester* Zuganzahl von solchen mit *veränderlicher Anzahl* der Züge (z. B. Schach).

3.4. Weiter können wir Spiele, in denen Züge auftreten, die rein vom Zufall abhängen (*»Zufallszüge«*), unterscheiden von Spielen, in denen alle Züge vom Zufall bestimmt sind, unterscheiden von Spielen, in denen alle Züge durch individuelle Entscheidungen festgelegt werden (*»persönliche Züge«*).

3.5. Spiele können wir auch einteilen nach dem Betrag an Information, der den einzelnen Mitspielern über Spielstand und Spielabsichten zur Verfügung steht.

Ist jeder Spieler vor Ausführung einer Figuren-Bewegung über das Ergebnis aller vorausgegangenen Bewegungen informiert, wie das etwa beim Schachspiel der Fall ist, so nennen wir das Spiel »Spiel mit *perfekter Information*«. Von diesen Spielen unterscheiden sich z. B. viele Kartenspiele dadurch, daß jeder Spieler zwar alle bereits ausgespielten Karten kennt und dazu sein eigenes »Blatt«, nicht aber die Verteilung der restlichen Karten auf die Blätter der Mitspieler und auf das etwa noch liegende Vorratsstößchen, von dem nach jeder Bewegung abgehoben werden muß. Diese Verhältnisse erschweren es dem Spieler, eine Strategie zu finden. Er ist eventuell von Bewegung zu Bewegung gezwungen, seinen Spielplan zu ändern. Jedes Ausspiel bedeutet für jeden der Spieler zusätzlichen Informationsgewinn. Außerdem ist die Verteilung der Karten zu Beginn durch das Mischen zufallsbestimmt. Spiele dieser Art heißen dementsprechend »Spiele mit *unvollkommener Information*«.

3.6. Bei den Mehr-Personen-Spielen kann es sich ereignen, daß sich einige Spieler zu einer Einheit zusammenschließen, d. h., daß »Koalitionsbildungen« auftreten. Wir haben demgemäß *»kooperative Spiele«* von *»nichtkooperativen Spielen«* zu trennen. Im Zusammenhang damit und mit der den einzelnen Spielern verfügbaren Information stehen weitere Probleme, wie sie sich durch »Bluffen« und »Signalisieren« ergeben.

3.7. Auch die *Anzahl der Strategien,* die den Spielern zur Verfügung stehen, dient als Einteilungsprinzip. So wäre ein 2-Personen-Spiel, in welchem der erste Spieler 4 mögliche Verhaltensweisen, der zweite Spieler 6 mögliche Verhaltensweisen zur Verfügung hat, ein Spiel vom »Typ 4x6«.

3.8. Schließlich können wir Spiele unterscheiden nach der Art, in der ihre Regeln bzw. die Gewinn- und Verlustbedingungen gegeben sind. Spiele in *»Normalform«* (in Matrixform) werden unterschieden von denen in *»extensiver Form«*. Im folgenden werden wir uns im wesentlichen mit Matrixspielen befassen. Beispiele für Spiele in extensiver Form liefern alle strategischen Gesellschaftsspiele und die meisten Anwendungen.[6]

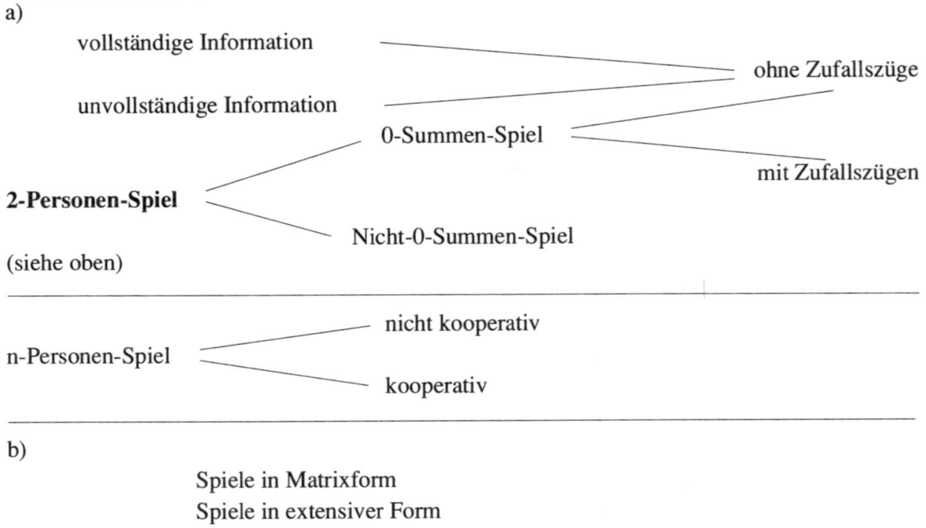


Tabelle: Klassifikation von Spielen

### *4. Wettbewerbssituation – das Maximierungsproblem der Spieltheorie*

4.1. Da die Spieltheorie auf Konflikt- bzw. Wettbewerbssituationen in verschiedenen Lebensbereichen Anwendung findet, wollen wir bei unseren Beispielen nicht nur einfache Gesellschaftsspiel-Situationen berücksichtigen, sondern andeutungsweise auch die genannten anderen Anwendungsgebiete anklingen lassen.

Daher wollen wir zunächst fragen: Welches ist die grundlegende Eigenschaft einer Wettbewerbssituation in einem für die Spieltheorie relevanten Interessenkonflikt?

Das Grundproblem der Spieltheorie ist ein *Maximumproblem,* freilich ein solches, das seiner Natur nach völlig verschieden ist von den sonst in der Mathematik behandelten Extremwertaufgaben. Dies läßt sich besonders gut an einem der Hauptanwendungsgebiete der Theorie verdeutlichen: an der Wirtschaftstheorie. Es wird sich dabei gleichzeitig erweisen, wieso die Spieltheorie für die Erforschung menschlicher Verhaltensweisen schlechthin eine gewisse Bedeutung gewonnen hat.

4.2. »Wirtschaft ist die Gesamtheit der Einrichtungen und Verfahren, mit denen Menschen Mittel, d. h. ›Güter‹, für erstrebte Zwecke, d. h. zur ›Befriedigung von Bedürfnissen‹, beschaffen und verwenden.

Im Unterschied zu ähnlichen Erscheinungen in der Tierwelt ist das Wirtschaften des Menschen nicht triebhaft, sondern bewußt

a) in Mitteln und Zwecken auf ständige Ausweitung tendierend,

b) in planender Vor-Sorge in die Zukunft hinein und

c) auf das Ziel der Erreichung höchstmöglichen Erfolges gerichtet.

d) Schließlich schafft es Dauereinrichtungen, um erkannte Wirkungszusammenhänge den Zwecken der Menschen nutzbar zu machen.«

»Gewirtschaftet wird mit Mitteln, die im Verhältnis zu den von ihnen abhängigen Zwecken ›knapp‹ sind, so daß ihr Einsatz für bestimmte Zwecke den Verzicht auf ihre Verwendung für andere Zwecke bedingt. Die ›Kosten‹ eines erreichten Nutzens sind daher ›entgangener Nutzen‹ der unterbliebenen Verwendung der Mittel für andere Zwecke. Grundprinzip allen Wirtschaftens ist der ständige Vergleich zwischen Nutzen-(Erfolgs-)Größen bei verschiedenen möglichen Arten der Mittelverwendung; Ziel dieser Wahlhandlungen ist die Maximierung der positiven Differenz zwischen Erfolg (erreichtem Nutzen, Ertrag) und Opfer (entgangenem Nutzen, Aufwand).« Dies sind nach Paulsen (Paulsen, 1956, 7–8) die Grundzüge des Begriffes Wirtschaft und des Wirtschaftens.

Die Geschehensgesamtheit eines Wirtschaftskreislaufes ist ein Geflecht von Wechselwirkungen. Jedes Subjekt wirkt durch die Bereitstellung von Arbeitsleistung, durch seine eigenen Dispositionen und Entscheidungen u. a. m. auf die übrigen oder mindestens einen Teil der übrigen Subjekte ein – und es erhält umgekehrt durch die Verhaltensweise der anderen Subjekte Rückwirkungen.

Mit anderen Worten: Jeder Beteiligte versucht eine Funktion zu maximieren, nämlich die Größe seiner Bedürfnisbefriedigung, beherrscht aber nicht – im Gegensatz zu einem (idealisierten) Robinson Crusoe[7] – alle damit im Zusammenhang stehenden veränderlichen Größen. Es handelt sich nicht mehr um ein Maximumproblem der klassischen Art. Es handelt sich überhaupt nicht um ein Extremwertproblem bereits bekannter Art: nicht um die Extremwertbestimmung differenzierbarer Funktionen in der Differentialrechnung, nicht um das Problem konditionierter Extrema, auch nicht um ein Extremwertproblem der Variationsrechnung oder der Funktionalanalysis.

4.3. Fassen wir zusammen: In den von uns intendierten Situationen versucht jeder Beteiligte eine Funktion zu maximieren. Jeder wird von einem anderen Prinzip, einer anderen Strategie geleitet, und keiner bestimmt alle Variablen, die sein Interesse beeinflussen, vollständig.

Von Individuen, welche solche Maxima bewußt zu erreichen versuchen, sagen wir, sie *»handeln rational«*.

Die *»Theorie der Spiele«* hat das rationale oder optimale Verhalten von Individuen in allen solchen Situationen zum Gegenstand, in denen das Endergebnis von gewissen interessenbedingten Entscheidungen mehrerer Individuen oder im gewissen Maße auch vom Zufall abhängt.

Genau solchen Situationen begegnen wir auch im Zusammenhang mit kriegstechnischen, mit soziologischen Problemen.

## *5. Voraussetzungen der Spieltheorie I: Grundfragen*

5.1. Die mathematische Theorie der Spiele geht – wie jede mathematische Theorie, die außermathematische Situationen modelliert – von begrifflichen Idealisierungen aus. Für die einfacheren Spielsituationen geht sie aus von den *Voraussetzungen*:

(1) Das Spiel ist durch ein festes System von Spielregeln bestimmt;
(2) es findet kein Betrug statt;
(3) alle auftretenden Wahrscheinlichkeiten sind bekannt;
(4) das Spiel ist nach endlich vielen Schritten beendet;
(5) am Ende steht genau fest, wieviel jeder gewonnen hat,
und
(6) jeder Spieler strebt danach, einen möglichst großen Gewinn zu erreichen.

5.2. *Wovon hängt der Gewinn eines einzelnen Spielers ab?*

Der erzielte bzw. erzielbare Gewinn jedes Spielers hängt ab

(i) von der Strategie des Spielers;
(ii) von der Strategie der anderen Spieler;
(iii) eventuell auch vom Zufall (wenn z. B. im Spiel gewürfelt wird oder von der anfänglichen Verteilung der Karten).

5.3. *Wie muß der einzelne Spieler spielen, d. h., welche Zugfolge, welche Strategie muß er wählen, um ein möglichst günstiges Spielergebnis zu erzielen?*

(i) Von den drei letztgenannten Bedingungen ist die erste insofern am wenigsten problematisch, weil die vom betreffenden Spieler angewendete Strategie jeweils von ihm selbst bestimmt werden kann.

Schwierigkeiten bereiten die beiden anderen Bedingungen:

(ii) Der Gewinn eines Spielers hängt von den Strategien auch der anderen Spieler ab, die er

a) nicht beeinflussen kann – und die er

b) im allgemeinen nicht kennt.

(iii) Der Gewinn eines Spielers hängt in Spielen mit Zufallszügen auch vom Zufall ab; auch er kann nicht vom Spieler beeinflußt werden.

5.4. In der von Neumannschen Theorie wird die letztgenannte Schwierigkeit dadurch bewältigt, daß statt des »effektiven Gewinns«, den ich oder einer der Gegenspieler in einer Partie erzielen kann, der *»Erwartungswert«* des Gewinns betrachtet wird. Der Erwartungswert ist – wie wir noch ausführen werden[8] – ein (mit Wahrscheinlichkeiten) gewichteter Mittelwertgewinn. Ein solcher Wert hängt nun nicht mehr vom Zufall ab, sondern nur noch von der eigenen Strategie und von den Strategien der anderen Spieler.

Als weitere idealisierende Annahme erhalten wir damit global gesprochen:

*(6') Die Spieler streben durch ihre Spielweise eine Maximierung des Erwartungswertes des Gewinnes an.*

5.5. Das Problem der Lösung eines Spiels, d. h. die Frage, wie man sich gewinnbringend möglichst günstig verhält, reduziert sich damit auf die Beantwortung der einen Frage:

*(*) Welche Strategie soll der einzelne Spieler wählen, damit seine Gewinnerwartung möglichst groß wird?*

## *6. Voraussetzungen der Spieltheorie II: Spiele in Matrixform*

6.1. Wir werden den Problemkreis der Hauptfrage (*) der Spieltheorie im folgenden nicht in der dem Mathematiker gewohnten Abstraktheit angehen; noch werden wir sie in größerer Allgemeinheit abhandeln. Wir werden einige

Ergebnisse der (elementaren) Spieltheorie und ihre Folgerungen an einigen Beispielfällen aufzeigen. Es geht um die Erörterung des Grundsätzlichen.

6.2. Dazu machen wir weiter die folgenden *Voraussetzungen:*

(a) jeder Spieler hat bei jedem Zug *nur endlich viele Möglichkeiten* für sein Verhalten zur Verfügung;

(b) jedes Spiel ist nach *endlich vielen Zügen* entschieden (vgl. 5.1. (4)).

Diese beiden Annahmen haben zur Folge,

(c) daß jeder Spieler *nur endlich viele Strategien* anwenden kann.

6.3. Diese sehr engen Voraussetzungen haben für die mathematische Behandlung spieltheoretischer Situationen ihre Konsequenzen.

Wegen unserer Endlichkeitsforderungen kann man die Strategien der einzelnen Spieler irgendwie bezeichnen; man kann sie z. B. vollständig durchnumerieren und kann z. B. im Falle von 2-Personen-Spielen die Gesamtheit der Situationen/Möglichkeiten durch eine Tabelle – durch ein in Zeilen und Spalten gegliedertes Schema, eine *Matrix* – darstellen.

Im Falle eines 2-Personen-Spieles seien etwa die möglichen Verhaltensweisen – wir nennen sie *»Strategien«* –

des Spielers A mit: 1, 2, . . ., r,
des Spielers B mit: 1, 2, . . ., s

bezeichnet.

Die Ergebnisse des Wahlverhaltens, der Entscheidungen für die eine oder andere Strategie, werden (durch die Spiel-Regeln) bewertet. Diese Bewertung erfolgt durch die sogenannte *»Auszahlungs-«* oder *»Gewinnfunktion«*. Ihre Werte bedeuten in Gesellschaftsspielen häufig monetäre Werte. In vielen anderen Fällen aber sind sie nur als relative Werte zu sehen; sie geben dann jeweils die Einschätzung der Lage oder die Abschätzung von Prioritäten an.[9] Je nachdem, welche Strategien die beiden Spieler wählen, erhalten sie in Abhängigkeit von den gewählten Strategien jeweils einen bestimmten Gewinn. Wählt Spieler A die Strategie i ($i \in \{1, \ldots, r\}$) und Spieler B die Strategie j ($j \in \{1, \ldots, s\}$), so sei der für Spieler A erzielte Gewinn mit

$$g(i, j)$$

bezeichnet. Die Gesamtheit aller möglichen Gewinne für *Spieler A* kann man danach in einem Zahlenschema mit r Zeilen und s Spalten, in einer sogenannten *r×s-Matrix* zusammenfassen.[10] Spiele, die sich in einer solchen Form darstellen lassen, heißen *»Matrix-Spiele«*, *»Rechtecksspiele«* oder *»Spiele in Normalform«*.

*Spieler B*

| | | 1 | 2 | ... | j | | s | |
|---|---|---|---|---|---|---|---|---|
| | 1 | g (1,1) | g (1,2) | ... | g (1,j) | ... | g (1,s) | |
| | 2 | g (2,1) | g (2,2) | ... | g (2,j) | ... | g (2,s) | |
| | . | . | . | | . | | . | |
| | . | . | . | | . | | . | |
| | . | . | . | | . | | . | |
| *Spieler A* | i | g (i,1) | g (i,2) | ... | g (i,j) | ... | g (i,s) | (M*) |
| | . | . | . | | . | | . | |
| | . | . | . | | . | | . | |
| | . | . | . | | . | | . | |
| | r | g (r,1) | g (r,2) | ... | g (r,j) | ... | g (r,s) | |

Im Falle eines 0-Summen-Spiels, in dem also der Betrag, den der eine Spieler gewinnt, als Verlust auf dem Konto des anderen Spielers erscheint bzw. umgekehrt, würde die *Spielmatrix des Spielers B* an den Kreuzungsstellen von Zeilen und Spalten die gleichen Beträge – freilich mit umgekehrtem Vorzeichen – enthalten.

Bezogen auf *Matrix-Spiele* gewinnt unsere Hauptfrage (*) die Form:
*Welche Strategie (Zeile i) soll Spieler A, welche Strategie (Spalte j) soll Spieler B wählen, um zu einem möglichst günstigen Spielergebnis zu kommen?*

## *III. Beispiele für Matrixspiele*

### *1. Zwei-Personen-Nullsummenspiele mit vollständigem Konflikt*

1.1. *Matrix-Spiele mit Sattelpunkt – reine Strategien*
1.1.1. *Spielsituation 1: Ein einfaches Kartenspiel*/Begriffe: Strategie, Wert, Lösung

Wir kommen nun zu den Beispielsfällen für strategische Spiele. Das erste Beispiel ist so einfach, daß man es kaum als ein echtes, spannungsreiches Spiel wird bezeichnen können. Es soll uns lediglich an die Thematik und die spezielle Methodik der Spieltheorie heranführen. Stufenweise werden wir – immer noch bei einfachen Spielsituationen verbleibend – komplexere Fälle angehen.

Betrachten wir zunächst folgendes Kartenspiel:

*Spiel 1:*

Zwei Spieler, nennen wir sie »A« und »B«, erhalten je zwei Spielkarten.

A erhält: eine »rote 9«,
eine »grüne 9«,
B erhält: eine »rote 9«,
eine »grüne 7«.

Bei einem bestimmten Signal legen beide (etwa in Gegenwart eines »Schiedsrichters«) eine ihrer Karten auf. A bzw. B gewinnt nun gemäß folgender Spielregel:

(1) Stimmen die Karten in der Farbe überein, so gewinnt A die (positive) Differenz der Kartenzahlen (etwa in Pfennigen oder in D-Mark).

(2) Stimmen die Karten nicht in der Farbe überein, so gewinnt B die (positive) Differenz der Kartenzahlen.

Wir haben hier ein Zwei-Personen-Spiel mit nur einem Zug vor uns.

Es ist bequem, dieses Spiel durch das folgende Zahlenschema (= »Matrix«) darzustellen:

Spieler »B«:

| Spieler »A«: | | r 9 | g 7 |
|---|---|---|---|
| | r 9 | 0 | –2 |
| | g 9 | 0 | +2 |

(M 1)

Die vorliegende Matrix bezieht sich auf den Spieler A. Die +-Zeichen bedeuten Gewinn, die –-Zeichen Verlust. Die Matrix für Spieler B hätte die gleiche Gestalt; lediglich + - und –-Zeichen wären vertauscht. Es genügt also, eine der beiden Matrizen zu betrachten. Ihre »Eingänge« sind die »Wahlmöglichkeiten«, die den einzelnen Spielern offenstehen, die Zahlen der 2×2-Matrix selber stellen die Gewinn- bzw. Verlustwerte dar.

Wählt z. B. A Zeile 1 (r 9) und B Spalte 1 (r 9), so gewinnt A den Betrag »0«. Wählt A Zeile 1 (r 9), B jedoch Spalte 2 (g 7), so gewinnt A den Betrag »–2«, d. h. A verliert an B, B gewinnt den Betrag »+2« usw.

Unser Spiel ist durch die angegebene Matrix vollständig bestimmt. Wir nennen es ein *»2×2-Matrix-Spiel«*. Dabei kontrolliert Spieler A die Zeilen, Spieler B die Spalten der 2×2-Matrix.

Wie soll nun jeder der Spieler spielen, um optimal zu spielen?

A möchte (in unserer obigen Matrix) natürlich den Gewinn »+2«, B den Fall »–2« erreichen. Spielt A »Zeile 1«, so wird er entweder nichts gewinnen oder zwei Einheiten verlieren. Spielt er dagegen »Zeile 2«, so wird er entweder nichts oder zwei Einheiten gewinnen. Für Spieler A ist es also zweifellos günstig, »Zeile 2« zu wählen.

Wie aber soll sich B verhalten? – Spielt B »Spalte 2«, so kann er gewinnen oder verlieren; spielt er »Spalte 1«, so wird er weder gewinnen noch verlieren. Für ihn liegt »Spalte 1« günstiger als »Spalte 2«.

Eine mögliche Verhaltensweise, genauer eine Anweisung, eine bestimmte Figurenbewegung auszuführen, also z. B.: »Spiele ›rot 9‹« nennen wir auch in diesem einfachen Spiel eine *»Strategie«*.

Wählen die Spieler die angegebenen, von uns als »günstig« erachteten Strategien, so ist A sicher, daß er nichts verliert oder gar »2« gewinnt, B ist sicher, daß er »höchstens« »0« verliert bzw. »mindestens« »0« gewinnt.

Statt von »günstigen Strategien« zu sprechen, wollen wir hier von *»optimalen Strategien«* sprechen, weil in unserer einfachen Spielproblemsituation günstige Strategien zugleich optimale Strategien sind. Das Ergebnis des Spieles, das erhalten wird, wenn jeder der Spieler seine optimale Strategie zur Anwendung bringt – in unserem Fall der Wert »0« –, nennen wir den »*Wert* des Spieles«. Ist der Wert eines Spieles »0«, so nennen wir es *»fair«*.[11]

Schon dieses einfache Beispiel zeigt, wie in der Theorie der Spiele die Unwägbarkeit der freien Willensbildung des Gegenspielers, die sich in seinen nicht »vorhersehbaren« Entscheidungen, in der Wahl seiner Strategien äußert, wie sie gewissermaßen »umgangen« werden kann. *Die Spieler spielen so, daß sie nicht den »maximalen Gewinn« ansteuern, sondern den »minimalen Gewinn«;* sie spielen so, daß sie sicher sein können, soundsoviel »mindestens« zu gewinnen bzw. »nicht mehr als . . .« zu verlieren. Je dümmer oder ungeschickter der Gegenspieler, umso höher wird der Gewinn ausfallen.

Die eben erwähnte Tatsache wird besonders deutlich, wenn wir ein Spiel betrachten, das nicht fair genannt werden kann, dessen Wert also verschieden von »0« ist.

### 1.1.2. *Spielsituation 2: Grundstückskauf*

*Spiel 2:*[12]

Ein Ehepaar, nennen wir die beiden Heinz und Lisa, wollen ein Grundstück erwerben, das an der Kreuzung zweier wichtiger Straßen liegen soll. Die beiden sind sich im wesentlichen einig, bis auf die Wahl der Lage des Grundstücks. Die Gegend ist hügelig, und Lisa wünscht sich eine Tallage, während Heinz die Berge liebt. Wie sollen sie entscheiden, wie sollen/werden sie den Konflikt lösen?

Heinz und Lisa wollen vernünftig handeln, sie wollen ihren Konflikt mit rationalen Mitteln austragen. Sie gehen ihr Problem mit den Mitteln der Spieltheorie an.

Dazu haben sie zunächst die möglichen Fälle der Lage aus der Landkarte zu entnehmen (Fig. 1). Auf ihr sehen wir – wieder der Einfachheit halber – drei Straßen in Ost-West-Richtung: Kreisstraße A, Bundesstraße B und Landstraße C, die von drei Autobahnen (1, 2, 3) in Nord-Süd-Richtung geschnitten werden. Die 9 Kreuzungen liegen in verschiedenen Höhen, die man in einer Tabelle (M 2) angeben und in einem dreidimensionalen Diagramm in Einheiten von 100 Metern (Fig. 2) darstellen kann.

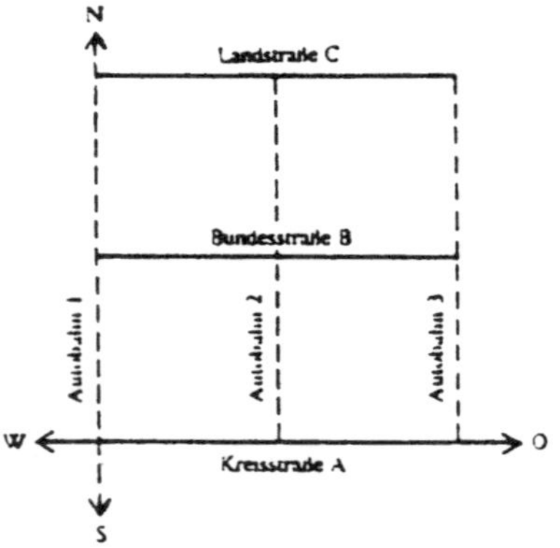


Fig. 1 Straßenkarte

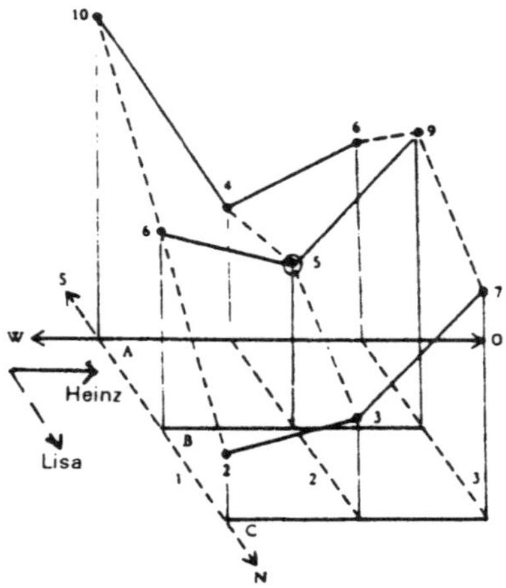


Fig. 2 Dreidimensionale Darstellung

zum Spiel: Grundstückskauf (nach Lucas, 153, 154)

Autobahnen

| Straßen | | 1 | 2 | 3 | |
|---|---|---|---|---|---|
| | A | 10 | 4 | 6 | |
| | B | 6 | 5 | 9 | (M 2) |
| | C | 2 | 3 | 7 | |

Als *Regeln* legen die beiden nun fest:

Heinz wählt eine der drei Straßen A, B, C –

Lisa wählt eine der Autobahnen 1, 2, 3 –

mit anderen Worten: die Strategienmenge von Heinz ist {A, B, C}, die von Lisa {1, 2, 3}.

Heinz wünscht sich das Grundstück möglichst hoch, Lisa dagegen möglichst tief gelegen. Diese Wünsche sind gleichzeitig nicht erfüllbar. Die Lösung des Spiels läuft auf einen Kompromiß hinaus, und der besteht generell wieder darin, daß man *nicht den maximalen Gewinn, sondern den minimalen Gewinn* ansteuert. Dazu suchen Heinz und Lisa für ihre 3 möglichen Strategien zunächst die für sie ungünstigsten Positionen aus: Heinz jeweils den tiefsten Lageplatz, Lisa jeweils den höchsten aller Lageplätze.

a) Für die 3 Straßen A, B, C (Heinz) sind dies die Werte:

4, 5, 2.

b) Für die 3 Autobahnen 1, 2, 3 (Lisa) sind dies die Werte:

10, 5, 9.

Im Rahmen des Zahlenschemas, der Spielmatrix, sind die genannten Werte

a) im Falle von Heinz:

die minimalen Werte der Zeilen, die *»Zeilenminima«*,

b) im Falle von Lisa:

die maximalen Werte der Spalten, die *»Spaltenmaxima«*.

Unter den 6 Werten ist nun einer ausgezeichnet, nämlich die Lage an der Kreuzung zwischen Straße B und Autobahn 2 (bei uns zufällig in der Mitte gelegen) mit der Höhe 500 m. Er ist das

*Maximum der Zeilenminima und zugleich das Minimum der Spaltenmaxima.*

Einen solchen Punkt nennt man einen *»Sattelpunkt«*. Er liefert die Lösung des Spiels zwischen Heinz und Lisa. Bei ihm ist Heinz sicher, daß der Bauplatz *mindestens* 500 m hoch gelegen ist, und Lisa ist sicher, daß er in *höchstens* 500 m Höhe liegt.

1.1.3. Das vorstehende Spiel 2 ist komplexer als die Kartenspielsituation in Spiel 1. Es zeigt daher deutlicher als das allzu einfache Spiel 1 gewisse für die Spieltheorie zentrale methodische und begriffliche Besonderheiten.

(1) Wieder lautet die *»Grundstrategie«:* »Der Spatz in der Hand ist besser als die Taube auf dem Dach.« Nicht den maximalen Gewinn, sondern den minimal sicheren Gewinn ansteuern! Das ist die *methodische Grundhaltung der Spieltheorie.*

(2) Wieder haben wir die Begriffe der optimalen Strategie, des Wertes und der Lösung eines Spieles vorgeführt. Die Wahlen B (für Heinz) und 2 (für Lisa) sind die *»optimalen (reinen) Strategien«;* sie lassen einen bestimmten Auszahlungswert sicher – und d. h. unabhängig von der Wahl des Gegners – erreichen. Die (Gewinn-)Zahl, die durch die Wahl der optimalen Strategien erreicht wird, der »*Wert* des Spiels« ist jetzt 5. Optimale Strategie und Wert des Spiels zusammen liefern oder bilden die *»Lösung des Spiels«.*

(3) In Übereinstimmung mit bzw. als Folge unserer Grundstrategie beobachten wir, daß *der Wert des Spiels durch den Sattelpunkt repräsentiert wird, der zugleich das Maximum der Zeilenminima wie auch das Minimum der Spaltenmaxima ist.*

Mit unseren Überlegungen haben wir zugleich einen Spezialfall eines allgemeinen Resultats der Spieltheorie anschaulich und plausibel gemacht, nämlich das

*THEOREM: Hat ein 2-Personen-0-Summen-Spiel einen Sattelpunkt, so liefert er die Lösung des Spiels.*[13]

(4) Weiter ist hervorzuheben, daß in Spielen, die einen Sattelpunkt besitzen, keine Notwendigkeit besteht, Spielzüge geheimzuhalten. Wenn man sich nur entsprechend verhält, d. h. den Sattelpunkt anspielt, ist man sicher, mindestens »soundso viel zu gewinnen« (bzw. »nicht mehr als . . . zu verlieren«); der Gegenspieler kann uns nicht daran hindern. Eben deshalb nennt man die zugehörige Strategie *optimale Strategie.* Aus den gleichen Gründen nennt man in der Spieltheorie Spiele dieser Art *»streng determiniert«.*

(5) Beispiele lassen leicht erkennen, daß es auch Matrix-*Spiele mit mehreren Sattelpunkten* gibt. Für solche Spiele gilt der folgende

*EINDEUTIGKEITSSATZ: Hat ein 2-Personen-0-Summen-Spiel mehrere Sattelpunkte, so stimmen diese überein.*

Die Theorie der 2-Personen-0-Summen-Matrix-Spiele wäre gelöst, wenn jedes Matrix-Spiel einen Sattelpunkt besäße. Das ist aber nicht der Fall.

### 1.2. *Matrixspiele ohne Sattelpunkt – gemischte Strategien*

#### 1.2.1. *Eine Matrix ohne Sattelpunkt*

Nicht alle Matrix-Spiele besitzen einen Sattelpunkt, nicht jedes Rechtecksspiel ist streng determiniert. Nicht alle Matrix-Spiele lassen sich durch reine Strategien, also durch Wahl einer bestimmten Zeile bzw. Spalte lösen. Ein Beispiel liefert die folgende Matrix; sie besitzt keinen Sattelpunkt.

$$\begin{pmatrix} -1 & 1 \\ 1 & -1 \end{pmatrix}$$

| | | | Minima der Zeilen |
|---|---|---|---|
| | −1 | 1 | −1 |
| | | | Maximum der Minima: −1 |
| | 1 | −1 | −1 |
| Maxima der Spalten | 1 | 1 | |
| Minimum der Maxima | 1 | | |

Es gilt: Max Min = −1 = Min Max = 1.

#### 1.2.2. *Spielsituation 3: Verbrecher und Polizist*

Wir wollen für diese Matrix eine Spieleinkleidung angeben.

*Spiel 3:*

Der Verbrecher A befindet sich in einem Hause, das einen Vorder- und einen Hintereingang besitzt. Der Polizist P hat die Aufgabe, den Verbrecher A zu fangen. Wie sollen sich beide verhalten?

Die Matrix der Spielsituation hat die Form:

| | | Polizist P v | Polizist P h |
|---|---|---|---|
| Verbrecher A | v | −1 | 1 |
| Verbrecher A | h | 1 | −1 |

(M 3)

Das heißt im einzelnen: Versucht der Verbrecher A durch die Vordertüre (v) zu entkommen und hat sich dort der Polizist P postiert, so wird A gefangen werden. Ebenso, wenn beide sich an der Hintertüre (h) begegnen. Anders freilich, wenn A das Haus zu jener Türe zu verlassen sucht, an der P gerade nicht steht; dann hat P das Spiel verloren und A gewonnen.

Das Spiel hat keinen Sattelpunkt. Wie sollen sich die Kontrahenten verhalten?

Nehmen wir an, daß die Vordertüre (v) auf eine belebte Straße führt, so wird A zunächst daran denken, das Haus durch die Hintertüre (h) zu verlassen. An diese Möglichkeit für das Verhalten von A kann auch P denken. Überlegt nun A weiter, so wird er tunlichst auch P in den Kreis seiner Überlegungen einbeziehen und den Gedankengang P's nachdenken. A wird sich sagen: »P meint ja sicher, daß ich den Hinterausgang vorziehe – also ist es klüger, doch durch die Vordertüre zu entweichen.« – Was aber, wenn auch P weiterdenkt und den Gedankengang A's bis hierher nachvollzieht?

Um es zu betonen: Die Schwierigkeit, der wir uns in diesem Falle – und d. h. generell in einem Matrix-Spiel ohne Sattelpunkt – gegenübersehen, erwächst aus der Tatsache, daß die Art des Spiels zunächst keine optimale Strategie im obigen Sinne »von selbst« anbietet und daß die Spieler die Erwägungen des Gegenspielers in den Kreis ihrer Überlegungen einbeziehen können und zunächst sogar müssen. In unserer Spielsituation kommt es also vor allem darauf an, den Gegenspieler daran zu hindern, die eigenen Absichten zu erkennen oder auch sie nachzudenken. Dies kann man tatsächlich in gewisser Weise verhindern, nämlich dadurch, daß man sich selbst nicht entscheidet, sondern die Entscheidung dem Zufall überläßt. A handelt – wie sich zeigen wird – optimal, wenn er eine Münze aus der Tasche zieht, diese in die Luft wirft und bei »Zahl« das Haus durch die Vordertüre verläßt, bei »Wappen« durch die Hintertüre. Und ebenso steht es um das optimale Verhalten von P. Nur so können beide verhindern, daß jeder den Gedankengang des anderen zwingend nachdenken kann.

A und P werden in einer solchen Spielsituation mit anderen Worten nicht umhin können, wahrscheinlichkeitstheoretische Gesichtspunkte zur Auffindung der optimalen Strategie heranzuziehen – wie sie das übrigens beim Münzwurf faktisch tun. Die Entscheidungen der Spieler bestehen in unserem jetzigen Beispielfall, wenn sie sich wie eben geschildert verhalten, nicht mehr im Spielen »reiner Strategien«, sondern im Einsatz »gemischter Strategien«.

Unter einer *»reinen Strategie«* verstehen und verstanden wir in Matrix-Spielen einen Befehl bzw. eine Verhaltensweise der Form: »Spiele ›Zeile 2‹!« oder »Spiele ›Spalte 5‹!« Bei Matrix-Spielen ohne Sattelpunkt muß man die Strategien mit einer gewissen Wahrscheinlichkeit[14] gewichtet spielen, muß man die Strategien in einem gewissen Sinne »mischen«. Unter einer *»gemischten Strategie«* verstehen wir einen Befehl der Form: »Spiele ›Zeile 1‹ mit der Wahrscheinlichkeit $p_1$, ›Zeile 2‹ mit der Wahrscheinlichkeit $p_2, \ldots$, ›Zeile n‹ mit der Wahrscheinlichkeit $p_n$«; und entsprechend für den zweiten Spieler und die ihm zur Verfügung stehenden Spalten: »Spiele ›Spalte j‹ mit der Wahrscheinlichkeit $q_j$« ($j = 1, 2, \ldots, m$).

### 1.2.3. *Berechnung der optimalen Strategien*

Will man auch für Matrix-Spiele ohne Sattelpunkt »optimale Strategien« gewinnen, muß man weiter das Verhalten nicht auf den Absolutwert des Gewinnes, sondern auf die *Gewinnerwartung* abstellen.

Kann eine zufällige Größe x die Werte $x_1, x_2, \ldots, x_n$ mit jeweils den Wahrscheinlichkeiten $p_1, p_2, \ldots, p_n$ annehmen, so definiert man als »*mathematische Erwartung* der Größe x« die Summe

$$E(p_1, \ldots, p_n) := x_1p_1 + x_2p_2 + \ldots + x_np_n = \Sigma x_ip_i.$$ [15]

Wählt der Verbrecher A in unserem Beispiel »Zeile 1« (v) mit der Wahrscheinlichkeit 1/4, so bedeutet das gleichzeitig, daß er die »Zeile 2« (h) mit der Wahrscheinlichkeit 3/4 wählt.[16] Eine solche Wahl wäre, wie aus den obigen Erörterungen und aus der (Schief-)Symmetrie der Matrix ersichtlich ist, sicher nicht günstig. Spieler A wählte vielmehr durch Münzwurf die »Zeile 1« (v) mit der Wahrscheinlichkeit $p_1 = 1/2$ und also auch die »Zeile 2« (h) mit $p_2 = 1/2$. Seine mathematische Erwartung ist in diesem Falle für die »Zeile 1« in Abhängigkeit vom möglichen Verhalten des Kontrahenten P:

$$1/2 \cdot (-1) + 1/2 \cdot 1 = 0$$

und für »Zeile 2« entsprechend:

$$1/2 \cdot 1 + 1/2 \cdot (-1) = 0.$$

Daß diese Spielweise für A tatsächlich die beste ist, weil in jedem andern Falle der Erwartungswert $E(p_1, p_2) < 0$ wird, sieht man wie folgt ein: Wählt der Verbrecher A die »Zeile 1« mit der Wahrscheinlichkeit $p_1$ und »Zeile 2« mit der Wahrscheinlichkeit $p_2$, und nehmen wir an, der Polizist P entdeckt, was A zu tun beabsichtigt, so ist die mathematische Erwartung von A im Falle, daß P die »Spalte 1« wählte:

$$E_1 = (-1) \cdot p_1 + 1 \cdot p_2,$$

und entsprechend für den Fall, daß P die »Spalte 2« als Strategie wählt:

$$E_2 = 1 \cdot p_1 + (-1) \cdot p_2.$$

Berücksichtigen wir, daß nach Definition der Wahrscheinlichkeit $p_1 + p_2 = 1$ sein muß, so erhalten wir weiter:

$$(-1) \cdot p_1 + 1 \cdot (1 - p_1) = E_1 = 1 - 2p_1;$$

$$1 \cdot p_1 + (-1)(1 - p_1) = E_2 = 2p_1 - 1.$$

Daraus gewinnt man $1 - 2p_1 = 2p_1 - 1$

und errechnet daraus $p_1 = 1/2$,

und wegen $p_2 = 1 - p_1$ für $p_2 = 1/2$.

Ist nun $p_1 > 1/2$, so wird $E_1 = 1 - 2p_1 < 0$; ist $p_1 < 1/2$, so wird $E_2 = 2p_1 - 1 < 0$. A wird also eine Erwartung kleiner als 0 haben, wenn P »1« wählt, und er wird auch eine Erwartung kleiner als 0 haben, wenn P »2« wählt. Der optimale Weg für A besteht also darin, beide Zeilen (und d. h. v bzw. h) mit der Wahrscheinlichkeit 1/2 zu wählen (zu spielen). Der »erwartete Wert« des Spiels ist damit gleich 0. Das Spiel ist fair. – Ganz Entsprechendes gilt für P.

Wird nur eine Partie gespielt, ist kein Zug besser als der andere. Werden aber mehrere Partien gespielt, so wird man keine Vorliebe entwickeln, sondern – wie es die gemischte Strategie vorschreibt – Kombinationen von Strategien mit einer bestimmten Häufigkeitsverteilung spielen. Man wird auf lange Sicht »Kopf« oder »Zahl« mit gleicher Häufigkeit wählen, und zwar so, daß es dem Gegner nicht möglich ist, den nächsten Zug zu erraten.[17]

Das Beispiel macht nebenbei deutlich, daß in vielen Situationen die unvollkommene Information die Lösung ungemein kompliziert. Hat etwa A die Möglichkeit, die Situation vor dem Haus durch einen Vorhang geschützt zu beobachten, wird für ihn die Konfliktsituation eventuell trivial lösbar. Andererseits wird unser Problem komplizierter, wenn wir annehmen, daß sich unser »Fange-Spiel« nachts zuträgt, daß die Vorderfront durch eine nahestehende Straßenlaterne beleuchtet ist, die Rückfront dagegen im Dunkeln liegt. A wird selbst dann, wenn A und P auf die Hintertüre reflektieren, noch eine gewisse Chance haben, in der Dunkelheit ungesehen – oder von P zu spät entdeckt – zu entkommen. Die Wahrscheinlichkeitsbelegungen müssen nunmehr eine ganz andere Form annehmen.

### 1.3. *Formale Diskussion: Der Hauptsatz*

1.3.1. Im folgenden wollen wir die Bedeutung des Einsatzes gemischter Strategien in einem Matrix-Spiel formal etwas genauer diskutieren.

Angenommen, die Auszahlungsmatrix sei gegeben in der Form (M*) von II.6.3. Der *Spieler A* hat die Strategien $i \in \{1, 2, \ldots, r\}$ zur Verfügung und spielt sie als gemischte Strategien mit den Wahrscheinlichkeiten

$$p_1, p_2, \ldots, p_r.$$

Entsprechend spielt *Spieler B* seine Strategien $j \in \{1, 2, ..., s\}$ als gemischte Strategien mit den Wahrscheinlichkeiten

$$q_1, q_2, ..., q_s.$$

Da nun beide Spieler voneinander unabhängig sind, ist die Wahrscheinlichkeit, daß A die Strategie i und B die Strategie j wählt, gleich dem Produkt der zugehörigen Wahrscheinlichkeiten:

$$p_i q_j.$$

Als nächstes bestimmen wir – wie im obigen Beispielfall III.1.2.3. – die *Erwartungswerte des Gewinns* für die beiden Spieler bei Anwendung von gemischten Strategien. Wir erhalten

$$h(p, q) = \Sigma\, g(i, j)\, p_i q_j.$$

*Spieler A* möchte sich so verhalten, daß *der Auszahlungswert h (p, q) möglichst groß* wird. Da er die Wahrscheinlichkeiten $q_1, q_2, ..., q_s$ von B nicht kennt, wird er den ungünstigsten Fall annehmen und für alle möglichen Werte von $q_1, q_2, ..., q_s$ das Minimum berechnen:

$$\text{Min}_q\, h(p, q).$$

Das ist der Betrag, den er mit einer bestimmten gemischten Strategie mit Sicherheit, also mindestens gewinnt, ganz unabhängig davon, welche Strategie B auch wählt. Er wird also seine gemischte Strategie, über die er ja nach eigenem Willen verfügt, so bestimmen, daß dieser Mindestgewinn möglichst groß wird; d. h. er wird die Wahrscheinlichkeiten $p_1, p_2, ..., p_r$, mit denen er seine Strategien 1, 2, . . ., r ausspielt, so berechnen, daß er den Wert

$$M = \text{Max}_p\, \text{Min}_q\, h(p, q)$$

erhält. Dieses Maximumproblem läßt sich nach den Ergebnissen der Spieltheorie immer lösen. A ist also sicher, daß er durch eine geeignete gemischte Strategie den Gewinn M in jedem Fall erhält.

Die Überlegungen für den *Spieler B* verlaufen ganz analog, allerdings mit dem Unterschied, daß man beachten muß, daß unsere Matrix (M*) die Auszahlungsmatrix für A ist, daß jeder Gewinn h (p, q) von A ein Verlust für B ist. B muß also danach trachten, *seinen Verlust – h (p, q) möglichst klein* zu halten. Er berechnet also zunächst seinen Verlust im ungünstigsten Fall, also

$$\text{Max}_p\, h(p, q),$$

und versucht, durch eine geeignete Wahl seiner Wahrscheinlichkeiten $q_1, q_2, ...,$ $q_s$ diesen Verlust möglichst klein zu machen; er berechnet also

$$M' = \text{Min}_q\, \text{Max}_p\, h(p, q).$$

John von Neumann hat nun das zentrale Theorem bewiesen, daß auch im

Falle der 2-Personen-0-Summen-Spiele ohne Sattelpunkt das Maximum der Minima für A gleich ist dem Minimum der Maxima für B,[18] falls man nur mit gemischten Strategien spielt.

*HAUPTSATZ der 2-Personen-0-Summen-Spiele:*

$$Max_p\, Min_q\, h\,(p, q) = Min_q\, Max_p\, h\,(p, q) = M.$$

Nach diesem Satz gibt es in den 2-Personen-0-Summen-Spielen in jedem Fall[19] eine beste Strategie für A und eine beste Strategie für B; A muß mindestens M gewinnen, B kann nicht mehr als M verlieren. Ist das Spiel *fair,* haben also beide gleiche Chancen, so ist M = 0.

Zusammenfassend kann man sagen: In 2-Personen-0-Summen-Matrix-Spielen kann man mit reinen Strategien nicht in jedem Fall optimal spielen. Und das heißt: *Man darf im allgemeinen nicht stur nach demselben Schema spielen, sonst gibt man dem Gegner die Möglichkeit, sich auf die gespielte Strategie einzustellen.* Man muß seine Absichten geheim- und unerkennbar halten. Man muß mit Wahrscheinlichkeiten spielen. Das *Moment des Zufalls,* das in Spielen – durch die Verteilung der Karten, durch Würfelwurf u. ä. – schon in den Spielregeln verankert sein kann, haben wir anfangs durch Einführung des Erwartungswertes eliminiert (II.5.4.). Durch die gemischten Strategien kommt das Element des Zufalls nun von anderer Seite wieder entscheidend »ins Spiel«.

John von Neumann hat weiter die Strategie des *Bluffens* untersucht. Sein Ergebnis lautet grob gesprochen: Man soll (z. B. beim Poker) bluffen, aber wiederum nicht nach starrem Schema, nicht nie und nicht zu oft; man muß mit bestimmten (kleinen) Wahrscheinlichkeiten bluffen. Fast müßig zu sagen, daß all die genannten spieltheoretischen Überlegungen auf gewisse Konfliktsituationen im täglichen Leben, in der Gesellschaft, im Wirtschaftsleben und in der Politik übertragbar sind.

1.3.2. Es ist ein bedeutsames Resultat der Spieltheorie, daß auch *jedes 2-Personen-Spiel in extensiver Form lösbar ist.* Jedes solche Spiel kann auf »Normalform« gebracht, d. h. als Matrix-Spiel dargestellt werden. Die Umformung erfolgt durch Einführung eines entsprechend präzisierten Strategiebegriffs. Hat man ein Spiel in seine spieltheoretische Normalform umgewandelt, so findet man die optimalen Strategien durch Lösung linearer Systeme von Ungleichungen und Gleichungen, wobei die Lösungen noch der Nebenbedingung genügen müssen, eine bestimmte lineare Funktion (Auszahlungsfunktion) zu maximieren bzw. zu minimieren.[20] Jedes Spiel läßt sich damit auf ein Problem der sogenannten *»Linearprogrammierung«* zurückführen.[21]

Generell gilt damit der Hauptsatz der Spieltheorie in der Form:

*HAUPTSATZ: Jedes 2-Personen-0-Summen-Spiel mit vollständiger Information und endlichem Baum*[22] *besitzt für beide Spieler optimale Strategien.*[23]

## 1.4. *Weitere Spielsituationen*

### 1.4.1. *Kontroll- und Prüfprobleme*

In vielen Fällen kann man *Kontroll- und Prüfprobleme,* die in irgendeiner Weise mit Kosten verbunden sind, spieltheoretisch behandeln.

Als Beispielfelder führen wir Prüfer bzw. Prüfungsämter an, die Bilanzen, Konten oder Fertigungsvorgänge bzw. die Resultate der Fertigungsprozesse auf Fehler, Schadstellen, auf Irrtümer oder gar auf Betrug kontrollieren müssen. Finanzbehörden, Eichämter, der Bundesrechnungshof, die technische Bundesanstalt, die Atomenergiebehörde haben solche *Prüffunktionen* zu erfüllen, ebenso wie in Betrieben die Abteilungen, die *Qualitätskontrollen* durchführen. Auch die nationalen Nachrichtendienste sind an dieser Stelle zu nennen. – All diesen Prüforganen ist ein Problem gemeinsam, nämlich daß es im allgemeinen zu teuer und/oder zeitlich zu aufwendig ist, jeden Einzelfall zu überprüfen. Man bedient sich daher vielfach statistischer Methoden, um sich einer Problemlösung zu nähern. Viele der auftretenden Konflikte lassen sich aber auch mit spieltheoretischen Modellen angehen. Gesucht wird die optimale gemischte Strategie, die für die betreffenden Situationen günstig ist.

Geben wir Beispiele:

*Spielsituation 4: Qualitätskontrolle in einem Betrieb und Abnehmer*

Eine Firma für feinmechanische Geräte erhält einen Auftrag für eine Sonderanfertigung von fünf Spezialmeßgeräten. Die Herstellerfirma und der Auftraggeber schließen folgenden Vertrag ab: Der Auftraggeber verpflichtet sich, zunächst drei Geräte abzunehmen. Sind die drei Geräte funktionstüchtig, so zahlt er der Firma den vereinbarten Preis. Erweisen sich nur zwei Geräte fehlerfrei, so wird der Auftraggeber keines der Geräte abnehmen. Erweisen sich aber alle Geräte als funktionstüchtig (auch in der Praxis!), so wird der Auftraggeber auch die restlichen zwei Geräte abnehmen.

Die Lieferfirma sieht sich der Frage gegenüber, wie sie sich die Fertigung kalkulationsmäßig einzurichten hat. So stellt sich ihr u. a. die Alternative, ob alle fünf Geräte den sehr kostspieligen Testverfahren zu unterwerfen sind, ob sie nur vier, oder nur drei oder nur zwei Geräte auf ihre Funktionstüchtigkeit prüfen soll. Alle diese Fragen lassen sich spieltheoretisch angehen.

Ganz ähnlich liegt das folgende Spielproblem.

1.4.2. *Spielsituation 5: Das Parkuhrproblem*[24]

Wie soll man sich als Autofahrer, der einen Parkplatz sucht, verhalten? – Soll man regelwidrig parken oder einen Parkplatz suchen und die entsprechende Gebühr bezahlen?

Das Problem ist wiederum stark vereinfacht. Nicht berücksichtigt ist die Differenzierung, daß die Höhe der Strafe für Falschparken abhängig sein kann von der Dauer des Falschparkens, daß aber andererseits auch die Parkgebühr im Parkhaus abhängig ist von der Parkdauer. Wir beschreiben unser einfaches Spiel wieder mit einer Auszahlungs- oder Gewinnmatrix und machen dabei die folgenden Annahmen:

*Spiel 5:*

| | | Polizei | |
|---|---|---|---|
| | | Kontrolle | keine Kontrolle |
| Autofahrer | falsch parken | –20 | 0 |
| | Parkgebühr zahlen | – 8 | –16 |

(M 5)

Die angegebenen Zahlen sind Geldwerte, etwa in DM. Eine Erklärung bedarf nur der Betrag von –16 DM, den wir ansetzen für den Fall, daß wir die Parkgebühr bezahlt haben, die Polizei aber gar nicht kontrolliert. Wir veranschlagen dabei 8 DM als Gebühr für den Parkplatz und weitere 8 DM für den Zeitverlust, den Ärger, den Preis des verfahrenen Benzins bei der Parkplatzsuche.

Das Spiel hat keinen Sattelpunkt. Das Minimum der Zeilenmaxima ist 0, das Maximum der Minima der Spalten ist –16.

*Die optimale gemischte Strategie des Parkers* berechnet man wiederum analog zum Vorgehen von III.1.2.3. Zunächst legen wir fest: Es bezeichne

p: die Wahrscheinlichkeit für ordnungsgemäßes Parken und die Gebühr 8 DM,

1 – p: die Wahrscheinlichkeit für Falschparken.

(a) Sodann berechnen wir den *Erwartungswert E der Auszahlung für den Parker*

(1) für den ersten *Fall, in dem die Polizei kontrolliert:*

$$E = -20 \cdot (1 - p) + (-8p) = -20 + 12p. \quad (1)$$

(2) für den *Fall, in dem die Polizei nicht kontrolliert:*

$$E = 0 \cdot (1 - p) + (-16p) = -16p. \quad (2)$$

Damit haben wir zwei Gleichungen für die beiden Unbekannten E und p gewonnen. Ihre Lösung ist:

$$p = 5/7.$$

Einsetzen in (2): $E = -16 \cdot 5/7 = -80/7 = 11{,}43$ (DM).

Der Autofahrer muß also in 5 von 7 Fällen gebührenpflichtig parken; dabei fallen durchschnittlich 11,43 DM an Kosten an.

(b) Berechnet man auf die gleiche Weise die optimale Strategie q des Gegenspielers Polizei, so erhält man die Werte: $q = 3/7$ und für E wiederum: $E = 11{,}43$ (DM). Die Polizei muß also in 4 von 7 Fällen $(1 - q)$ kontrollieren. Daß der Erwartungswert der Auszahlung in beiden Fällen, also bei der Berechnung für den Parker mit dem Wert bei der Berechnung für die Polizei übereinstimmt, ist nichts anderes als eine erneute numerische Bestätigung bzw. eine Folge des *Minimax-Theorems* für 0-Summen-Spiele mit gemischten Strategien (III.1.3.).

## 2. *Zwei-Personen-Nicht-Nullsummenspiele mit partiellem Konflikt*

### 2.1. *Das Dilemma der Gefangenen*

2.1.1. Die Spieltheorie modelliert auch Konfliktsituationen, in denen Eskalationen auftreten. Werbefeldzüge, Preiskriege und Wettrüsten sind einige typische Beispielfelder. Die Spielsituation ist in diesen Fällen *nicht rein kompetitiv,* d. h. die betreffenden Spielsituationen haben keine konstante (Auszahlungs-) Summe. *Immer gibt es ein gemeinsames Ziel, das beide Spieler erreichen können, wenn sie kooperieren.* Wenn sie nicht kooperieren, dann führen die Eigeninteressen der Spieler zu Auszahlungen, die nicht mehr optimal genannt werden können. Die Situation ist in gewissem Sinne paradox.

Der Mathematiker A. W. Tucker hat 1950 die Situation dieses Spieltyps am »Dilemma der Gefangenen« illustriert.

2.1.2. *Spielproblem 6: Dilemma der Gefangenen*[25]

»Nach einem Verbrechen werden zwei Verdächtige in Einzelhaft gehalten.

Jeder von ihnen hat nun zwei Alternativen:

a) seine Unschuld zu beteuern und auch den Partner zu decken – oder

b) ein Protokoll zu unterschreiben, in dem er allein den Partner des Verbrechens beschuldigt.«

»Im Selbstinteresse des einzelnen liegt es zu unterschreiben; wenn jedoch beide unterschreiben, ist das für beide schlecht. Was gut für die Gefangenen als Paar wäre – standhaftes Leugnen –, wird durch ihr individuelles Streben nach Strafminderung unterlaufen.«

Wir wollen diese einfache Problemsituation in einer anderen Einkleidung diskutieren. Wir denken an das internationale Problem des Wettrüstens.

### 2.1.3. *Spiel 6: Wettrüsten*[26]

Zwei Supermächte, nennen wir sie »Rot« und »Blau«, stehen zueinander in der Konfliktsituation des Wettrüstens.

Sie können sich unabhängig voneinander für eine der beiden Strategien entscheiden:

(A) *Keine Kooperation:* Massives Aufrüsten

(E) *Kooperation:* Abrüstung oder wenigstens Übereinkünfte über Rüstungsbeschränkungen

Damit sind wir wieder in der Lage, die 4 Möglichkeiten in einer Spielmatrix darzustellen. Dabei spielt die Partei Rot die Zeilen, die Partei Blau die Spalten.

| | | Blau | |
|---|---|---|---|
| | | A | E |
| Rot | A | Wettrüsten | Vorteil für Rot |
| | E | Vorteil für Blau | allgemeine Abrüstung |

Das bedeutet im einzelnen:

*(E, E) Beide rüsten ab:*

sicher das günstigste und erstrebenswerteste Ergebnis, wenn es auch gewisse Risiken in sich birgt.

*(A, A) Beide rüsten auf:*

vom globalen Gesichtspunkt aus sicher die schlechteste Alternative.

*(A, E) Rot rüstet auf, Blau rüstet ab:*

für Rot das günstigste, für Blau das schlechteste Ergebnis.

*(E, A) Rot rüstet ab, Blau rüstet auf:*
für Rot das schlechteste, für Blau das günstigste Ergebnis.

Für die weitere Diskussion der Konfliktsituation ordnen wir wieder den möglichen Ergebnissen »Auszahlungswerte« zu. Diesmal wählen wir allerdings Zahlenpaare (a, b). Dabei bedeutet im Zahlenpaar (a, b) a die Auszahlung an den Spieler, der die Zeile wählt, b die Auszahlung an den Spieler, der die Spalte wählt.

| | | Blau | | |
|---|---|---|---|---|
| | | A | E | |
| Rot | A | (2, 2) | (5, 0) | (M 6) |
| | E | (0, 5) | (4, 4) | |

Die eingesetzten Zahlen sollen nicht die Werte eines monetären Gewinns bezeichnen. Von Belang sind auch nicht die absoluten Zahlenwerte, sondern nur die relativen Werte. Die Zahlen sollen nur einen numerischen Anhaltspunkt für die Bewertung der jeweiligen Möglichkeit bzw. für die Prioritäten der Spieler liefern: Wir nehmen an, daß ein Spieler den höheren Zahlenwert einem kleineren Wert vorzieht.[27]

Zur näheren Analyse der durch die Matrix beschriebenen Situation müssen wir die vier Fälle diskutieren:
*(1) Wahl von A (Aufrüstung):*

– : *für Rot führt die Wahl von A* in jedem Fall zu einer höheren Auszahlung, ist also günstiger. Die Auszahlungen der ersten Zeile dominieren die der zweiten Zeile. Unabhängig davon, welche Strategie Blau wählt, immer bietet es einen (leichten) Vorteil für Rot, aufzurüsten.

– : analog bringt *für Blau die Wahl von A* einen Vorteil.

*(A, A):* Wenn *jede Nation nur auf den Eigenvorteil bedacht* ist und unabhängig von der anderen die Auszahlung zu maximieren sucht, wird

(i) das Paar Rot/Blau in die »Rüstungsspirale« (A, A) gezogen;

(ii) ist zugleich das bessere Strategienpaare (E, E) nicht erreichbar.

(A, A) erweist sich als *Gleichgewichtspunkt;* das Ergebnis ist stabil. Wenn nämlich eine Nation allein von der Wahl A abweichen sollte, würde sie mit der geringeren Auszahlung 0 »bestraft«. »Die Kräfteverteilung verhindert also, daß sich eine der beiden Nationen aus (A, A) befreien kann« (LUCAS, 161).

*(2) Wahl von E (Abrüstung):*

*(E, E):* Wenn *beide Nationen kooperieren* und beide E wählen, ist das Ergebnis *instabil.* Beim Wortbruch einer Nation (heimlichem Aufrüsten) wird der Wortbrecher profitieren. – Also werden beide Nationen versucht sein, ihr Wort zu brechen. (A, A) wird die Folge sein.

Wenn man kein Vertrauen in die Aufrichtigkeit des anderen hat, wird man sich bei Kooperation gegen Wortbruch schützen wollen/müssen. Nur so ist es möglich, allmählich doch ein kooperatives Stadium zu erreichen.

Wieder zeigt sich der Unterschied zwischen Spielsituationen, in denen ein Spiel nur einmal, und solchen, in denen es mehrmals gespielt wird.

An der vorliegenden Modellsituation, die an die politische Realität im Kräftespiel der Weltmächte erinnert, wird die Gefahr der Realitätsferne von Modellbildungen besonders deutlich. Wollen wir die politischen Realitäten weiter approximieren, müssen wir zusätzliche Aspekte berücksichtigen und/oder zusätzliche Annahmen machen. In der Realität des Lebens stehen vergleichbare Konfliktsituationen in einem größeren Kontext. In ihm gibt es z. B. aus finanziellen Gründen Notwendigkeiten, eine Aufrüstung nicht beliebig hoch zu treiben oder gar so gering wie möglich zu halten. Es mag sein, daß man aus Gründen, die in der Wirtschaft des eigenen Landes liegen, auf wirtschaftlichem Gebiet mit der anderen Nation zusammenarbeiten muß. Der Konflikt auf der einen Ebene schließt Kooperation auf anderen Ebenen nicht aus, Kooperationen, auf die man vielleicht nicht verzichten will oder kann.

Wenn also die Konfliktsituation über die Zeit hin besteht, wird das zugehörige Spiel nicht nur einmal gespielt werden. Damit bekommen gewisse, die Kooperation fördernde Faktoren, wie Vertrauensbildung, zunehmend Bedeutung. Gegenseitige Angleichung und Maßnahmen gegen Wortbruch kommen hinzu. Man kann Kommunikationsverbindungen einrichten (»rotes Telefon«), und Institutionen zur gegenseitigen Überwachung (gegenseitige Inspektionen, Menschen und Satelliten als Spione) schaffen, Verträge schließen u. ä. Auch sonst zeigt unser Spielmodell, daß es sich in sozialen Konflikten oft um die Abschätzung des Wirkens von Kräften, und zwar in dynamischen Systemen, handelt. Wie auch immer im einzelnen, es ist in jedem Fall angeraten, unverzüglich zu antworten, wenn der andere provoziert.

In jedem Fall also wird sich in unserem Spielmodell Kooperation nicht von selbst anbieten; sie muß sich, auch wenn sie sich letztlich als günstig erweist, entwickeln. Kooperation ist auf lange Sicht sicher die bessere Lösung. Sie beruht im wesentlichen darauf, daß man die Eigeninteressen nicht blind durchsetzen will.

Robert Axelrod, ein Mathematiker an der University of Michigan, hat die Effekte, die im »Dilemma der Gefangenen« bei wiederholten Spielen auftreten, näher untersucht[28] und hervorgehoben, wie wichtig es ist, das Spiel zu iterieren und dabei »die Wahl der eigenen Strategie auf die Grundlage einer Art Gegenseitigkeit zu stellen. Man kann sogar versuchen, auf das Verhalten des Gegners Einfluß zu nehmen und ihn zur Kooperation zu ermutigen«.[29] Und er sagt weiter: »Ich habe für mein Buch den Titel ›The Evolution of Cooperation‹ gewählt, um die Analogie zur biologischen Evolution hervorzuheben. Es behandelt die Frage, wie Kooperation in einer Welt, in der es bislang keine gab, entstehen kann und wie sie sich aufrechterhalten und ausbauen läßt. Die Menschen neigen dazu, effektive Strategien immer wieder anzuwenden und weniger effektive entweder ganz aufzugeben oder wenigstens abzuändern. Dadurch entwickelt sich alles zu den effektiven Strategien hin.«

### 2.2. *Spielsituation 7: Das Hasardspiel*

2.2.1. Auch das Hasardspiel ist ein 2-Personen-Spiel mit partiellem Konflikt. Wieder wählen wir eine einfache und extrem idealisierte Variante. In unserer Version riskieren die beiden Spieler ihr Leben.

*Spiel 7:*[30]

Zwei Autofahrer rasen mit hoher Geschwindigkeit aufeinander zu. Jeder muß in letzter Sekunde entscheiden, ob er ausweichen will oder nicht.

Die Spielmatrix erhalten wir durch Diskussion der Konsequenzen und Festlegung von Auszahlungswerten:

*(1) Kein Fahrer weicht aus.*

Die Automobile prallen frontal aufeinander. Auszahlung: 0.

*(2) Beide Fahrer weichen aus.*

Jeder verliert zwar an Gesicht, weil er ausgewichen ist, beide behalten aber ihr Leben. Mittlerer Auszahlungswert: 3.

*(3) Einer der Fahrer weicht aus,*

er verliert sein Gesicht, während der andere als der Sieger gilt. Auszahlung für den Ausweicher 1, für den Sieger 5.

Die Spielmatrix (Auszahlungsmatrix) hat damit die (symmetrische!) Form:

| | | Fahrer 2 | |
|---|---|---|---|
| | | ausweichen | nicht ausweichen |
| Fahrer 1 | ausweichen | (3, 3) | (1, 5) |
| | nicht ausweichen | (5, 1) | (0, 0) |

(M 7)

Sicher ist es für die beiden Fahrer besser, gleichzeitig auszuweichen und sich mit der Auszahlung 3 zu begnügen, als die maximale Auszahlung 5 erreichen zu wollen. Andererseits will auch keiner der Kontrahenten nachgeben, sein Gesicht verlieren und den anderen als Sieger vom Platz gehen lassen.

Das Hasardspiel modelliert in einfacher Weise viele Konfliktsituationen, wie wir sie zwischen Supermächten, im Arbeitskampf oder auch im täglichen Leben zwischen Menschen oder staatenbildenden Tieren im Rangordnungskampf erleben.[31] Dabei macht es für das Verhalten wieder einen Unterschied aus,

a) ob ein solches Spiel nur einmal gespielt werden soll oder kann – wie in der extremen Version unserer Einkleidung, die auf Leben und Tod geht – oder
b) ob das Spiel – wie in der Politik, im Arbeits- oder Rangordnungskampf – mehrmals gespielt werden kann oder soll, wobei es insbesondere in einer gemäßigten Version nicht unbedingt auf Leben und Tod gehen muß.

2.2.2. Im übrigen zeigen neuere Ergebnisse der Spieltheorie, daß es *78 wesentlich verschiedene 2-Personen-Spiele mit partiellem Konflikt* gibt, von denen nur das »Hasardspiel« und das »Dilemma der Gefangenen« zu solch ungünstigen Ergebnissen für die Beteiligten (für die Gesellschaft als Ganzes) führen, wenn sie kurzsichtig nur ihre Eigeninteressen verfolgen.

# *IV. Mehr-Personen-Spiele*

## *1. Nullsummenspiele*

1.1. Die Situation der kompetitiven Spiele gewinnt *grundsätzlich neue Aspekte, wenn man von 2 zu mehreren Spielern übergeht.* Wie auch sonst vielfach in der Mathematik ist auch hier der Übergang von 2 auf 3 bedeutsamer als der von 3 auf 4, auf 5, allgemein auf irgendeine positive ganze Zahl $n > 2$.

1.2. Betrachten wir den Fall $n = 3$, also *3-Personen-Spiele* und hier wieder zunächst den Fall des *0-Summen-Spiels.* Gewinnsumme 0 heißt nach unserer Definition, daß sich die Gewinne und Verluste so verteilen, daß am Ende der ursprüngliche Einsatz erhalten bleibt. Bei jeder Partie ist also die Summe der Auszahlungen $g_1$, $g_2$, $g_3$ an die 3 Spieler 0:

$$g_1 + g_2 + g_3 = 0.$$

Auch bei den Mehr-Personen-Spielen (»n-Personen-Spielen«) können wir ein Spiel *»fair«* nennen, wenn die Spielregeln bzw. die Auszahlungsmatrix jedem Spieler die gleichen Chancen einräumen. Dennoch kann es sich ereignen, daß der einzelne Spieler gegenüber den anderen im Nachteil ist, wenn er nur für sich spielt und seinen Gewinn zu maximieren trachtet. Dies ist genau dann der Fall, wenn sich die beiden anderen Spieler gegen ihn verbünden, wenn sie eine *Koalition* eingehen.

1.3. Die *Möglichkeit der Koalitionsbildung* ist das grundsätzlich neue Element in der Spielsituation beim Übergang von 2 auf 3 oder auf mehrere Spieler. Zwei Spieler können sich gegen den dritten verbünden, indem sie eine gemeinsame Strategie verabreden, die im Einklang mit den Spielregeln steht. Sie können damit den gemeinsamen Gegner übervorteilen und am Ende ihren Gewinn teilen.[32]

Nur in Sonderfällen kann der erste Spieler den Gewinn 0 erzielen. Und genau in diesen Fällen gilt dann auch, daß

$$\mathrm{Max}_u\ \mathrm{Min}_{v,\,w}\ h\,(u, v, w) = 0.$$

Nur in diesem Falle richtet auch eine Koalition nichts gegen den ersten Spieler aus. Jeder der drei Spieler kann einzeln den Gewinnwert 0 erzielen. Im allgemeinen Fall eines fairen 3-Personen-Spiels mit gleichen Chancen kann jeder einzelne für sich nur den Gewinn –M erreichen, während die beiden anderen, wenn sie kooperieren und den Gewinn M teilen, je +1/2 M erhalten.

## 2. *Nicht-Nullsummenspiele*

### 2.1. *Nicht-Nullsummenspiele – Zurückführung auf Nullsummenspiele*

2.1.1. In vielen Fällen kann die Voraussetzung der Erhaltung der Gewinnsumme nicht aufrechterhalten werden, so bei Anwendung der Spieltheorie auf das Wirtschaftsgeschehen oder etwa auf die Konfliktsituation in Kriegen. Manche Kontrahenten werden in diesen Interessenkonflikten gewinnen, »siegen«, manche werden verlieren, und die Summe der »Auszahlungen« bleibt in all diesen Fällen nicht konstant. Im Wirtschaftsgeschehen werden Güter produziert, werden Gegenstände durch den Bearbeitungsprozeß veredelt, gewinnen an Wert, während zugleich Werkzeuge und Maschinen abgenützt werden. Und analog hat jedes Kriegsgeschehen die Vernichtung von (z. T. auch unersätzlichen) Werten zur Folge.

2.1.2. Wir können hier nicht auf die Weiterungen der Spieltheorie eingehen. Mit zunehmender Komplexität der Konfliktsituation werden naturgemäß auch die spieltheoretischen Modelle zunehmend komplexer, und entsprechend schwieriger gestalten sich auch die mathematischen Überlegungen.

Immerhin soll erwähnt werden, daß der Fall eines *n-Personen-Nicht-0-Summen-Spiels* auf den des 0-Summen-Spiels zurückgeführt werden kann, wenn man einen *»fiktiven (n + 1)ten Spieler«* einführt, der verliert, was die anderen gewinnen, oder gewinnt, was die anderen verlieren.

### 2.2. *Robinson Crusoe*

2.2.1. Der *einfachste Fall* eines Nicht-0-Summen-Spiels ist der eines einzelnen Spielers, des *Robinson Crusoe* auf einer einsamen Insel. Sein Wirtschaften können wir zunächst als ein Agieren im Rahmen eines 1-Personen-Nicht-0-Summen-Spiels modellieren.

2.2.2. Wir können das Leben und Wirtschaften des Robinson Crusoe auf seiner einsamen Insel aber auch als *»Spiel gegen die Natur«* auffassen und dabei das, was er durch Zufall oder Geschick gewinnt, als Verlust der Natur betrachten.

Das »Robinson-Spiel« ist dann wieder ein 2-Personen-0-Summen-Spiel. Alles, was sich gegen den Willen von Robinson ereignet – Regen, Sturm und Hagelschlag, Dürre, Insektenfraß etc. –, interpretieren wir als Züge des »fiktiven Gegenspielers« »Natur«.

Im Unterschied zu einem menschlichen Gegenspieler spielt der Gegenspieler *»Natur«* freilich »blind«. Die Natur zielt auch nicht auf irgendwelche Gewinne ab. Man kann bezüglich ihrer also auch nicht nach einer »besten Strategie« fragen.

Anders bei *Robinson.* Da er die Züge der »Natur« nicht kennt, d. h. genauer: Da er die Wahrscheinlichkeit der Züge der Natur nicht kennt, ist es für ihn angeraten, den ungünstigsten Fall anzunehmen. Bei jeder Strategie u berechnet er

$$\mathrm{Min}_v\, h\,(u, v),$$

also den Gewinn im ungünstigsten Fall. Diesen Gewinn versucht er zu maximieren, d. h. er versucht

$$M = \mathrm{Max}_u\, \mathrm{Min}_v\, h\,(u, v)$$

zu erreichen.

Das Spiel gegen die Natur ist sicherlich kein determiniertes Spiel. Robinson kann das für ihn mögliche Gewinnmaximum nur durch eine *gemischte Strategie* erzielen. Und das heißt wiederum: Robinson muß mit gewissen Wahrscheinlichkeiten spielen, einmal so, einmal so. Er darf nicht immer das gleiche tun; er muß »verspielt« spielen – jetzt freilich nicht mehr aus Gründen einer Geheimhaltung der eigenen Strategie, wie das in nicht determinierten Spielen zwischen zwei menschlichen Gegnern erforderlich war.

2.2.3. Diese letzte Bemerkung wollen wir besonders hervorheben; sie steht mit Grundsätzlichem im Zusammenhang:

Wir Menschen sind als Lebewesen eingebettet in die Geschehensgesamtheit und den Geschehensfluß der Natur. Da wir – wie auch immer im einzelnen – gewisse Ziele zu erreichen, gewisse Bedürfnisse und Wünsche zu befriedigen trachten, sehen wir uns andererseits auch im Gegenüber zur Natur, sind wir, wie Robinson, Gegenspieler der Natur. Im Rahmen unserer spieltheoretischen Modellbetrachtungen scheint es, als hätte sich im Laufe der Evolution unser Wesen im Lebens- und Überlebenskampf so herausgebildet, daß wir uns ganz von selbst so verhalten, wie uns das Robinson-Modell lehrt. Das gilt nicht nur bezüglich der Realisierung unserer bewußten Ziele und

Zwecke; es gilt auch für unser alltägliches Lebensverhalten. Der Mathematiker van der Waerden meint in diesem Zusammenhang: »Unsere Instinkte bringen uns ganz von selbst dazu, uns spielerisch zu verhalten. Wenn wir irgendwohin unterwegs sind, lassen wir ganz von selbst, ohne es zu wollen, unsere Augen dauernd herumschweifen, nach Zufall und Laune und nicht nach einem starren Gesetz. Und auch wenn wir in der Wissenschaft ein schwieriges Problem lösen wollen, zum Beispiel ein mathematisches Problem, so tun wir gut daran, nicht wie ein Computer nach einem starren System zu verfahren, sondern wir lassen in vielen Fällen am besten unsere Gedanken herumschweifen. Wir spielen mit verschiedenen Methoden, wir versuchen es einmal so, einmal so. Und wenn wir überhaupt nicht weiterkommen, so denken wir vielleicht zwischendurch an etwas anderes. Vielleicht fällt uns in der Nacht oder am nächsten Morgen die Lösung des Problems ein. Es gibt dafür berühmte Beispiele« (van der Waerden [1976], 55).[33]

### 2.3. *Zwei Menschen im Kampf gegen die Natur*

2.3.1. Wir haben den Fall des einzelnen gegen die Natur kämpfenden Menschen im spieltheoretischen Modell betrachtet. Gehen wir nun zum Fall *zweier Menschen im Kampf gegen die Natur* über. Ihre Gewinnsumme sei nicht notwendig 0; nehmen wir aber an, daß mit der »Natur« als »fiktivem« dritten Spieler die Gewinnsumme immer 0 ist, dann können wir wieder die von Neumannschen Resultate anwenden. Nach ihnen ist es *für die beiden Spieler von Vorteil, sich miteinander zu verbünden, gegen die Natur eine Koalition einzugehen.* Weil man sich im eigentlichen Sinne – gemeint ist: abgesehen von metaphorischen oder anthropomorphen Redewendungen – mit der Natur nicht verabreden kann, kann man sich auch nicht mit der Natur verbünden. Die einzige Möglichkeit ist also, wie van der Waerden bemerkt, »daß die zwei menschlichen Partner sich miteinander verbünden, ihre Strategien aufeinander abstimmen und den gemeinsam erzielten Gewinn oder Verlust nach einer vernünftigen Regel miteinander teilen. Eine aggressive Kampfhaltung oder ein rein egoistisches Benehmen zahlt sich nicht aus: Wir Menschen müssen uns miteinander vertragen« (van der Waerden [1976], 56).

2.3.2. Schließlich sei noch bemerkt, daß bei mehr als zwei Spielern die Verhältnisse sich sehr komplizieren. Auch hier ist es wieder vernünftig, mit anderen zu koalieren. Dies geschieht ja auch allenthalben in Wirtschaft und

Politik. Ob größere oder kleinere und welche Koalitionen aber für die Beteiligten von Vorteil sind, dafür liefert die Neumannsche Spieltheorie keine allgemeinen Regeln.

## *V. Schluß*

Manfred Eigen hat in seinem Buch »Das Spiel – Naturgesetze steuern den Zufall« spieltheoretische Überlegungen zur Modellierung von Erscheinungen der biologischen Evolution verwendet. Er sagt: »Es ist nicht der Mensch, der das Spiel erfand. Wohl aber ist es das Spiel und nur das Spiel, das den Menschen vollständig macht.« . . . »Wir sollten uns freilich nicht der Illusion hingeben, daß man mit Hilfe einer Theorie, die sich fast immer auf idealisierte Voraussetzungen gründet, die Realität voll erfassen könnte . . . Theorie setzt Abstraktion voraus. Sie sublimiert das Regelmäßige und Reproduzierbare aus der Wirklichkeit und präsentiert es in idealisierter Form, gültig unter definierten Voraussetzungen und Randbedingungen. Die Spieltheorie ist ein typisches Beispiel dafür« (Eigen, 32).

Ergänzend könnten wir bemerken, daß die Mathematik im allgemeinen entweder zu einfach[34] oder zu präzise ist,[35] um die Wirklichkeit in toto erfassen zu können. Sie schärft aber gerade dadurch nicht nur unsere Sicht, sondern auch unsere Sichtweise, weil sie uns zwingt, begrifflich zu differenzieren, und weil sie uns damit schließlich gewisse strukturelle Eigenheiten des betreffenden Ausschnitts der Wirklichkeit ins Oberbewußtsein hebt.

Was sich gegen die Überschätzung des theoretischen – hier des mathematischen – Denkens einwenden läßt, gilt für jegliches diskursives Denken. Auch das um die qualitativen Aspekte bemühte diskursive Denken bezieht sich immer nur auf einen Ausschnitt der konkret-materialen oder abstrakt-idealen Welt. Auch das in Prosa sich entwickelnde Denken erfaßt im allgemeinen nicht die Ganzheit einer Erscheinung oder Gegebenheit. Im allgemeinen gelingt es ihm nicht, das Ganze zu charakterisieren; es gelingt ihm im allgemeinen nur, es vor anderen Wesenheiten auszuzeichnen, es zu benennen und zu umschreiben.

»So ist denn auch der größte Unsicherheitsfaktor in der praktischen Anwendung der Spieltheorie die *tatsächliche* Verhaltensweise der Spieler. Werden sie immer im Sinne der Theorie vernünftig handeln? – Ja, werden sie nicht jederzeit versuchen, durch Täuschungsmanöver die Berechnungen der Kontrahenten über den Haufen zu werfen? Wollte eine theoretische Behandlung alle denkbaren Gegebenheiten berücksichtigen, so müßte sie weitgehend die menschliche Psyche miterfassen« (Eigen, 23) . . . »Das besondere Fluidum entsteht erst durch die Kombination von Zufall und Gesetz« (Eigen, 33).

Trotz alledem: Van der Waerden, dem der junge John von Neumann in Göttingen, noch vor der Veröffentlichung seiner ersten Arbeit über Spieltheorie im 100. Band der Mathematischen Annalen, seine Ideen berichtet hat, meint über die Spieltheorie: »Die Gedankengänge von von Neumann sind prinzipiell wichtig. Sie werfen ein neues Licht auf das Zusammenleben von Menschen in der Gesellschaft und insbesondere in der Wirtschaft.« Sie bestätigen in rationaler Weise manchen Erfahrungssatz. John von Neumanns Leistung besteht u. a. darin, daß »er als erster das Problem der stabilen und instabilen Koalition prinzipiell erörtert und in einer exakten mathematischen Theorie gefaßt hat« (van der Waerden [1976], 56).

*Anmerkungen*

[1] Zur Biographie vgl. *Behnke* (1957), *Goldstine* (1980), *Halmos* (1973), *Heims* (1980), *Regis* (1987), *Ulam* (1958, 1986), *von Neumann* (1962).

[2] Die 6bändige Ausgabe seiner »Gesammelten Werke« umfaßt auf ca. 3 600 Seiten die Themenbereiche: I: Logic, Theory of Sets and Quantum Mechanics. – II: Operators, Ergodic Theory and Almost Periodic Functions in a Group. – III: Rings of Operators. – IV: Continuous Geometry and other Topics. – V: Design of Computers, Theory of Automata and Numerical Analysis. – VI: Theory of Games, Astrophysics, Hydrodynamics and Meteorology. Vgl. *von Neumann* (1962).

[3] Deutsch: Die Rechenmaschine und das Gehirn. München.

[4] Deutsch: Spieltheorie und wirtschaftliches Verhalten. Würzburg, Wien.

[5] Vgl. *Fischer* (1960, 1963).

[6] Ein Beispiel für ein Spiel in extensiver Form ist das NIM-Spiel. Für die verschiedensten Varianten dieses Spiels sind Computerprogramme verfügbar. – Für eine spieltheoretische Behandlung siehe *Fischer* (1960); *Burger* 17 ff.; *Schrage/Baumann.*

[7] Vgl. hier IV.2.2.

[8] Vgl. III.1.2.3.

[9] Vgl. in III.2.1.3.

[10] Diese Matrix ist nichts anderes als eine Darstellung der Auszahlungsfunktion; sie heißt deshalb auch oft »Auszahlungsmatrix«.

[11] Man kann zeigen, daß in diesen Fällen die Spielsituation keinen der Spieler favorisiert.

[12] *Lucas,* 153.

[13] Vergleiche: Hauptsatz der Theorie der 2-Personen-0-Summen-Spiele in III.1.3.

[14] Wenn unter gewissen Bedingungen eines von n einander ausschließenden zufälligen Ereignissen eintreten muß, wobei alle diese Ereignisse gleichberechtigt sind, sagt man, daß diese Ereignisse »gleich häufig« auftreten, daß sie alle die »gleiche Wahrscheinlichkeit« $p = 1/n$ besitzen. Tritt irgendein Ereignis als Folge eines von g Ereignissen aus einer Gesamtheit von m möglichen Ereignissen ein, so interpretiert man im Sinne der elementaren klassischen Wahrscheinlichkeitstheorie die relative Häufigkeit $p = g/m$ (: = Anzahl g der günstigen Ereignisse : Anzahl m der möglichen Ereignisse) als die »Wahrscheinlichkeit des betreffenden Ereignisses«. Einem »unmöglichen Ereignis« wird dabei als Wahrscheinlichkeit der Zahlenwert 0 zugeordnet, dem »sicheren Ereignis«, das also in jedem Falle eintreten muß, entspricht der Wahrscheinlichkeitswert 1. Die Wahrscheinlichkeiten beliebiger Ereignisse liegen also zwischen 0 und 1 (0 und 1 eingeschlossen): $0 \leq p = g/m \leq 1$. – Kann eine zufällige Größe x die Werte $x_1, x_2, \ldots, x_n$ mit jeweils den Wahrscheinlichkeiten $p_1, p_2, \ldots, p_n$ annehmen, so muß die Summe der Wahrscheinlichkeiten $p_1 + p_2 + \ldots + p_n = 1$ sein; es entspricht ihr das sichere Ereignis.

[15] Dabei handelt es sich um einen durch die Wahrscheinlichkeiten gewichteten Mittelwert der Werte $x_1, x_2, \ldots, x_n$.

[16] $p_1 + p_2 = 1$ – vgl. Anm. [14].

[17] Vgl. *Vajda,* 16.

[18] Vgl. III.1.1.2., 1.1.3.

[19] Die Matrix-Spiele mit Sattelpunkt sind in den Aussagen eingeschlossen. Die reinen Strategien sind Spezialfälle von gemischten Strategien. Die Wahrscheinlichkeiten aller reinen Strategien sind jeweils mit einer Ausnahme gleich 0.

[20] Geometrisch handelt es sich um das Problem, in einem entsprechend hochdimensionalen Vektorraum an konvexe Körper die durch die Auszahlungsfunktion bestimmte Hyperebene bis zur Berührung heranzuschieben.

[21] Vgl. *Fischer* (1959).

[22] Jedes endliche Spiel läßt sich graphentheoretisch als »Baum«, d. h. als zusammenhängende zyklenfreie Menge von Streckenzügen darstellen. Die Streckenzüge entsprechen dabei den möglichen Zugfolgen.

[23] Nach diesem Satz gibt es also auch für das Schachspiel (mindestens) eine optimale Strategie, d. h. eine Strategie, die, hält man sie nur konsequent durch, zum Siege führen muß. Der von Neumannsche Satz ist freilich nur ein »Existenzsatz«. Er sichert zwar die Existenz einer optimalen Strategie, liefert aber kein Verfahren zur »Konstruktion« der betreffenden Zugfolge.

[24] Nach *Lucas,* 158.

[25] Nach *Lucas,* 159.

[26] Nach *Lucas,* 160.

[27] Dabei werden in der Literatur je nach der Größe der Werte in den Zahlenpaaren verschiedene Möglichkeiten unterschieden. Die Nomenklatur ist nicht einheitlich. Sei die Matrix gegeben in der Form:

$$\begin{pmatrix} (a, a) & (c, d) \\ (c, d) & (b, b) \end{pmatrix}$$

so unterscheiden *Rapoport/Guyer/Gordan* (1976) für $d > a > c > b$ die Fälle: (i) $c > b$: »Chikken-Game«; (ii) $c < b$: »Gefangenen-Dilemma«; (iii) $c = b$: »borderline-Games«.

[28] Die Literatur zum Dilemma der Gefangenen ist umfangreich. Wir verweisen in Auswahl auf:

*Axelrod* (1991), *Donninger* (1986), *Lucas* (1989), *Hofstadter* (1983), *Schüssler* (1990). Zur Computersimulation der Problemsituation: *Rapoport* (1991); *Eggebrecht/Manhart* (1991) mit Angabe von Computerprogrammen in Basic.

29 Vgl. die Simulation der Situation in *Eggebrecht/Manhart.*

30 *Lucas,* 162.

31 Vgl. auch IV.1.3. und *de Wals, Kollar, Korona, Maynard Smith/Price, Prosch. Prosch* diskutiert die kooperationsfördernde Wirkung von Pfändern in einer Variante des Chicken-Games.

32 Opportunistische Koalitionsbildung gibt es offenbar bei allen Primaten. Einerseits sind dort die Mitglieder einer Gruppe Rivalen, die sich um Nahrung und Partner, allgemein um einen hohen Rangplatz, streiten. Andererseits sind sie voneinander abhängig und damit darauf angewiesen, sich bald wieder zu versöhnen und zu vertragen. – Im Rangordnungskampf der männlichen Schimpansen kann ein Rivale schnell zum Verbündeten und nach Erreichung einer höheren Rangstufe ebenso schnell wieder zum Gegner werden. Machtkämpfe erfordern wechselnde Koalitionsbildungen. – Als Folge solcher Beobachtungen lautet nach *de Wals* »die Frage nicht, wie man Aggressionen aus der Welt eliminiert – ein hoffnungsloses Unternehmen –, sondern wie man Aggression unter Kontrolle hält« (*de Wals*). Vgl. auch Anm. [31]

33 *Van der Waerden* (1973) und *H. v. Kleist:* Über die allmähliche Verfertigung der Gedanken beim Reden.

34 Wegen der Komplexität der Welt.

35 Auf idealisierte, abstrahierte und auf definierte Voraussetzungen bzw. Rand- und Anfangsbedingungen gegründet.

## *Literatur*


Axelrod, R. (1991): Die Evolution der Kooperation. München.

Behnke, H. (1957): John von Neumann, ein großes Mathematikerleben unserer Zeit. Math. phys. Sem. Ber. Bd. V (1957), H. 3/4; 186–190.

Brickmann, L. (1989): Mathematical Introduction to Linear Programming and Game Theory. Berlin.

Burger, E. (1959): Einführung in die Theorie der Spiele. Berlin.

De Wals, F. (1991): Wilde Diplomaten. Versöhnung und Entspannungspolitik bei Affen und Menschen. München.

Donninger, C. (1986): Is it always efficient to be nice? A Computer Simulation of Axelrod's Computer Tournament, in: Diekmann, A./Mitter, P. (1986): Paradoxical Effects of Social Behaviour. Heidelberg, Wien.

Eggebrecht, W./Manhart, K. (1991): Fatale Logik. Egoismus oder Kooperation in der Computersimulation. c't Magazin f. Computer-Technik. Juni 1991; 144–156.

Eigen, M./Winkler-Oswatitsch, R. (1975): Das Spiel. München, Zürich.

Fischer, W. L. (1959): Linear Programming. Archimedes, 11. Jg. (1959), H. 5/6; 67–72.

Fischer, W. L. (1959): Die Theorie der Spiele. Archimedes, 11. Jg. (1959), H. 8; 113–118.

Fischer, W. L. (1960): Spielende Automaten. Archimedes, 12. Jg. (1960), H. 5/6; 79–86.

Fischer, W. L. (1963): Strategische Spiele als endliche Automaten I, II. Archimedes, 15. Jg. (1963), H. 1/2, 11–16; H. 3, 37–41.
Garfunkel, S./Steen, L. A. (Hrsg.) (1989): Mathematik in der Praxis. Heidelberg.
Goldstine, H. H. (1980): The Computer from Pascal to von Neumann. Princeton.
Halmos, P. R. (1973): The Legend of John von Neumann. American Mathematical Monthly 80 (1973); 382.
Heims, S. (1980): John von Neumann and Norbert Wiener. Cambridge Mass.
Hofstadter, D. R. (1983): Kann sich in einer Welt voller Egoisten kooperatives Verhalten entwikkeln? Spektrum der Wissenschaft, 8/1983; 8–14.
Kemeny, J. G./Snell, J. L./Thompson, G. L. (1957): Finite Mathematics. Englewood Cliffs N. Y.
Kollar, H. P. (1992): Innerartliche Konflikte und Selektion, in: »Matreier Gespräche 1989: Krieg, Friede, Konflikt«, Wien; 112–121.
Korona, R. (1989): Evolutionarily Stable Strategies in Competition for Resource Intake Rate Maximization. Behavioral Ecology and Sociobiology 25 (1989); 193–199.
Kreutz, H./Bacher, J. (1991): Disziplin und Kreativität. Sozialwissenschaftliche Computersimulation. Opladen.
Lucas, W. F. (1989): Spieltheorie: Ein mathematisches Modell des Wettbewerbs. In: Garfunkel, S./Steen, L. A. (1989); 153–163.
Manteuffel, K./Stumpe, D. (1990): Spieltheorie. Leipzig.
Maynard Smith, J./Price, G. R. (1973): The Logic of Animal Conflict. Nature, 246, Nov. 2; 15–18.
McKinsey, J. (1952): Theory of Games. New York, London.
Neumann, K. (1975): Operations Research Verfahren. Bd. I. München.
Paulsen, A. (1956): Allgemeine Volkswirtschaftslehre, B. I. Berlin.
Prosch, B. (1991): Kooperation durch Pfänder. Dipl. Arbeit. Lehrstuhl f. Soziologie – Fachbereich Wirtschafts- u. Sozialwissenschaften/Universität Erlangen – Nürnberg.
Rapoport, A. (1966): Two-Person Game Theory. Ann Arbor.
Rapoport, A./Guyer, M./Gordon, D. G. (1976): The 2 × 2 Game. Ann Arbor.
Rapoport, A. (1991): Uses of Computer Simulation in Experimental Games, in: Kreutz/Bacher (1991); 3–13.
Rauhut, B./Schmitz, N./Zachow, E. W. (1979): Spieltheorie. Stuttgart.
Regis, E. (1987): Who Got Einstein's Office? Reading, New York.
Schrage, G./Baumann, R. (1984): Strategiespiele. Computerorientierte Einführung in Algorithmen der Spieltheorie. München.
Schüssler, R. (1990): Kooperation unter Egoisten. München.
Tomas, G. (Hrsg.) (1989): Grundlagen des Operations Research. Bd. 3. Berlin.
Ulam, S. M. (1958): John von Neumann 1903–1957. Bull. Am. Math. Soc. 64 (1958).
Ulam, S. M. (1986): Science, Computers and People. Boston, Basel, Stuttgart.
van der Waerden, B. L. (1973): Einfall und Überlegung. Basel.
van der Waerden, B. L. (1976): Die Theorie der Gesellschaftsspiele, in: Bayer. Akademie d. schönen Künste (Hrsg.) (1976): Der Mensch und das Spiel in der verplanten Welt. München; 48–57.
von Kleist, H. (1952): Sämtliche Werke. München.
von Neumann, J. (1925 ff.): Eine Axiomatisierung der Mengenlehre. J. f. Math., Vol. 154 (1925); 219–240. Vol. 155 (1926); 128. – Math. Ztschr., Vol. 27 (1928); 669–752.

von Neumann, J. (1928): Zur Theorie der Gesellschaftsspiele. Math. Annalen 100 (1928); 295–320.
von Neumann, J. (1932): Mathematische Grundlagen der Quantenmechanik. Berlin.
von Neumann, J./Morgenstern, O. (1944): Theory of Games and Economic Behavior. Princeton. – Deutsch (Übers. Leppig, M.) (1973): Spieltheorie und wirtschaftliches Verhalten. Würzburg, Wien.
von Neumann, J. (1958): The Computer and The Brain. New Haven. Deutsch (Übers. Gumin, C. u. H.) (1960): Die Rechenmaschine und das Gehirn. München.
von Neumann, J. (1962): Collected Works, Vol. I–VI. Oxford, London, New York, Paris, Frankfurt.
von Neumann, J. (1966): Theory of Self-Reproducing Automata. Urbana, London.
Vajda, S. (1962): Theorie der Spiele und Linearprogrammierung. Berlin.

*Hartmut Heller*

# *Die kulturelle Verarbeitung des Krieges nach dem Krieg*

In New York befindet sich ein ungewöhnlicher Metallklumpen: Darin zum untrennbaren Konglomerat verschweißt und verschmolzen sind Löffel, Brillenteile, Kinderspielzeug und japanische Münzen. Es handelt sich um ein Stück Hiroshima-Realität nach der Atombombe 1945. Zum Kulturgegenstand wird dieser Brocken dadurch, daß man ihn in eine Vitrine gestellt hat und im UN-Gebäude zu New York die Besucher damit konfrontiert. So wird ihm dialektische Funktion zugedacht: Der Krieg selbst soll Anklage erheben gegen den Krieg! Alle anderen Ausdrucksmittel erschienen dafür zu schwach. – Als ähnliches Mahnmal ragt die Turmruine der Kaiser-Wilhelm-Gedächtniskirche in den Himmel Berlins und blieben in Dresden die Trümmer der Frauenkirche liegen, über die sich wie schützend ein unversehrter Steinengel beugt.

In derlei Beispielen sehe ich überzeugende Artikulationen der (pazifistischen) Einsicht, daß man den gehabten Krieg und Holocaust entgegen einer Redensart eigentlich überhaupt nicht bewältigen kann, daß es angebracht ist, jeden Krieg als untilgbare Teilvorwegnahme der Apokalypse zu fürchten.

Gleichwohl gehört es offenbar zum Wesen des Menschen, daß er sich immer wieder bemüht, mit dem Ereignis Krieg, wenn es schon stattgefunden hat, »fertig zu werden« – mental, politisch oder eben durch kulturelle Anstrengungen, wie es z. B. Picasso mit seinem berühmten »Guernica«-Bild getan hat. Mit solch nachträglichen kulturellen Verarbeitungsstrategien will ich mich hier näher befassen und dies auch geschichtlich ausdehnen auf Zeiten, als Kriege noch begrenztere, nicht alles auslöschende Konflikte waren.

Eine Ordnung des Betrachtens ergibt sich dabei aus drei Parametern. Die Reaktion des Menschen auf den Krieg hängt ab

a) von der *individuellen bzw. kollektiven Erlebnisdistanz:* Welcher Zeitabstand liegt zwischen der Person und dem Ereignis? Wie ist das, wenn die unmittelbare oder mittelbare persönliche Betroffenheit allmählich abnimmt?

b) von *epochenspezifischen Einstellungen zum Krieg:* Welche Philosophie vom

Krieg hatte man in früheren Geschichtsperioden? Reagierten ältere Menschheitsgenerationen mit anderer Erlebnisfähigkeit auf Krieg?

c) von der Schlußalternative *Sieg oder Niederlage*

Kriegskultur verändert sich demnach in doppelter Weise a und b durch den Faktor Zeit. Umgekehrt aber wird auch unser Zeitempfinden vom Krieg mitgesteuert: Wir sagen oft, um Dinge chronologisch einzuordnen, »vor dem Krieg« oder »nach dem Krieg«. Im Nürnberger Knoblauchsland spricht man von »Schwedenhäusern«, um ihre Entstehung ungefähr in den 30jährigen Krieg zurückzudatieren. Anderswo sind die »Türkenzeit«, d. h. der Angriff des Islam auf Europa, oder die »Franzosenzeit«, als Louis XIV. die Pfalz verheerte, der Anhaltspunkt. Nicht die Friedensjahre, sondern Kriege dienen uns als Zeitmarken – ein Kulturphänomen, das nachdenklich stimmen muß!

Kulturgeschichtliche Beobachtungen hauptsächlich aus den gerade genannten Epochen sollen mein Thema weiter auffüllen.

## *1. Der frische Genuß des Friedens*

Was wissen wir, wie die Menschen seinerzeit das Ende des qualvollen 30jährigen Krieges begrüßten? – In Nürnberg lud der schwedische Thronfolger die Abgesandten von über 50 Ländern und Städten zu einem »Friedensmahl«, das – umrahmt von Musik – aus sechs Gängen bestand und in einem Gemälde Joachim v. Sandrarts für die Nachwelt festgehalten wurde. Für die einfachere Bevölkerung flossen aus dem Maul eines Holzlöwen sechs Stunden lang Rotwein und Weißwein. Im oberfränkischen Gemünda verteilte man »umb gedächtnus willen« unter die Kinder Weißbrot. Augsburgs Katholiken versammelten sich zu Dankprozessionen. Die Ortschaft Meeder bei Coburg feierte mit Musik und Gesang der Kantorei ein Friedensfest, das bis zum Jahrhundertende alljährlicher Brauch blieb.

Als ab 1683 Siegesmeldungen von der Türkenfront einliefen, wiederholten sich ähnliche Szenarien: Die Bürger von Neumarkt/Opf. und Zwiesel traten Dankwallfahrten an. Drei Kanonenschüsse gaben in Augsburg das Signal zu Gottesdiensten beider Konfessionen. Auch in Hameln/Weser wurde Viktoria geschossen, vom Turm geblasen und gesungen und den »Symphonicis« dafür ein Faß Wein spendiert. Nürnberg reagierte auf die erfolgreichen Kämpfe vor Tunis 1535, Peterwardein 1716 und Belgrad 1717 mit typisch barocken

Großfeuerwerken. Regelmäßig also bestand der Festapparat aus einer Kombination religiöser, akustischer und kulinarischer Gebärden! In Dresden und Nürnberg wurden ferner aus Anlaß türkischer Niederlagen Brunnen gestiftet. Und in Wien goß man aus erbeuteten türkischen Geschützen eine Glocke, die »Pummerin« des Wiener Stephansdoms – somit das sonst in Kriegen übliche Glockenschicksal besonders symbolisch umkehrend.

Hingegen wurden die Kapitulationen von 1918 bzw. 1945, soweit ich sehen kann, stiller und kaum in gemeinschaftlichen Aktionen erlebt. Das Ende des Zweiten Weltkriegs wurde Ort für Ort durch den Einmarsch der Besatzer faktisch besiegelt; die Nachricht vom allgemeinen Zusammenbruch kam aus dem Radio und bedurfte nicht mehr öffentlicher Bekanntmachung. Am 20. April 1945, d. h. sehr demonstrativ an »Führers« Geburtstag, nahmen auf dem Nürnberger Hauptmarkt amerikanische Generäle die Parade ihrer siegreichen Truppen ab; die Zivilbevölkerung hatte Ausgangssperre. Aber wieder begegnet uns auch in dieser Phase die Transformation von Kriegsgerät zu Dingen der Alltagskultur, nun freilich ohne Symbolismen wie einst bei der Pummerin: Aus Gasmasken fertigte man Siebe und Sandkastenförmchen für Kinder; Stahlhelme mutierten zu Kochtöpfen; neun Patronenhülsen konnten als Kegelspiel dienen; Uniformteile wurden zu Zivilklamotten umgefärbt. Die Kultur der zerbombten Städte reduzierte sich für eine Weile auf bloße Überlebenskunst, z. B. Gemüse und andere Lebensmittel zu »organisieren«, Kohlen zu »fringsen«, auf »Hamsterfahrt« zu gehen – und dafür jene sprachlichen Euphemismen zu finden. Zu den negativen Zeiterscheinungen gehörten Plünderer, die z. B. staatliche Warendepots ausraubten und, um an Fleisch zu kommen, im Nürnberger Zoo Braunbären mit Drahtschlingen erdrosselten.

## *2. Rückschau der alt gewordenen Zeitzeugen*

Mit fortschreitendem Abstand zu 1648 hat die geistig-emotionale Auseinandersetzung mit dem vorausgegangenen Kriegsdrama offenbar rasch nachgelassen. Grimmelshausens »Simplizissimus« (1669), ein paar Sonette des Andreas Gryphius (»Du siehst, wohin du siehst, nur Eitelkeit auf Erden . . .«) und Kirchenlieder des Paul Gerhardt (»Ich bin ein Gast auf Erden . . .«) sind einsame literarische Spuren. Paul Gerhardt sieht dabei das irdische Jammertal so pessimistisch, daß er sich nur mehr im Himmel »Heimat« zu erhoffen vermag, d. h.

das historische Schicksal durch einen rein transzendentalen Kulturentwurf zu überwinden sucht. – Bei kriegsbedingten Bevölkerungsverlusten um 40% war überhaupt die Zahl derjenigen, die sich später noch erinnern konnten, klein geworden. Der Wiederaufbau der Dörfer und verödeten Fluren nahm alle Kraft dieser Überlebenden und der in die Entleerungsgebiete neu zugewanderten Glaubensflüchtlinge in Anspruch. Mit anderen Worten: Vom 30jährigen Krieg provoziert, fand insbesondere eine existentielle Kulturleistung statt, die Jahrzehnte dauerte. Dabei ist beachtenswert, daß sich die Zuzügler zumeist ziemlich unauffällig in die Kultur der neuen Heimat einpaßten und Hausbauweise, Kleidungsstil, Dialekt und Bräuche der Herkunftsgebiete anscheinend rasch vergessen wurden.

Reiches Befundmaterial, wie anders gewonnene Schlachten in den nachfolgenden Jahrzehnten kulturell sublimiert werden konnten, bieten die Türkenkriege. Es begann damit, daß sich die triumphierenden Feldherren in ihren Residenzstädten Wien, München, Bayreuth usw. Denkmäler errichten ließen, auf denen sie, ein Topos damals, zumeist in St.-Georgs-Pose über den türkischen Antichrist hinwegreiten. Beutestücke wurden öffentlich zur Schau gestellt, z. B. unschädlich gewordene Kanonenkugeln, wie man sie etwa im Wiener »Griechenbeisl« in eine Hauswand einmauerte, Halbmondfahnen und Sklavenketten, die man wie Devotionalien an Marien- und Dreifaltigkeitsaltären niederlegte. Ein prächtiges muselmanisches Kommandeurszelt, das Kurfürst Max Emanuel mitgebracht hatte und heute im Bayerischen Armeemuseum Ingolstadt magaziniert ist, wurde nach mehrfach anderer Verwendung letztendlich 1810 sogar ins erste Münchener Oktoberfest integriert: Samt seinen halbmondgezierten Stützstangen diente es als Baldachin, unter dem Kronprinz Ludwig huldigende Untertanen in bayerischen Landestrachten empfing. Die endgültige Niederlage des Feindes hatte gleichsam ein Tor geöffnet, Dinge von ihm zu übernehmen, die man nun ungeniert reizvoll finden konnte. Zahlreiche Fürsten bis hin zu Bayerns Märchenkönig Ludwig II. schmückten ihre Schloßanlagen u. a. mit orientalischer Architektur aus, wofür hier nur die Rote Moschee in Schwetzingen und der Morgenländische Bau in Sanspareil bei Bayreuth erwähnt seien. Die Musik beliebte sich »alla turca« zu färben; das gilt für die Opern und Symphonien von Gluck, Haydn, Mozart und Beethoven, aber auch für volkstümliche Kapellen, um 1800 einfach »türkische Musik« genannt, in denen die Instrumente der Janitscharen-Feldmusik bis heute erklingen, z. B. die Tschinellen, die Triangel und vor allem der pittoreske Schellenbaum (engl. turkish crescent) mit rotweißen Roßschweifen dran. Der Krieg, das harmlos gewordene Feindbild, löste sich somit auf im Spiel – namentlich im Kunstgewerbe, wo der Türke nun im 18. Jahrhundert zum emotionslos wahrgenommenen Dekorationsmotiv verkam. Türkenköpfe begegnen uns über Hausportalen z. B. des Schönborn-Hofes in Aschaffenburg oder von Schloß Mainau im Bodensee, im Stiegengeländer des Jesuitenkollegs Dillingen, auf Bierkrügen und Tabakspfeifen, als Rahmung für Spiegel und Schwarzwälder Wanduhren, als Holzschnitzerarbeit aus Oberammergau, in der Funktion erzgebirgischer Räuchermännlein, als Spinnwebenmalerei aus Pustertaler Werkstätten und Porzellankunst aus Meißen oder Ansbach, und gar zum Hampelmann erniedrigt fürs Puppentheater. In Kinderzimmern marschierten entsprechende Zinnsoldaten, und nicht nur im Wirtshaus »Zum Türken« vergnügten sich die Erwachsenen u. a. mit Spielkarten, bei denen eine der vier Farben Türkengestalten zeigte. Sie waren hier, als man erst vier Kontinente zählte, Konfiguration des Erdteils Asien – eine Rolle, in der Muslime samt ihren Waffen schließlich sogar als Zierat in christliche Kirchen einziehen konnten; in der Alten Kapelle Regensburg wirkt das beinahe schon provokant. – Turquois-Mode neben einer gleichzeitigen Vorliebe für Chinoiserien, wohin man schaut: Das historische Kriegsgetümmel wurde metamorph in geschmäcklerischem Exotismus!

Andererseits ging aber auch die böse Seite dieser Kriegserinnerungen nicht völlig verloren: Man fluchte weiterhin »Kruzitürken«, degradierte »Ali«, »Hassan«, »Pascha«, »Sultan« zu Hundenamen. Stadtviertel, in denen die kleinen Leute wohnen, heißen mehrerenorts seit damals geringschätzig »Türkengassen«. Massenhaft Türkenkostüme in der Rottweiler Fasnacht interpretieren den »Narren« im älteren Wortsinn als gottlosen Sünder. Und in der Redensart »einen Türken bauen« lebt fort, daß man, zeitweilig ein Volkssport, auf so gestaltete Attrappen ein Lanzenstechen veranstaltete; auf einem Werbeblatt der Firma Liebigs-Fleischextrakt üben sich noch Ende des 19. Jahrhunderts Radfahrer im »Türkenkopfabschlagen« . . .

Die Rückschau auf Kriegstage des 19. Jahrhunderts wurde vor allem durch fest installierte Feiertage wachgehalten, denen angesichts der Verknappung von Freizeit in der werdenden Industriearbeitergesellschaft umso größere Aufmerksamkeit gewiß war. Besonders herausgestellt wurden dabei in Deutschland die Völkerschlacht von Leipzig 1813 und der Sedanstag 1870. Das heißt, es wurden die Kriegsreminiszenzen dieser Generation überhöht durch nationales Pathos und Funktionszuweisung im Rahmen politischer Zukunftswünsche von deutscher Einheit und deutscher Größe. Das Liedgut der Männergesangsvereine, paramilitärische Züge im Turn- und Schützenwesen, patriotische Festreden und sinnstiftende Monumentalbauwerke wie z. B. die Befreiungshalle bei Kelheim, das Leipziger Völkerschlachtdenkmal, die Berliner Siegessäule mit ihren Erzplatten von der Demütigung Napoleons III. sowie zahllose Bismarck-Türme stützten die Affirmation, nicht umsonst, sondern für eine weiterwirkende Aufgabe gekämpft zu haben. Damit das Freudenfestliche dieser historischen Schicksalsstunden dem Volk unauslöschlich blieb, flocht man es darüber hinaus auch in andere Lebenskreise ein. So wurde z. B. im Herzogtum Coburg die alljährliche Völkerschlachtfeier vereinigt mit dem vorhandenen landeseinheitlichen Kirchweihtermin am Sonntag nach Simon und Juda (18. 10.). In Nürnberg bekam der Sedanstag eine ähnlich heitere Note durch sein Zusammenfallen mit dem Herbstvolksfest. 1913 pflanzten die Schulklassen Völkerschlacht-Linden. Und der aufblühende Rhein-Tourismus war zugleich ein Pilgern am nun wohlverteidigten deutschen Grenzfluß – vom Niederwalddenkmal zur Pfalz bei Kaub, wo Blücher auf Paris zustürmte, bis hin zum Deutschen Eck an der Moselmündung.

Im Fall des Ersten und Zweiten Weltkriegs sind quer durch Europa höchst unterschiedliche kulturelle Widerspiegelungen zu beobachten. Es wirkt wie ein Beleg für vielfache Innovationsverzögerungen von West nach Ost, wenn in der UdSSR auch noch nach 1945 und sichtbar bis heute das Befreiungsgefühl, das man der Roten Armee dankt, mit den großen Gesten unseres 19. Jahrhunderts artikuliert wurde: Eine Statue, silberglänzend und himmelhoch, ließ man über dem Dnjepr in Kiew »Mutter Ukraina« wiederauferstehen; Glühbirnenschrift 1941–1945 auf zwei Eckhäusern am Peremogiplatz brennt den Vergeßlichen ein, wie lange die Belagerung durch die Nazis dauerte; ein Park mit Panzern und Geschützen aus dem Großen Vaterländischen Krieg will heldisch begeistern. Daß die russische Siegerfaust statt dessen in Ostpreußen das zu Ehren Hindenburgs errichtete Tannenberg-Denkmal schleifte, war die dazu normale Gegenkultur.

Anders hat in Frankreich bereits die Generation der Überlebenden begonnen, das Thema vorwiegend museal abzuspeichern. Die Atlantikküste zwischen Dünkirchen–Calais und Bayeux–Arromanches ist dicht besetzt mit umgerüsteten Bunkerstellungen und neuen Ausstellungshallen, in denen mit größter Gründlichkeit Frontverläufe, Porträts der Truppenführer, Zeitungsberichte, Uniformen, Waffen und sonstiges Gerät sowohl der alliierten Invasionsarmeen als auch ihrer deutschen Gegner dokumentiert sind – inhaltsreich, aber fast schon seltsam aseptisch-leidenschaftslos. Im Blick auf Touristenströme, unter denen zu grausamen Jugenderinnerungen zurückkehrende Veteranen nur eine Teilgruppe sind, wird Kriegsgeschichte hier zugleich deutlich kommerzialisiert. Ähnlich kann man an der Maas von Sedan bis Verdun einer offiziell ausgeschilderten »route de fortifications« zu den Spuren des Ersten Weltkriegs folgen, kann in den Betonsärgen von Fort Douaumont und Fort Vaux das Grauen atmen und in der Stadt selbst das Kondolenzbuch weiterschreiben – um auf der anderen Straßenseite nichtsdestoweniger auch einschlägigen Souvenirkitsch angeboten zu finden, z. B. Teller mit Soldatenbildern, Ordensimitationen, Granaten und Kanonen en miniature, Postkarten der Ruinen und sonstiges ungleich kritisches Schrifttum.

Bei uns, im besiegten Großdeutschland, wenn man so formulieren darf, herrscht mit vier Jahrzehnten Distanz zu den Weltkriegen eine noch mal andere Ambivalenz der kulturellen Verarbeitung vor. Da ist zum einen die martialische Linie, die vom 19. Jahrhundert her natürlich weiterläuft, Krieg zu verherrlichen oder immerhin zu verharmlosen. Dafür stehen literarische Metaphern wie diejenigen Ernst Jüngers vom »Stahlbad« und »Stahlgewitter«, als Kultbuch der 20er Jahre Walter Flex' »Wanderer zwischen beiden Welten«, später endlose Serien vielgekaufter Landserheftchen und jüngst die beinahe gierige Rezeption von Superman-Kriegsfilmen des Typs »Rambo«, mit denen die Amerikaner ihr Vietnam-Trauma und sekundär wohl auch die Deutschen Schwächegefühle überwinden wollten. Wieviel Verdrängung stattfindet, haben Oral-history-Forscher gerade auch an privaten Kriegserzählungen nachgewiesen. Genauso wie man auf Feldpostkarten nicht die volle Wahrheit nach Hause schrieb, gilt das wirklich Entsetzliche, das damals war, Blut, Fleischgeruch, Angstschweiß, Frost und Hunger im Schützengraben, später umso mehr als nicht erzählbar; es wird in einer Art Selbstzensur ausgeblendet und tabuisiert. Am Stammtisch wird selten reflektiert, sondern schwarz-weiß selektiert und schwadroniert. Übrig bleibt in diesem autobiographischen Konstrukt, gefährlich geschönt vom Glück des Es-geschafft-Habens und narrativen Strukturmustern des Fremdenverkehrszeitalters, »Krieg als Reise und Kameradschaftserlebnis« – abenteuerlich, manchmal sogar reizvoll, wissensvermehrend, persönlichkeitsbildend. – Mit Genugtuung aber ist festzustellen, daß sich daneben auch ein bißchen Höherdifferenzierung anbahnte durch vordem ungewohnte Moralgedanken, daß Krieg Schuld sei und mit Trauerarbeit bezahlt werden müsse. Wie man es bei Sedansfeiern wohl niemandem gesagt hatte, entlarvten nun die Romane Erich Maria Remarques, Theaterstücke wie Wolfgang Borcherts »Draußen vor der Tür« und im Kino Bernhard Wickis »Brücke« den Schlachtenlärm in völlig ungeschminkter Scheußlichkeit. Ausstellungen über die Not der ersten Trümmer- und Wiederaufbaujahre, wie sie sich um 1989 zum 40. Geburtstag der BRD häuften, waren ebenso in einer Grundintention Absage an die Ursachen. Zur neuen Presse- und Medienkultur im Land begann zu gehören, daß man im häufigen Rückblick auf 1914/18 und 1933/45 ernsthaft nach Versagen und Verantwortung fragte. Als Folge davon kam beispielsweise Kriegsspielzeug für Kinder in weitgehendes Verdikt, wurde über die Gründung der Bundeswehr, so richtig sie war, immerhin heiß diskutiert, formierte sich zumindest zum Beweis persönlicher Friedfertigkeit so manche Anti-Kriegsdemonstration, wurde der Wehrpflicht junger Männer gleichrangig der Ersatzdienst zur Seite gestellt. Vielbeachtet und akklamiert, das ist daran besonders wichtig, konnte Richard von Weizsäcker am 8. Mai 1985, zum 40. Jahrestag des Kriegsendes, seine große Rede im Bundestag halten. Und: Der neue Kalendertermin Volkstrauertag, der alle ehrenvollen Kriegsgedenktage früheren Stils ersetzte, heroisierte nicht mehr posthum die Gefallenen und Vermißten, sondern beweinte sie.

## *3. Exkurs: Totengedächtnis*

Zum Krieg gehört unvermeidlich der Soldatentod, der, weil hier »für den König« oder »fürs Vaterland« gestorben wird, sowohl familiäre wie öffentliche Bedeutung hat. Für die nächsten Angehörigen ist er deshalb besonders tragisch, weil er so plötzlich kommt, sein Opfer jung trifft und selten mit den üblichen Ritualen eines feierlichen Leichenzugs zum Ortsfriedhof und nachmals häufigen Grabbesuchen angenommen werden kann. Wenn Sohn, Bruder, Vater irgendwo unbekannt in fernem Feindesland die letzte Ruhe fanden, können sich die Trauernden nur mehr an Zeichen, Symbole und Gedanken halten. Als mystische Kostbarkeit bleibt ein Soldatenfoto dann oft jahrzehntelang auf der Kommode stehen, werden andere Habseligkeiten zu Reliquien und läßt sich die gestörte Ordnung nur dadurch einigermaßen wiederherstellen, daß Nachforschungen über Todesart und Todesort Ungewißheit bannen. Von Offizieren, zumal aus dem Adel, gab es auch schon früher gemalte Porträts und post mortem Totenschilde. Aber man möchte fragen, mit welchen Sinnstücken sich eigentlich die Unterschichten trösteten, bevor die Fotografie billige Bilder machte ...

Eindeutig gewandelt hat sich das kollektive Totengedächtnis. Jahrhundertelang verneigte sich die Menschheit letztlich nur vor den pompösen Grabmälern der Heerführer, so als hätten sie allein gekämpft. Ihnen – Feldmarschall Tilly in Altötting, Graf Waldeck im hessischen Korbach, dem »Türkenlouis« in Baden-Baden – wurden würdige Plätze in erstrangigen Kirchen reserviert. Vom gemeinen Mann, dem im 17./18. Jahrhundert ja noch wenig geachteten, notfalls am Kriegsweg verscharrten Söldner und Landsknecht, den man oft gar nicht heiraten ließ, damit keine Witwen und Waisen zum Sozialfall wurden, war – außer in abstrakten Verlustziffern – kaum die Rede.

Erst als um 1800 die allgemeine Wehrpflicht aufkam, der tote Soldat quasi Delegierter der von ihm verteidigten Heimat war, änderte sich daran etwas. Nun begannen allerorten Kriegerdenkmäler mit christlicher und figürlicher Emblematik davon zu künden, daß anteilig jedes Dorf, jede Stadt ihren Blutzoll entrichtet, ihre »besten Söhne« für die »gerechte Sache« geopfert hatten. Die Inschriften, etwa nach 1870/71, sahen »Unsere Gefallenen« aber zunächst nur selten als Einzelpersonen, sondern stilisierten sie schnell zur amorphen Heldenschar, wie auch das »Grabmal des Unbekannten Soldaten« unter dem Pariser Arc de Triomphe oder an der Moskauer Kremlmauer nationale Pauschalehrenstätte ist. Sinnstiftende Reden der Überlebenden taten sich damit leichter. Die gleichzeitig von Ort zu Ort entstandenen Kriegervereine, die an diesen Totensteinen »in stolzer Trauer« Appell hielten, waren und sind dazu das gruppenpsychologische Gegenstück.

Die volle Demokratisierung des Soldatentods, so zynisch das klingt, fand im Ersten Weltkrieg statt: Endlose Felder mit jeweils Zehntausenden gleichförmig schlichter, zu symmetrischen Mustern gestellter Grabkreuze oder Steinplatten auf dem amerikanischen Ehrenfriedhof Arlington, beim Mémorial de Verdun, in Langemarck und aus dem Zweiten Weltkrieg von Narvik über Omaha Beach bis Nordafrika verschweigen nicht mehr das Massensterben. Und eingeritzte Namen, Geburtsdaten, Herkunftsorte individualisieren es, ordnen nicht mehr nach Dienstgraden, sondern machen das gleiche Leid vieler einzelner evident. Wuchtige Architektur wie das Menem-Tor im flandrischen Ypern oder unbeholfene Steinmetzarbeit auf dem Dorf – ihre Botschaft liegt gleichermaßen in den langen Kolonnen eingemeißelter Namen, von denen jeder einst ein frisches Gesicht hatte. Wenn Organisationen der Kriegsgräberfürsorge zur Pflege dieser Plätze sammeln, ist dies heute ein Friedensschrei. Neu zu hörende, natürlich problematische Forderungen, auch hingerichteten Deserteuren ein Denkmal zu setzen, weil sie den Krieg verweigerten, denken das bisher Undenkbare noch weiter.

## *4. Erinnerungen an ferne Vergangenheiten*

Jeder neue Krieg überholt die vorausgegangenen, läßt den damaligen Wertestreit und Kummer vor jüngerem verblassen. Das führt zur letzten Frage: Wie lange überhaupt halten Kriegserinnerungen vor?

Auf jeden Fall überdauern sie das Menschenleben, das persönlich in den Krieg involviert gewesen ist. Sie bleiben mit Sicherheit auch länger virulent als jene ein, zwei Generationen, in denen mündliche Erzählketten Vater–Sohn oder Großvater–Enkel funktionieren. Weil es eine Zunft der Historiker gibt, behalten sie als epochenprägende Haupt- und Staatsaktionen quasi ewig ihren Platz in den Schulbüchern. Emotional aufzuwühlen vermögen sie dort freilich nur mehr so lange, als etwa Paradigmenwechsel der Geschichtsschreibung, wie z. B. die von Fritz Fischers Buch »Griff nach der Weltmacht« in den 1960er Jahren losgetretene abermalige Diskussion der Kriegsschuldfrage 1914, an scheinbar festgezimmerte Fundamente unseres eigenen Zeitalters rühren. Ansonsten verringert sich kulturelle Perpetuierung durch Lernen rasch auf ein ziemlich kühles Registrieren von Daten, Namen, Kausalbeziehungen und Anekdoten. Auf jene Zeiten verweisende andere Kulturreste interessieren uns kaum noch durch ihren ursächlichen Kriegshintergrund, sondern mehr oder weniger verselbständigt: als zeitloses Kunstwerk die Marmorstatue des »Sterbenden Galliers« in Roms kapitolinischen Museen oder Velasquez' »Las Lanzas« im Prado, als Fotoobjekt der Titusbogen, als Ingenieursleistung die Fossa Carolina, als stupender Nadelfleiß der »Teppich von Bayeux«, der von Wilhelm dem Eroberer berichtet, als altphilologisches Zeugnis Cäsars »De bello Gallico« und Homers »Odyssee«, als witzige Schüler-Eselsbrücke »333 – Issus-Keilerei«, als Sportwettbewerb der Marathonlauf, als Umsetzung epischer Theaterdramaturgie Brechts »Mutter Courage«, als Ohrenschmaus Verdis »Nabucco«, ein lustiges Lied »Als die Römer frech geworden« . . . So wird Krieg allmählich zur Mythe, abgehoben von der Realität, zu der allenfalls die Archäologen noch ein paar zerborstene Helme und rostige Schwerter ergraben. Auch das engagierte Hervorwälzen der ganzen Wahrheit in Jubiläumsausstellungen, etwa 1983 nach dreihundert Jahren der Befreiung Wiens von den Türken, ändert daran wenig: Von der angesprochenen Öffentlichkeit werden sie in erster Linie wahrgenommen als austauschbares Ziel für Freizeitaktionismus und abgehakt als rituelles Kulturspektakel.

Gleichwohl scheint es Gegenbeispiele zu geben dahingehend, daß historische Kriege sehr lebendig und sogar existentiell im Bewußtsein der Nachgeborenen verankert bleiben. In Franken gilt das vor allem für den Dreißigjährigen Krieg. In mindestens vier Städtchen bewegt er bis heute Jahr um Jahr buchstäblich die ganze Einwohnerschaft als Motiv von Historienspielen. Beim »Rothenburger Meistertrunk« leert der Altbürgermeister einen Riesenhumpen Wein auf einen Schluck, weil Feldmarschall Tilly davon die Plünderung der eroberten Reichsstadt abhängig macht. Im benachbarten Dinkelsbühl gelingt es nicht den verzagten Ratsherren, wohl aber der Türmerstochter, mit einem rührenden Zug der Kinder den siegreichen Schwedenoberst zu besänftigen. »Wallenstein in Altdorf« läßt ab von seinem Zerstörungsplan, als sich ihm das Mädchen zu erkennen gibt, das er einst während seiner Studentenzeit an der hiesigen Universität liebte. Gerade diese Themenhäufung könnte glauben machen, es würde hier eben wirklich noch seit damals, seit 1632, Dankbarkeit für Verschonung in diesem schlimmsten Kriegsjahr verspürt und in traditionaler Brauchpflicht ausgedrückt, ähnlich den Passionsspielgelübden der Pestzeit. Die Wahrheit ist anders: Bis zum Ende des 18. Jahrhunderts findet sich kein Beleg, daß diese (historisch so gar nicht gesicherten) Beinahe-Katastrophen noch nachhaltig in den Köpfen der nächsten Generationen rumorten. Erst im 19. Jahrhundert formte Literatenfeder aus erzählerischen Wandermotiven bzw. anderen lokalen Brauchelementen die jeweilige Stadtrettungssage aus, was zeigt, daß Sagen keineswegs, wie man lange meinte, genausoviel Vertrauen als Geschichtsquellen verdienen wie Archivalien. Es handelt sich hier um Historiographie aus zweiter Hand und dichterischer Freiheit! Die Freiluft- und Bühnenspielfassungen zuletzt entstanden ab 1881, in Altdorf und Dinkelsbühl gezielte Nachahmungen des Rothenburger Vorbilds, erklärtermaßen um profitablen Fremdenverkehr anzulocken. Man benützt sie insgesamt einprägsam-wirkungsvoll für die städtische Imagewerbung. Hier ist zu fragen: Gab es denn dafür keinen anderen Stoff der Lokalgeschichte?

Enttäuscht somit aus Sicht unseres Themas schon die Existenz und Funktion solcher Volksschauspiele, so berührt zugleich bei kritischem Mitdenken ihr Ablauf befremdlich. Da ziehen sich Hunderte von modernen Städtern, jung und alt, historisierende Uniformen an, laufen fröhlichen Gesichts und johlend mit Fahnen, Hellebarden und Vorderladern durch Tor und Gassen, spiegelverkehrt auch als feindliche Schweden oder Katholische. Sie mimen lachend Gefangene und blutverschmierte Verwundete. Der »Ohweihala« in Altdorf und andere, die lustig schmerzbrüllend mit Kopfverbänden und amputierten Beinstümpfen kilometerweit in den Festzügen mithumpeln, sind Paraderollen seit Anbeginn. Und in der angeblich so bedrohten Stadt fehlt es nicht an gutem Essen aus Feldküchenkesseln. Hier findet Krieg statt als vergnügliche Kommunikation und Sozialisation zwischen Ortsbevölkerung und Besuchern, in der Vorbereitung als befriedigende Aktivität von Vereinen und Festkomitees. Die gesagten Worte vom Krieg bleiben leer; die Darstellungs- und Erlebnisformen widersprechen ihnen, blenden Mitleid mit den Opfern und Warnung aus.

Kriegsnot verkürzt sich, in unseren Hinweisen nicht neu, zum unsensibelheiteren Soldatenspiel, wenn nur die zeitliche Schamfrist hinreichend groß ist. Giftgas in den Schützengräben von Verdun als Asterix-Comic, Bomben auf Dresden als Son-et-lumière-Schau? – Gewiß ist da noch viel zu erwarten . . .

## *5. Schluß*

Volkskundler sollen beobachten und erklären, nicht weltanschaulich werten. Im Fall des oben abgehandelten Themas fällt es freilich schwer, aus der Deskription eine Quintessenz abzuleiten und allgemeine Aussagen über das Verhalten des Menschen zu machen. So möchte ich lediglich die Fragen nennen, die ich mir selbst angesichts des vorgetragenen Materials gestellt habe:

Soll man sich freuen, daß der Mensch fähig ist, den Krieg nachträglich zu verharmlosen, ja mitunter sogar heiter zu nehmen, um Mut fürs Weiterleben zu gewinnen?

Muß man deprimiert sein, weil der Mensch aus so vielen Kriegen nicht schon längst eine grundsätzliche Abscheu und Vermeidungsstrategien gegen Krieg entwickelt hat?

Braucht der Mensch den Krieg gar als Lebenselixier, wie es die ja nicht ganz falsche Redensart sagt, daß der »Krieg der Vater aller Dinge« sei?

Als Postskriptum des Jahres 1991 mit Golfkrieg und Jugoslawien-Drama muß ich eine Schlußhoffnung leider wieder streichen, nämlich aus ernsterer Nachdenklichkeit über modernen Bomben- und Atomkrieg sowie gehäuften Friedensinitiativen zu folgern, daß der Mensch doch zu lernen und immerhin seiner eigenen Vernichtung vorzubeugen gewillt ist.

*Literatur*


Blendinger, F./Zorn, W. (Hg.): Augsburg. Geschichte in Bilddokumenten. München 1976.

Brückner, W.: Bildnis und Brauch. Studien zur Bildfunktion der Effigies. Berlin 1966.

Dering, F.: Das Oktoberfest. 150 Jahre bayerischer Nationalrausch. München 1985.

Franz, G.: Der Dreißigjährige Krieg und das deutsche Volk. 3. Aufl. Stuttgart 1961.

Geiger, K. F.: Kriegsromanhefte in der BRD. Untersuchungen d. Ludw.-Uhland-Instituts d. Univ. Tübingen Bd. 35. 1974.

Heller, H.: Der Nürnberger Dutzendteich. Reichsstädische, bayerische und deutsche Vergangenheit. Nürnberg 1983.

Heller, H.: Fränkisch-türkische Berührungen zwischen 16. und 19. Jahrhundert. Panikstimmung, kulturelle Öffnung und frühe Minderheitenassimilation. In: Lähnemann, J. (Hg.): Erziehung zur Kulturbegegnung. Pädagogische Beiträge z. Kulturbegegnung Bd. 3. Hamburg 1986. S. 179–198.

Heller, H.: Epilog auf Männerbünde. Volkskundliche Untersuchungen an vermeintlich geschlechtsspezifischen Gruppen: Kriegervereine und Fußball-Fanclubs. In: Matreier Gespräche. Walter Hirschberg 85 Jahre. Wien/München 1989. S. 80–89.

Heller, H.: Zur Luxurierung der Historienspiele in Dinkelsbühl und Rothenburg o. d. T. In: Zs. Frankenland 1990. S. 228–237.

Jeggle, U.: In stolzer Trauer. Umgangsformen mit dem Kriegstod während des 2. Weltkriegs. In: Untersuchungen d. Ludw.-Uhland-Instituts d. Univ. Tübingen Bd. 69. 1986. S. 242–259.

Kleese, A.: Reden eines Lehrers bei festlichen Gelegenheiten. 4. Aufl. Breslau 1884.

Koselleck, R.: Kriegerdenkmale als Identitätsstiftungen der Überlebenden. In: Marquardt, O./Stierle, K. H. (Hg.), Identität. – Zs. Poetik u. Hermeneutik Bd. 8. München 1979. S. 255–276.

Köstlin, K.: Krieg als Reise. In: Berwing, M./Köstlin, K. (Hg.), Reise-Fieber. Regensburger Schriften f. Volkskunde Bd. 2. 1984. S. 100–114.

Köstlin, K.: Erzählen vom Krieg – Krieg als Reise II. In: Bios. Zeitschr. f. Biographieforschung und Oral history 1989. S. 173–182.

Kramer, K.-S.: Volksleben im Hochstift Bamberg und im Herzogtum Coburg (1500–1800). Veröffentl. d. Gesellschaft f. fränkische Geschichte Reihe IX. Bd. 24. Würzburg 1967.
Kretzenbacher, L.: Ringreiten, Rolandspiel und Kufenstechen. Sportliches Reiterbrauchtum von heute als Erbe aus abendländischer Kulturgeschichte. Buchreihe d. Landesmuseums f. Kärnten Bd. 20. Klagenfurt 1966.
Kubach-Reutter, U.: Soldaten im Kinderzimmer und im Spielzeugmuseum. In: Monatsanzeiger des Germanischen Nationalmuseums Nürnberg Nr. 102 = H. 9/1989. S. 818–819.
Lehmann, A.: Militär als Forschungsproblem der Volkskunde. Zeitschr. f. Volkskunde 1982. S. 230–245.
Lehner, J.: Joachim v. Sandrart (1606–1688). Zum Friedensmahl-Gemälde. Nürnberg (Stadtsparkasse) 1988.
Lehnert, W.: Die oberösterreichischen Exulanten im ehemaligen Brandenburg-Ansbachischen Oberamt Stauf-Landeck. Freie Schriftenfolge d. Gesellschaft f. Familienforschung Bd. 14. 1962.
Lemmermann, H.: Kriegserziehung im Kaiserreich. Studien zur politischen Funktion von Schule und Schulmusik 1890–1918. Bremen 1984.
Moser, D.-R.: Fasnacht – Fasching – Karneval. Graz/Wien/Köln 1986.
Nürnberger Nachrichten: 40 Jahre Bundesrepublik Deutschland. Wiederaufbau 1945–1949. Nürnberg (Sonderdruck) 1989.
Tekampe, L.: Kriegserzählungen. Eine Studie zur erzählerischen Vergegenwärtigung des Zweiten Weltkrieges. Studien z. Volkskultur in Rheinland-Pfalz Bd. 6. Mainz 1989.
Wagner, K.: Kirchweih in Franken. Studien zu den Terminen und deren Motivationen. Diss. Erlangen 1971.
Waissenberger, R. (Hg.): Die Türken vor Wien. Europa und die Entscheidung an der Donau 1683. 82. Sonderausstellung d. Hist. Museums d. Stadt Wien. 2. Aufl. Wien 1983.
Weizsäcker, R. v.: Zum 40. Jahrestag der Beendigung des Krieges in Europa und der nationalsozialistischen Gewaltherrschaft. Bonn 1985.

*Helmwart Hierdeis*

# *»Fried', wo bist so lang geblieben?« – Überlegungen zur Friedenserziehung*

Im Jahr 1642, also kurz vor dem Ende des Dreißigjährigen Krieges, erschien in Nürnberg unter dem Titel »Musikalische Friedensseufzer« eine Sammlung von Liedern, darunter ein vierstimmiger Satz des Nürnberger Komponisten Erasmus Kindermann. Er hat folgenden Wortlaut:

Fried', wo bist so lang geblieben,
ach, wir selbsten haben dich
leider so elendiglich
von uns in die Fern' getrieben.
Komm doch wieder zu uns her,
denn der Krieg fällt uns so schwer.

Ehe wir dann recht erwogen,
was du für ein edler Schatz,
gaben wir dir wenig Platz,
haben deiner wenig pflogen.
Jetztund da du von uns bist,
wissen wir, was Unfried' ist.

Reicher Gott von Gut und Gaben,
sieh doch unser Elend an.
Zwar wir haben Unrecht g'tan,
daß wir so gesündigt haben,
aber Herr, straf deine Knecht
mit Genad und nicht nach Recht.

Jesu Christe, sieh die Deinen,
die du selber hast erkauft,
wie sie werden ausgerauft.
Laß uns deine Gnad' anschauen
und verleihe Fried' im Land,
Glück und Heil in allem Stand.[1]

In unserem Zusammenhang ist der Text in mehrfacher Hinsicht bemerkenswert:

1. Er bringt das Eingeständnis des eigenen Anteils am Unfrieden, am Krieg zum Vorschein (» . . . ach, wie selbsten haben dich . . .«; » . . . gaben wir dir wenig Platz . . .«; » . . . haben deiner wenig pflogen . . .«; »Ehe wir dann recht erwogen, was du für ein edler Schatz . . .«). Er wird nicht als irgendein Schicksal, sondern als Unrecht angesehen, als Sünde, als persönliche Schuld. Es handelt sich hier um ein individualisierendes Friedens- und Kriegsverständnis: Frieden in diesem Sinne entsteht, wenn alle Menschen sich friedfertig verhalten, Krieg dagegen, wenn die je einzelnen nicht friedlich sind. »Der Friede beginnt im eigenen Haus«, sagt Karl *Jaspers* 1958 bei seiner Rede anläßlich der Verleihung des Friedenspreises des deutschen Buchhandels.[2] Also beginnt offenbar auch der Krieg dort. Was der Dichter des Liedes unter Frieden versteht, spiegelt demnach nicht nur eine weit zurückliegende Auffassung wider.

2. »Frieden« meint im Lied die Abwesenheit von Krieg. Eine solche Auffassung wird heute als negatives Friedensverständnis angesehen, weil sie nichts über die Qualität nichtkriegerischer Verhältnisse verrät.

3. Der Krieg ist nicht nur die gleichsam natürliche Konsequenz aus mangelnder individueller Friedfertigkeit, sondern zusätzlich Strafe Gottes. Den sündigenden Menschen entfällt der Friede im Moment der Sünde. Die Entzweiung der Menschen untereinander ist Unfriede mit Gott.

4. Um den Frieden wiederzugewinnen, ist der Mensch auf Gott angewiesen. Die Konsequenzen seiner Verfehlung sind so weit über ihn hinausgewachsen, daß er sie aus eigener Kraft nicht mehr rückgängig machen kann. Da hilft nur noch das Gebet: Gott soll Gnade vor Recht ergehen lassen; er soll seine Knechte nicht strafen; Christus soll sich an sein Opfer für die Menschen erinnern und es nicht zulassen, daß sie so sehr »ausgerauft« werden; er soll Frieden, Glück und Heil verleihen. Der katholische Dichter Reinhold *Schneider* schreibt wenige Jahre nach der Machtergreifung durch die Nationalsozialisten ein Sonett, das mit den Worten beginnt: »Allein den Betern kann es noch gelingen, das Schwert ob unsern Häuptern aufzuhalten.«[3] Das Lied aus dem Dreißigjährigen Krieg ist also auch in dieser Hinsicht nicht nur historisch zu begreifen.

5. Kindermanns Lied ist ein »unaufgeklärtes« Lied. Es enthält keinen Hinweis auf kausale Zusammenhänge. Daß in Form des »Wir« der Mensch

im allgemeinen bzw. jener Mensch angesprochen wird, an den das Lied sich wendet oder den es gebethaft einschließt, ist kein Widerspruch dazu. Im Gebet selber bekundet der Dichter seine Unfähigkeit, durch Handeln eine Besserung der Situation zu bewirken. Er signalisiert seine Ohnmacht, in die Geschichte einzugreifen. Gott muß für ihn handeln.

Der Text steht für ein Bewußtsein, das auch heute noch verbreitet ist: Krieg und Frieden werden irgendwo gemacht: von weltlichen Mächten, von Regierungen, von Revolutionären, oder sie sind Äußerungen eines Schicksals, einer Vorsehung, eines Gottes. Wir durchschauen sie nicht, wir haben sie als fremde Verfügung über uns oder als Gnade hinzunehmen. Ein solches Bewußtsein war in früheren Jahrhunderten durch die Religion, wenn vielleicht nicht immer erzeugt, so doch jederzeit verstärkt worden. Ansonsten war über Jahrtausende hinweg das Schicksal des einzelnen und seines Lebenskreises an die Entschlüsse oder an die Willkür einer sich ihm gegenüber niemals rechtfertigenden Herrschaft gebunden. Nicht umsonst bemerkt Karl Marx noch im 19. Jahrhundert, der Mensch müsse sich religiös und politisch emanzipieren,[4] d. h. seine eigene Handlungsmächtigkeit wahrnehmen, sich zur Verbesserung seines Schicksals nicht mehr auf irgendwelche überirdischen oder irdischen Mächte verlassen. Zwar meint er mit »dem Menschen« vor allem das Proletariat, aber eigentlich wandelt er mit diesem Emanzipationsaufruf nur das »Sapere aude« der Aufklärung ab, das an alle noch Unmündigen gerichtet war.[5]

Der Text steht auch für ein Denken, dem die Dialektik von eigenem Handeln und gesamtgesellschaftlichen Vorgängen weitgehend verborgen ist. »Ach wir selbsten haben dich / leider so elendiglich / von uns in die Fern' getrieben« – das drückt ein diffuses Schuldbewußtsein aus, vielleicht ein Bewußtsein vom eigenen Anteil an einem Klima der Aggressivität und Intoleranz, aber der Satz artikuliert kaum eine Mitschuld an politischen Vorgängen, die zum massenhaften Töten führen. Viele Menschen sind auch heute noch nicht über ein solches Denken hinausgekommen. Überhaupt ist der nachwachsenden Generation eine realistische Einschätzung der eigenen Handlungsfolgen nur sehr schwer beizubringen.

Das Lied soll Ausgangspunkt für einige friedenspädagogische Überlegungen sein:

*1.*

In der Pädagogik ist die Erkenntnis, daß Frieden und Erziehung etwas miteinander zu tun haben könnten, noch nicht alt. In den frühen 50er Jahren ging die sogenannte Friedenserziehung davon aus, daß – nach der Präambel der UNESCO – Kriege im Geiste des Menschen entstehen und daß daher im Geiste des Menschen auch die Werke zur Verteidigung des Friedens errichtet werden müssen.[6] Das führte zu Untersuchungen z. B. in den USA über Vorurteile, nationale Stereotype usw. Schon 1917 hatte der deutsche Pädagoge Friedrich Wilhelm *Foerster* geschrieben, daß die Erziehung zum Frieden »die eigentliche Antwort der Erziehungswissenschaft auf die Katastrophe des Weltkriegs sein müsse«.[7] Er erklärte den Krieg als Folge des allgemeinen Egoismus der Menschheit; ihm wäre durch eine sittlich-religiöse Erziehung zu begegnen.[8] (Zu diesem Zeitpunkt hatte *Foerster* bereits seinen Münchner Lehrstuhl wegen pazifistischer Äußerungen verloren.) In ähnlicher Weise sah die Friedenserziehung in den 50er Jahren ihre Hauptaufgabe im Appell an das persönliche Gewissen. In den 60er Jahren stand die Einübung in Partnerschaft, Kooperation und Solidarität im Vordergrund. Die Bemühungen hatten gleichfalls den einzelnen und die Kleingruppe im Auge. Mit dem Ende der 60er Jahre begann die sogenannte »kritische Friedensforschung« (»kritisch« in Anlehnung an die kritische Theorie der Frankfurter Schule) mit einer veränderten Analyse des Komplexes Krieg und Frieden. Dieter *Senghaas* machte z. B. den Zusammenhang zwischen individuellen und kollektiven Aggressionen deutlich. Er verwies auf die von Machtgruppen mit Hilfe von Propaganda sowie mit politischen und militärischen Aktionen gegen erklärte Feinde organisierte Friedlosigkeit im inner- und zwischenstaatlichen Bereich. Durch sie sei die kollektive Psyche auf politisch kalkulierte Weise in ein Bewußtsein der Friedlosigkeit geraten und habe die Mitglieder der Gesellschaft geneigt gemacht, »friedenssichernde Maßnahmen« zu unterstützen.[9]

Die friedenspädagogischen Ansätze dieser Herkunft wandten sich von der Dichotomie Krieg-Frieden ab und konzentrierten sich auf die gesellschaftlichen Bedingungen der Friedlosigkeit. Die Erziehungsvorschläge gingen dahin, die Befähigung zur Gesellschaftsanalyse und -kritik und zum politischen Handeln anzubahnen. Appelle an das Gewissen spielten keine Rolle mehr.

Friedenspädagogik als sozialwissenschaftliche Disziplin greift heute auf die Forschungsergebnisse aller einschlägigen Wissenschaften (besonders der

Human-, Sozial- und Wirtschaftswissenschaften) zurück. Sie analysiert auf dieser Basis vor allem jene Bedingungen beim Individuum und in der sozialen Welt, die der Erfahrung von Frieden und dem Erlernen der Friedensfähigkeit entgegenstehen. Sie versucht ferner (unter Berücksichtigung der gegenseitigen Verflechtung anthropogener und soziokultureller Faktoren), Veränderungen in der Struktur der »Erziehungswirklichkeit« sowie die Möglichkeiten und Grenzen individueller Einstellungs- und Verhaltensänderungen in Richtung auf Frieden ausfindig zu machen und sie in Handlungsvorschläge umzusetzen (z. B. in Form von Curricula, von Modellen für Konfliktregelung oder von Konzepten für die Auslösung von Betroffenheit).[10]

*2.*

Was den Friedensbegriff angeht, so hat der norwegische Wirtschaftswissenschaftler und Friedensforscher Johan *Galtung* zu Beginn der 70er Jahre eine wichtige Klärung und Erweiterung herbeigeführt. *Galtung* bestimmt Frieden zum einen *negativ* als Abwesenheit von individueller, kollektiver und struktureller Gewalt, zum andern *positiv* als Prinzip nationaler Konfliktregelung. »Gewalt liegt dann vor, wenn Menschen so beeinflußt werden, daß ihre aktuelle somatische und geistige Verwirklichung geringer ist als ihre potentielle Verwirklichung.«[11]

An dieser Begriffsbestimmung ist einmal bedeutsam, daß *Galtung* Unfrieden nicht einfach mehr mit Krieg gleichsetzt, sondern daß er den Blick auf die Mehrdimensionalität von Gewalt lenkt: Gewalt kann sowohl von Personen als auch von Kollektiven, als auch von Strukturen ausgehen. Da die von ihm vorgenommene Differenzierung für die Theorie vom Frieden und für die friedenspädagogischen Entwürfe der Folgezeit wirksam wird, soll ihr Kern wörtlich wiedergegeben werden:

»Den Typ von Gewalt, bei dem es einen Akteur gibt, bezeichnen wir als *personale* oder *direkte* Gewalt: die Gewalt ohne einen Akteur als *strukturelle* oder *indirekte* Gewalt. In beiden Fällen können Individuen im doppelten Sinne der Wörter getötet oder verstümmelt, geschlagen oder verletzt und durch den strategischen Einsatz von Zuckerbrot und Peitsche manipuliert werden. Aber während diese Konsequenzen im ersten Fall auf konkrete

Personen als Akteure zurückzuführen sind, ist das im zweiten Fall unmöglich geworden: Hier tritt niemand in Erscheinung, der einem anderen direkt Schaden zufügen könnte; die Gewalt ist in das System eingebaut und äußert sich in ungleichen Machtverhältnissen und folglich in ungleichen Lebenschancen ...

Entscheidend ist dabei folgendes: Wenn Menschen in einer Zeit verhungern, in der dies objektiv vermeidbar ist, dann wird Gewalt ausgeübt, gleichgültig, ob eine klare Subjekt-Objekt-Beziehung vorliegt (wie z. B. früher bei einer Belagerung), oder auch dann, wenn keine solche eindeutige Beziehung existiert (wie beispielsweise bei der Art der Organisation der Weltwirtschaftsbeziehungen heute). Wir haben eine doppelte Unterscheidung getroffen, indem wir jeweils die Wortpaare personal/strukturell und direkt/indirekt verwendeten. Gewalt mit einer klaren Subjekt-Objekt-Beziehung ist manifest, weil sie als Aktion sichtbar ist. Sie entspricht unseren Vorstellungen von dem, was ein *Drama* ist, und sie ist personal, weil Personen da sind, die Gewalt anwenden. Sie ist leicht zu verstehen und zu verbalisieren, weil sie dieselbe Struktur hat wie die elementaren Sätze in den (zumindest indo-europäischen) *Sprachen:* Subjekt – Verb – Objekt, wobei sowohl das Subjekt als auch das Objekt Personen sind. Gewalt ohne diese Beziehung ist strukturell, in die Struktur eingebaut. Wenn also ein Ehemann seine Ehefrau schlägt, dann ist das ein klarer Fall von personaler Gewalt; wenn aber eine Million Ehemänner eine Million Ehefrauen in Unwissenheit halten, dann ist das strukturelle Gewalt. Ebenso ist in einer Gesellschaft, in der die Lebenserwartung der Oberschicht doppelt so hoch ist wie die der Unterschicht, Gewalt manifest, auch wenn keine konkreten Akteure sichtbar sind, die direkt gegen andere vorgehen, wie etwa im Fall der Tötung eines Menschen durch einen anderen.«[12]

Bedeutsam ist ferner, daß *Galtung* nicht von einem statischen Friedens- oder Gerechtigkeitsbild ausgeht, sondern Dynamik, Unvollkommenheit und Konflikt voraussetzt.[13] Nachdrücklich wendet er sich gegen die »Grundüberzeugung unserer Kultur«, »daß Konflikt *etwas Schlechtes sei,* etwas, vor dem man davonlaufen müsse«.[14] Konflikte seien vielmehr der selbstverständliche Ausdruck einer auch fruchtbaren *»Inkompatibilität zwischen Zielsetzungen oder Wertvorstellungen von Akteuren in einem Gesellschaftssystem«.*[15]

*Galtung* schließt hierbei, ohne das ausdrücklich zu erwähnen, an eine Diskussion aus den 50er und 60er Jahren darüber an, ob Harmonie oder

Konflikt der gesellschaftliche Normalfall wären. Talcott *Parsons* war davon ausgegangen, daß Gesellschaften und gesellschaftliche Untergruppen durch gemeinsame Wertüberzeugungen zusammengehalten würden und daß es demnach die Aufgabe der Sozialisation wäre, die nachwachsende Generation in dieses Wertsystem einzufügen.[16] Ralph *Dahrendorf* wies seinerzeit diese Auffassung zurück: Was *Parsons* als das Normale ansehe, wäre eher der »pathologische Sonderfall des sozialen Lebens«.[17] Dieser Auffassung schloß sich 1968 Jürgen *Habermas* von einer anderen Warte aus fast wortgleich an. Er wies insbesondere darauf hin, daß die strukturfunktionale Theorie von *Parsons* völlig übersehe, mit welchem Ausmaß an Sanktionen die nachwachsende Generation auf das vorgegebene Interaktionssystem festgelegt werde.[18] In diesem Zusammenhang ist auch die Grundannahme des Symbolischen Interaktionismus von Bedeutung, daß Individuen in der Gesellschaft überwiegend auf undeutliche und wechselnde Erwartungen stoßen, die sich nicht mit ihren Bedürfnisdispositionen decken. Sie müssen daher lernen, sich mit ihren Interaktionspartnern auf die anzuwendenden Normen zu einigen.[19] Solche Einigungen besagen in der Regel nicht, daß die Bedürfnisse genau und dauerhaft aufeinander abgestimmt werden; sie laufen vielmehr auf Kompromisse hinaus.[20] Der *Galtung*sche »Konflikt als Lebensform«[21] hat nur eine lebensrettende Konsequenz: die »rationale Konfliktregelung«.[22] *Frieden in diesem Sinne ist ein permanenter Balanceakt von Individuen, Gruppen und Gesellschaften.*

*3.*

Das Ziel der Friedenserziehung läßt sich formal so bestimmen: Menschen sollen für den Frieden im genannten Sinne disponiert werden und Gelegenheit erhalten, die dafür notwendigen Qualifikationen zu erwerben. Das erfordert pädagogisches Verhalten und Handeln einerseits und Lernen andererseits auf der *emotional-affektiven,* auf der *rational-kognitiven* und auf der *pragmatischen* Ebene.

Auf der *emotional-affektiven* Ebene geht es

- um den Erwerb von Einstellungen, Werturteilen und um Sensibilität z. B. im Hinblick auf Unrecht, Leid, Schmerz, Gewalt und Not, denen andere Menschen, auch fernerstehende, ausgesetzt sind;
- um das Gefühl für Gewalthandeln als unmoralisches Handeln;

- um Sensibilität für die Bedürfnisse anderer;
- um die Bereitschaft, die Motive anderer zu erkunden;
- um den Mut, für die Belange anderer einzutreten;
- um die Fähigkeit, ohne sichernde Ideologien auszukommen;
- um die Fähigkeit, in mehrdeutigen Situationen zu leben und unvollkommene Verhältnisse ertragen zu können;
- um die Fähigkeit, sich für Fremdes zu öffnen, darauf zuzugehen und es nicht nur theoretisch zur Kenntnis zu nehmen usw.[23]

Diese affektiv-emotionalen Qualifikationen sind an die Ich-Stärke des Individuums gebunden. Die Ich-Schwäche führt bekanntermaßen zu erhöhter Suggestibilität und zu Hemmungen der Intelligenz, damit zu einer Verminderung der Realitätsprüfung und zu einer Affektsteigerung.[24] Sie wirkt demnach dem Erwerb der genannten Qualifikationen direkt entgegen. Grundvoraussetzung für eine Friedenserziehung, die ja an eine Überwindung der Selbstbezogenheit und auf die Differenzierung und Erweiterung des Altruismus hinausläuft, wäre demnach ein – das mag eine theoretische Binsenweisheit sein, aber die Praxis kümmert das wenig – positiv getöntes, angstfreies, verstärkendes Erziehungsklima, und zwar nicht nur in der Familie.

Auf der *rational-kognitiven* Ebene geht es um den Erwerb von Wissen, Einsicht und Urteilsfähigkeit z. B. im Hinblick auf

- Krieg, materielle Not, Ausbeutung und Unterdrückung als Symptome der Friedlosigkeit;
- Gewaltformen und ihre Deutungen innerhalb der Gesellschaft (in diesem Zusammenhang sei auf die »Zehn Thesen zur Aggressivität und Gewalt« von Friedrich *Hacker* verwiesen, besonders auf seine Kritik an der hinter der modernen Verwaltungsroutine verborgenen Gewalt und an der Stimulation zur Gewalt durch die Massenmedien[25]);
- die Funktion des Vorurteils für die Rechtfertigung von Gewalt gegen Menschen;
- die Bedeutung von Ideologien für die Entstehung von Freund-Feind-Schemata;
- Frieden als Zustand unvollkommener Gerechtigkeit;
- Strategien gewaltloser Konfliktlösung.

Auf der *pragmatischen* Ebene geht es um den Erwerb von Handlungsbereitschaften und -fähigkeiten im Hinblick auf

- die rationale Bewältigung von Konflikten in Klein- und Großgruppen;
- die Teilnahme an Diskursen;

- die Fähigkeit zur Deutung von Symbolen;
- die Bekämpfung von sozialen Ungerechtigkeiten;
- das Ertragen anderer Denk- und Handlungsformen und – im Falle ihrer Gefährdung – zu deren Verteidigung (aktive Toleranz);
- zur Vertretung eigener Interessen;
- zur Kritik und notfalls zum Widerstand gegen ungerechtfertigte Herrschaftsansprüche.

*4.*

Wenn Frieden im Abbau von Gewalt besteht, dann sind die pädagogischen Interaktionen ständig danach zu befragen, inwieweit sie noch unnötiger- oder ungerechtfertigterweise asymmetrisch sind. Unter der Annahme, daß asymmetrische Erziehungsverhältnisse in mehr oder weniger deutlicher Form Gewaltverhältnisse darstellen und daher Barrieren auf dem Weg zum Frieden bilden, richten sich Kritik und Veränderungsabsichten der Friedenspädagogik auch auf die gesellschaftlichen Erziehungseinrichtungen. Die Gewaltverhältnisse in der Gesellschaft (auch in den Erziehungsinstitutionen) sowie der sie legitimierende »Überbau« stellen zwar Erschwernisse für die Friedenspraxis und das Friedenlernen im Mikrobereich dar, sie können aber nicht einfach als Alibi für dort ausbleibende (pädagogische) Friedensbemühungen herangezogen werden.

Die Befriedung der Gesellschaft kann niemals allein auf dem Weg über Erziehung erreicht werden, weil Erziehung sich in erster Linie an die Individuen wendet. Sein Engagement für Friedenspädagogik als Wissenschaft und wissenschaftsgeleitetes Handeln enthebt weder den Erziehungswissenschaftler noch den Praktiker seiner Verpflichtung, in der Öffentlichkeit für den Frieden einzutreten: durch sein Beispiel an Aggressionslosigkeit, Diskursfähigkeit und Toleranz sowie durch Aufklärung und friedenspolitisches Handeln.

*Anmerkungen*

[1] *Erasmus Kindermann* (1616–1655) war Schüler von *Johannes Staden* (1581–1634) und Organist an St. Ägidien in Nürnberg. Fundort des Satzes: *Walther Lipphardt,* Hrsg.: Gesellige Zeit, Liederbuch für gemischten Chor. 1. Teil. Kassel und Basel 1976, S. 122.

[2] *Karl Jaspers:* Wahrheit, Freiheit und Friede. München 1958, S. 11.

[3] *Reinhold Schneider:* Allein den Betern (1936). Aus: Die Sonette von Leben und Zeit, dem Glauben und der Geschichte. Köln 1954, S. 86.

[4] *Karl Marx:* Zur Judenfrage. (Aus den deutsch-französischen Jahrbüchern 1843/44). In: *Siegfried Landshut,* Hrsg.: Karl Marx. Frühschriften. Stuttgart 1953, S. 183 ff.

[5] *Immanuel Kant:* Beantwortung der Frage: Was ist Aufklärung? (1783). In: *W. Weischedel:* Immanuel Kant: Werke in 6 Bänden. Bd. VI. Darmstadt 1964, S. 53 ff.

[6] Die Formulierung wird dem englischen Außenminister Clement Atlee zugeschrieben. Zit. n. *Hartmut von Hentig:* Erziehung zum Frieden. In: *Friedebert Lorenz,* Hrsg.: Frieden. Vorlesungen auf dem 13. Deutschen Evangelischen Kirchentag Hannover 1967. Stuttgart, Berlin ²1968, S. 21.

[7] Zit. n. *Walter Tröger:* Lernziel Frieden. In: *Christel Küpper.* Hrsg.: Friedenserziehung. Eine Einführung. Opladen 1979, S. 62.

[8] ebd.

[9] Vgl. *Dieter Senghaas:* Die Erziehung zum Frieden in einer friedlosen Welt. In: *Hermann Röhrs,* Hrsg.: Friedenspädagogik. Frankfurt 1970, S. 160; vgl. ders.: Zur Pathologie organisierter Friedlosigkeit. In: *Ekkehart Krippendorf,* Hrsg.: Friedensforschung. Köln, Berlin ²1970, S. 217 ff.

[10] Vgl. *Bernhard Claußen:* Zur Didaktik der Friedenserziehung. In: *Christel Küpper,* Hrsg. a. a. O., S. 111 ff.

[11] *Johan Galtung:* Strukturelle Gewalt. Beiträge zur Friedens- und Konfliktforschung. Reinbek 1975, S. 9.

[12] a. a. O., S. 12/13.

[13] a. a. O., S. 108.

[14] a. a. O., S. 110.

[15] ebd.

[16] *Talcott Parsons:* The Social System. New York 1951. Ders.: Zur Theorie sozialer Systeme, hrsg. v. *Stefan Jensen.* Opladen 1976.

[17] *Ralph Dahrendorf:* Struktur und Funktion. Talcott Parsons und die Entwicklung der soziologischen Theorie. In: ders.: Gesellschaft und Freiheit. Zur soziologischen Analyse der Gegenwart. München 1961. S. 80 f.

[18] *Jürgen Habermas:* Thesen zur Sozialisation. Stichworte und Literatur zur Vorlesung (Raubdruck) 1968, S. 10.

[19] Vgl. dazu die immer noch lesenswerte Darstellung von *Lothar Krappmann:* Soziologische Dimensionen der Identität. Strukturelle Bedingungen für die Teilnahme an Sozialisationsprozessen. Stuttgart ³1976.

[20] Vgl. ebd.

[21] *Johan Galtung,* a. a. O., S. 108 ff.

[22] a. a. O., S. 110 ff.

[23] *Dieter Senghaas,* a. a. O.

[24] a. a. O.

[25] Vgl. *Friedrich Hacker:* Zehn Thesen zur Aggressivität und Gewalt. In: *H. O. Franco Rest,* Hrsg.: Waffenlos zwischen den Fronten. Die Friedenserziehung auf dem Weg zur Verwirklichung. Graz, Wien, Köln 1971, S. 154 ff.

## *Literatur*


Claußen, B.: Zur Didaktik der Friedenserziehung. In: Küpper, Chr., Hrsg.: Friedenserziehung. Eine Einführung. Opladen 1979.

Dahrendorf, R.: Struktur und Funktion. Talcott Parsons und die Entwicklung der soziologischen Theorie. In: ders.: Gesellschaft und Freiheit. Zur soziologischen Analyse der Gegenwart. München 1961.

Galtung, J.: Strukturelle Gewalt. Beiträge zur Friedens- und Konfliktforschung. Reinbek 1975.

Habermas, J.: Thesen zur Sozialisation. Stichworte und Literatur zur Vorlesung (Raubdruck) 1968.

Hacker, F.: Zehn Thesen zur Aggressivität und Gewalt. In: Rest, H. O. F., Hrsg.: Waffenlos zwischen den Fronten. Die Friedenserziehung auf dem Weg zur Verwirklichung. Graz, Wien, Köln 1971.

Hentig, H. von: Erziehung zum Frieden. In: Lorenz, F., Hrsg.: Frieden. Vorlesungen auf dem 13. Deutschen Evangelischen Kirchentag 1967. Stuttgart, Berlin 1968.

Jaspers, K.: Wahrheit, Freiheit und Friede. München 1958.

Kant, I.: Beantwortung der Frage: Was ist Aufklärung? (1783). In: Weischedel, W.: Immanuel Kant: Werke in 6 Bänden. Bd. VI. Darmstadt 1964, S. 53 ff.

Krappmann, L.: Soziologische Dimensionen der Identität. Strukturelle Bedingungen für die Teilnahme an Sozialisationsprozessen. Stuttgart, 3. Aufl. 1973, Küpper, Chr., Hrsg.: Friedenserziehung. Eine Einführung. Opladen 1979.

Lippardt, W., Hrsg.: Gesellige Zeit. Liederbuch für gemischten Chor. 1. Teil. Kassel und Basel 1976.

Marx, K.: Zur Judenfrage. (Aus den deutsch-französischen Jahrbüchern 1843/44). In: Landshut, S., Hrsg.: Karl Marx. Frühschriften. Stuttgart 1953.

Parsons, T.: The Social System. New York 1951.

Parsons, T.: Zur Theorie sozialer Syteme, hrsg. v. Jensen, S. Opladen 1976.

Schneider, R.: Die Sonette von Leben und Zeit, dem Glauben und der Geschichte. Köln 1954.

Senghaas, D.: Die Erziehung zum Frieden in einer friedlosen Welt. In: Röhrs, H., Hrsg.: Friedenspädagogik 1970.

Senghaas, D.: Zur Pathologie organisierter Friedlosigkeit. In: Krippendorf, E., Hrsg.: Friedensforschung. Köln, Berlin 1970.


Der obenstehende Beitrag erschien zuerst in: Ortner, A., Ortner, U. J., Hrsg.: Grundschulpädagogik. Wissenschaftsintegrierende Beiträge. Donauwörth 1990, S. 63 ff.

*Walter Hirschberg*

# *Kriegs-, Friedens- und Konfliktbereitschaft in Afrika*

Der in die Landschaft harmonisch eingepaßte Mensch in Afrika entwickelte im Lauf seiner Geschichte die ihm angemessenen Formen zur Erhaltung seines körperlichen Daseins. Landschaft, Mensch und Kultur bilden in dieser Verzahnung gewissermaßen eine Einheit, die es zu schützen und zu pflegen gilt. Unter diesem allgemeinen Gesichtspunkt haben wir es in Afrika zunächst mit *Steppen-* und *Urwaldjägern,* d. h. mit *Jägern* und *Sammlern* zu tun, mit *Hirtennomaden,* paternalen und maternalen *Pflanzern* und schließlich mit Stadtbewohnern. Ihnen allen ist in irgendeiner Weise der Reviergedanke eigen, d. h. der mehr oder weniger engbegrenzte Lebensraum eines Individuums, eines Paares oder einer Gruppe. Lebenserhaltende Zwecke zwingen unter bestimmten Umständen die Bewohner, ihren Lebensraum vor dem Eindringen Fremder zu verteidigen, so etwa das Jagd- und Nahrungsrevier der Jäger und Sammler. Es heißt, dieses vor fremden Ein- und Angriffen zu schützen. Gleiches gilt für die Pflanzer verschiedenster Entwicklungsstadien, für die Eingriffe nomadischer Hirtenvölker auf der Suche nach neuen Wasser- und Weideplätzen und nicht zuletzt auch für die Städter, deren Handelswege beispielsweise vor den räuberischen Überfällen mancher Gruppen zu schützen sind. Dies alles bedeutet nolens volens Krieg, in welcher Form auch immer.

Unzählige Auseinandersetzungen zwischen den verschiedensten Stämmen waren wohl in Afrika seit den ältesten Zeiten die Ursache. Zugleich aber auch die Ursache der Angst vor dem Fremden. Fühlte sich der Eingeborene in seinem Wohnraum als mehr oder weniger geschützt von seinen Freunden, hatte er Angst, ein ihm fremdes Land zu betreten. In der Zeit der Entdeckungen, d. h. in der Zeit der sogenannten Safaris (aus dem arabischen Kisuaheli safar = Reise abgeleitet) war es einem Leiter der Entdeckungsreise nur sehr schwer, neue Träger zu finden, welche die Grenzen ihres Landes überschreiten sollten. Sie hatten eben Angst um ihr Leben. Zogen ursprünglich die Safaris als richtige Trägerkarawanen durch die Länder, so hat sich freilich dieses Bild im Zeichen des heutigen Tourismus wesentlich geändert. Die

Notwendigkeit von Pässen und Visa ist geblieben, abgesehen von der Möglichkeit verschiedener Konflikte, die mit jeder Reise verbunden sind. Warnungen vor Grenzüberschreitungen sind die Regel.

Die eigene Gruppe ist gewissermaßen das Zentrum aller Dinge. Sie ist nach *J. Stagl* (Neues Wörterbuch der Völkerkunde, Berlin 1988) »ein notwendiges Element für deren Selbstbehauptung innerhalb ihrer soziokulturellen Umwelt. Sie bedingt damit aber auch die Distanzierung und Abwertung von Fremdgruppen«. Ein solches Verhalten wird *Ethnozentrismus* genannt. Es ist bekannt, daß die Selbstbezeichnung vieler ethnisch kultureller Gruppen einfach »Menschen« bedeutet. »Fremdgruppen wird das volle Menschentum abgesprochen, und zwar um so mehr, je weiter sie sich in Kultur und Lebensstil von der Eigengruppe entfernen.« (Stagl a. a. O.) So wurden beispielsweise die Azande (Zaire) von ihren Nachbarn einstmals »Menschenfresser« genannt. Von *Genozid,* von Völkermord, ist auch heute noch die Rede. Es handelt sich hier um die »Vernichtung nationaler, rassischer, religiöser oder durch ihr Volkstum bestimmter Gruppen, durch Tötung, Minderung der Lebensbedingungen und Verhütung der Vermehrung. Das Genozid wurde von der UNO 1948 zum international zu ächtenden Verbrechen erklärt!« (Max A. Höfer, Neues Wörterbuch a. a. O.). Auch Afrika könnte aus seiner Geschichte Beispiele liefern.

Jeder fremde Eingriff in das traditionelle Gefüge eines Volkes hat zunächst dessen Abwehr zur Folge. Das schafft Schwierigkeiten, ruft Leidenschaften hervor, mitunter auch den Haß gegen das Fremde. Zu den alten Institutionen, die heute einer mehr oder weniger raschen Auflösung entgegengehen, immer aber stark genug noch im Bewußtsein der Afrikaner verankert sind, um Schwierigkeiten zu bereiten und oft auch wieder in einem neuen Gewand in Erscheinung treten, gehört der Stammesgedanke oder *Tribalismus.* Dieser Stammesgedanke gibt den Anlaß zu vielen Auseinandersetzungen und steht der Entwicklung eines Nationalbewußtseins, das für die unabhängig gewordenen Staaten in Afrika eine Lebensnotwendigkeit bedeutet, oft hinderlich im Wege. Es ist bekannt, daß politische Parteien oft weitgehend nur im Dienste von Stammesinteressen stehen und daß die Machtkämpfe der Parteien untereinander oft nur verschleierte Stammeskämpfe sind. Es ist weiter bekannt und symptomatisch, daß nach Abzug der Kolonialmächte die nur künstlich in der Kolonialepoche unterdrückten Stammesgegensätze von neuem in Erscheinung traten und zu gefährlichen Auseinandersetzungen führten. Die sogenannte an die *Pax Romana* erinnernde *Pax Britannica* ist ein gutes Beispiel für die von britischen Politikern selbstgewählte Bezeichnung für ihre von »demokratischem Selbstbewußtsein getragene Weltreichspolitik. Sie sollte auf wirtschaftlichem Gebiet zur Freiheit der Meere und des Handels führen und in der Politik die Gedanken der Selbstverwaltung und Kooperation verwirklichen und damit der Sicherheit des Friedens in der Welt dienen« (Brockhaus 1972). Vom Blickpunkt der Völkerkunde aus gesehen, kann man für Afrika von einem erzwungenen Frieden im Rahmen der traditionellen Stammeskämpfe zum Wohle des britischen Handels und der Kolonialverwaltungen sprechen. Ein friedloses Land stört eben den Handel.

Weitere Krisenherde schüren die künstlichen, von den alten Kolonialregierungen übernommenen Staatengrenzen, die seinerzeit ohne Rücksicht auf die ethnographischen Verhältnisse gezogen wurden. Die durch künstliche Grenzen auseinandergerissenen Stämme drängen nach Zusammenschluß und führen damit zu neuen Gefahren. Landenteignungen, Abwanderungen und Übersiedlung in die Städte, das Anwachsen eines Industrieproletariats und verschiedene andere Faktoren führen unweigerlich zu einem Niedergang des alten traditionellen Stammesgedankens. Große Teile der afrikanischen Stämme und Völker bzw. Ethnien zeigen bereits die Tendenz, sich von den Sippen und Stammesbindungen, ihren Traditionen und deren oft beengenden Geboten zu befreien. Der Kontakt intellektueller Afrikaner mit den Sitten der Weißen, die Erfahrungen der Arbeiter in den großen Industriezentren und Städten, die modernen Verkehrsverhältnisse, Medien, Rundfunk und Fernsehen und nicht zuletzt auch der Tourismus machen ein Abgeschlossensein der Stämme unmöglich. Eine Unmenge von Konflikten ist die Folge.

Zum menschlichen Verhalten gehört es auch, Kriege gewaltsam auszutragen. Reviergedanke, Ethnozentrismus, Fremdenfurcht, Aggression u. a. m. gehören zu den Voraussetzungen für ein kriegerisches Verhalten. Der allgemeinen menschlichen Natur entsprechend, führen sie schließlich zu Konflikten und Kriegen. Vom Standpunkt der Völkerkunde aus gesehen, sind letztere eine Form des Kampfes mit Waffen zwischen Stämmen, Nationen bzw. organisierten politischen Gruppen, der zumeist mit Hilfe der in der Waffentechnik geschulten männlichen Jugend, seltener von militärischen Organisationen im eigentlichen Sinne durchgeführt wird und die Bereitschaft zu einer gewaltsamen Austragung von Gruppenkonflikten bei allen, auch den einfachsten Menschengruppen zu erkennen gibt. Über das kulturgeschichtliche Alter des Krieges im Sinne einer absoluten Chronologie ist kaum etwas Sicheres zu sagen, doch bestehen Anzeichen dafür, daß solche Auseinandersetzungen bereits im Jungpaläolithikum erfolgten. Der primitive Krieg scheut das Risiko, man bevorzugt den heimlichen Angriff im Morgengrauen und greift erst dann an, wenn man sich dem Feind absolut überlegen fühlt. In der Regel gilt als Feind der Gruppenfremde. Neben dem heimlichen Morgenüberfall gibt es auch den Kampf zwischen zwei traditionell verfeindeten Gruppen mit strengen Regelungen, formeller Herausforderung oder Kriegserklärung usw. Die Regelungen des Kampfes, d. h. Kampfregeln, sind in allen Kulturgebieten zu finden, sie sind nicht etwa das Kennzeichen einer »höheren Kulturstufe«, sondern sind ebensogut bei australischen Eingeborenen (Aborigines) anzutreffen. Zu denken wäre auch an den in alten Zeiten auch in Afrika üblichen Stockkampf, eine Form des Zweikampfes, der in der Regel mit Stöcken oder Stock- oder Parierschilden ausgefochten wird, mit keiner eigentlichen Tötungsabsicht verbunden ist und einer Kraft- und Mutprobe gleichkommt. Die Stockkämpfe sind ähnlich wie die Bestimmungsmensuren schlagender Verbände an feste Regeln gebunden und gleichen eher einem Ritual als einem wirklichen Kampf. Stockkämpfe wurden zum Beispiel in Südafrika von den Hottentotten und Zulu berichtet und in Ostafrika von den Nyaturu und Sandawe und schließlich – wie schon erwähnt – bei den australischen Eingeborenen. Diese ritualisierte Kampfmethode ist für den Ethologen insofern nicht uninteressant, als sie uns von typisch alten Stammesgruppen berichtet.

Als eigentlicher Kriegsgrund kommen oder besser gesagt kamen bei den sogenannten Naturvölkern u. a. Vergeltung einer angetanen Gewalttat, Blutrache oder auch religiöse Motive in Frage, wie sie etwa bei der Kopfjagd gegeben sind. Das Abschlagen der Schädel feindlicher oder stammesfremder Gruppen aus religiösen Motiven war einst eine weitverbreitete Sitte, das soziale Prestige und die Fruchtbarkeit der eigenen Gruppe zu fördern. Das Erbeuten der Schädel kann im offenen Kampf oder aus dem Hinterhalt geschehen. Alter und Geschlecht des Opfers sind unbedeutend. Mancherorts herrschte die Vorstellung, daß der junge Mann erst zeugungsfähig ist, wenn er einen ersten Schädel erbeutet hat (Dajak, Borneo), und oft besteht erst dann die Aussicht, eine Frau heiraten zu können. Kann man noch keine Schädeltrophäen aufweisen, gilt man als Feigling, während mit ihrer Zahl das Ansehen steigt. Der Schädel gilt als Sitz der Lebenskraft, sein Besitz fördert die Fruchtbarkeit von Mensch und Pflanze, vielfach wird auch der Name des

Opfers selbst angenommen. Die Kopfjagd wird u. a. in Indonesien, Hinterindien, *Westafrika* und Südamerika ausgeübt. Im Amazonasgebiet besteht bei den Jivaro die Sitte, die Schädeltrophäen auf eine ganz besondere Art zu präparieren (Tsantsa). Das Skalpieren der nordamerikanischen Indianer steht ebenfalls in engem Zusammenhang mit der Kopfjagd.

Im Juni 1959 nutzte ich die Gelegenheit, auch das von dem berühmten König Ndoja gegründete Palastmuseum in Fumban (Kamerun) zu besuchen. Als Museum im landläufigen Sinne kann man diese Schatz- und Reliquienkammer des Herrscherhauses der Bamum in Fumban allerdings nicht recht bezeichnen, denn die Gegenstände, die hier gehütet werden, strahlen noch das Fluidum religiöser Weihe aus. Sie sind noch nicht zum profanen Museumsgegenstand herabgesunken, der zwar bewundert wird, dem man aber keine religiösen Ehren zollt. Jedes Stück in diesen Räumen ist ein Teil der Geschichte Fumbans; dieses oder jenes Stück hat sogar den funktionalen Wert noch beibehalten. Unter den vielen gespeicherten Schätzen zieht eine in besonderem Maße die Aufmerksamkeit der Besucher an sich. Es ist dies eine von einem Rohrgeflecht geschützte Kalebasse mit daran hängenden Unterkiefern erschlagener Feinde. Sie bedeutete früher eine sehr geschätzte Kriegsmedizin. Es soll bei den Bamum einst Sitte gewesen sein, die Ohren der erschlagenen Feinde dem König als Zeichen der Tapferkeit zu überbringen. Da aber die Ohren verwesten, nahm man an ihrer Stelle die Unterkiefer. Töteten zwei Krieger gemeinsam einen Feind im Kampf, erhielt der eine den Unterkiefer und der andere den Schädel des Erschlagenen. Kehrten sie nach Hause in ihre Dörfer zurück, übernahm der Zauberer die Unterkiefer und band sie an einer Kalebasse fest, die man dann *kakua* nannte. War ein solches Dorfkakua genügend mit Unterkiefern versorgt, durften die Krieger daran denken, sich eigene Kopftrophäen-Kalebassen zuzulegen. Diese Kriegerkalebassen waren zwar etwas kleiner, auch trugen sie einen anderen Namen, nämlich *toungou,* aber auch sie waren eine sehr geachtete Zaubermedizin, vor der man einen Heidenrespekt hatte. An diesen *toungou* hingen nicht nur die Unterkiefer der erschlagenen Feinde, sondern auch die verschiedensten Zaubermittel oder -medizinen, die den Krieger vor der Rache der erschlagenen Feinde schützen sollten.

Zweimal im Jahre veranstaltete der König ein Fest für seine Krieger, und bei dieser Gelegenheit brachte man den Kopftrophäen-Kalebassen Opfer dar. Die mit Trophäen behängten Kalebassen wurden in zwei Reihen aufgestellt und mit dem Blut einer Opferziege bespritzt. Dieses Opfer sollte bewirken, daß man den Feind bei bevorstehenden Kämpfen überlisten könne. Nach dem religiösen Teil des Festes kam, wie üblich, auch der weltliche Teil zu seinem Recht. Der König stiftete ein ausgiebiges Palmweingelage für alle jene Krieger, die einen Feind erschlagen hatten (W. Hirschberg, Die Künstlerstraße. Auf Studienreise durch Kamerun. Wien 1962).

Nach all dem kann das Verlangen nach Prestige des einzelnen wie einer ganzen Gruppe ebenfalls ein Kriegsgrund und auch ein Kriegsziel sein. Inkorporation von Kriegsgefangenen in die eigene Gruppe, um auf diese Weise Verluste auszugleichen und einen Machtzuwachs zu erlangen, sowie die Annexion des feindlichen Landes durch den Sieger sind jedoch Motive, die bei der Mehrzahl der sogenannten vorindustriellen Naturvölker nicht anzutreffen sind, wie auch eine ausgesprochene imperialistische Machtpolitik, wie sie etwa bei den Zulu und verschiedenen Bantustämmen zu Beginn des 19. Jahrhunderts bestanden hatte, zu den Ausnahmeerscheinungen gehört.

Die Geschichte Afrikas ist durch zahlreiche Spannungen zwischen Nord und Süd, d. h. zwischen Weiß- und Schwarzafrika gezeichnet, auch auf religiösem Gebiet, zwischen Islam und Christentum bis auf den heutigen Tag. Abgesehen von den zahlreichen Impulsen, sowohl friedlicher wie auch kriegerischer Natur (Reichsgründungen usw.), die sich von Nord nach Süd ausrichteten, ist wohl eines der dunkelsten Kapitel der Sklavenhandel. Lesen wir, was Werner *Bauer* im »Neuen Wörterbuch der Völkerkunde« über dieses Thema kurz zusammengefaßt hat: Vermutlich schon in punischer Zeit, sicher aber – und verstärkt – seit der arabischen Eroberung Nordafrikas zu Beginn des 8. Jahrhunderts, setzte ein reger Handel mit schwarzen Sklaven (u. a. Domestiken, Haremsfrauen und Eunuchen, später auch Soldaten) quer durch die Sahara zum Mittelmeer ein. Um die Mitte des 15. Jahrhunderts landeten europäische, vor allem portugiesische Schiffe auf der Suche nach Gold und dem Seeweg nach Indien an der Westküste Afrikas; sie brachten die ersten afrikanischen Sklaven nach Europa. Etwa zu gleicher Zeit wurden auf Madeira, den Kanarischen Inseln und ab 1522 in der Karibik (Hispaniola) und Südamerika Plantagen angelegt und mit dem Anbau von Zuckerrohr begonnen. Da die einheimische Bevölkerung sich sehr bald als zur Plantagenarbeit ungeeignet, importierten Krankheiten gegenüber jedoch als besonders anfällig erwies, wurden afrikanische Sklaven in großer Zahl nach Amerika gebracht. Erleichtert – und eigentlich erst ermöglicht – wurde der Sklavenhandel durch die weite Verbreitung der Sklaverei als Institution in Westafrika und durch die bereitwillige Kooperation der herrschenden Klassen. Während des Höhepunktes des atlantischen Sklavenhandels im späten 17. und 18. Jahrhundert sollen jährlich 100 000 Sklaven in die Neue Welt verschifft worden sein. Die Gesamtschätzungen der Opfer des Sklavenhandels schwanken (je nach ideologischer Position des Autors) zwischen 10 und 11 Millionen. Sklavenhandel und Sklavenarbeit machten den Reichtum der Alten Welt aus. Der Dreieckshandel (Europa – Afrika – Amerika – Europa) förderte den Ausbau der Häfen und Schiffswerften, die Entstehung von Manufakturen und die Anhäufung von Kapital. Die Auswirkungen auf die afrikanischen Gesellschaften (chronischer Mangel an Arbeitskräften, permanenter Krieg und Terror, kulturelle und wirtschaftliche Stagnation) sind in ihrer vollen Tragweite noch kaum abzuschätzen. Für den Industriekapitalismus, der am Absatz seiner Fertigprodukte ebenso interessiert war wie an billigen Rohstoffquellen, bedeutete der Sklavenhandel schließlich ein Hindernis bei der Erschließung des afrikanischen Marktes. Ende des 18. Jahrhunderts begann die Diskussion um die Abschaffung der Sklaverei (1807 Abolition Act, 1808 Verbot der Einfuhr von Sklaven in Nordamerika, 1833 Befreiung der Sklaven im britischen Kolonialreich), die teilweise sehr heftig geführt wurde und in Amerika 1861 im Sezessionskrieg gipfelte (Werner Bauer, Sklavenhandel, a. a. O., S. 440).

*Otto Koenig*

# *Betrachtungen zur Aggression am Beispiel Kampffisch*

Es gibt viele Tier- und Pflanzenarten, die mit anderen sehr feste stammesgeschichtlich fixierte Beziehungen eingegangen sind. In bestimmten Fällen liegt hier eine klare Aggression vor, nämlich dort, wo die wechselseitige Verbindung für die Partner eine verschiedenartige Wertigkeit besitzt. Ein Spulwurm muß als Ei in den Organismus eines Säugers gelangen, wo er seinen adäquaten Lebensraum findet und in dessen Dünndarm er sich letztendlich fortpflanzt. Das betroffene Lebewesen jedoch bedarf des Spulwurms nicht, ganz im Gegenteil, es wird durch den Parasiten schwer gestört. Andere Arten wiederum partizipieren von gemeinsamer Nahrung, ohne einander zu schaden. Man spricht von Kommensalismus. Und wieder andere kooperieren zu beiderseitigem Nutzen, wie zum Beispiel einige Blattlaus- und Ameisenarten, zwischen denen eine klare Symbiose besteht. Dazwischen liegt ein breiter Graukeil von Möglichkeiten zu genetisch festgelegten zwischenartlichen Beziehungen. Genau Analoges findet sich weitverbreitet auch im Pflanzenreich.

Von besonderer Beschaffenheit ist das vom Menschen mit kulturellen Mitteln hergestellte Verhältnis zu andersartigen Lebewesen. Hier wurden seitens des Menschen in zunächst aggressiver Weise bestimmte Tierarten annektiert, allmählich gezähmt und zu Haustieren gemacht, die fortan mit ihren Besitzern in gut funktionierender Pseudo-»Symbiose« zusammenlebten. Sie dienten zu deren Lebensunterhalt und standen dafür unter ihrem Schutz.

Darüber hinaus aber gewannen einige Arten noch eine ganz merkwürdige Zusatzfunktion: Kampfhunde, Kampfwidder oder Kampfhähne, um nur einige zu nennen, besitzen nämlich eine vom Menschen gewollte, eigens herausgezüchtete Aggressivität, die man zu Schauzwecken nützt. Durch Gegenüberstellen und Aufeinanderhetzen artgleicher Rivalen werden Kämpfe provoziert, die den zuschauenden Menschen eine extrem erregende Unterhaltung bieten. Durch Zuchtauswahl herausdifferenzierte besondere Gestaltmerkmale fördern die kämpferische Aggressivität dieser Formen und steigern die Dramatik des

Geschehens. Die Tiere verdienen sich, wenn man es so ausdrücken will, durch Ausleben und Zurschaustellen ihrer Aggressivität ihren Lebensunterhalt.

Und wie ist es mit den Menschen? Haben wir in unserer Gesellschaft nicht auch spezielle »Kampfmenschen« herausselektiert? Die Boxer, die Ringer, die Fußballer, ja auch die Tennisspieler, Skiwettkämpfer und andere Sportler demonstrieren ihre Aggressivität. Noch kindliche Turnerinnen oder Eisläuferinnen wurden und werden in manchen Ländern mit nahezu militärischer Härte zu fast asexuell wirkenden »Kämpfern« herangezogen, also gewissermaßen kulturell »herausgezüchtet«. Diese Menschen zeigen zwar keinerlei grundsätzliche Erbabweichung gegenüber anderen Leuten, aber der Fanatismus, mit dem sie an ihrer sogenannten »Fitness« arbeiten, ist doch etwas Besonderes. Sie fassen ihre Tätigkeit nicht einfach als etwas mit dem Lebensunterhalt Verbundenes auf, sondern genießen den persönlichen, mit Angst und Lampenfieber verbundenen Nervenkitzel offenbar als Gipfel der Gefühle.

Es macht also nicht nur Spaß, einem aggressiven Verhalten zuzuschauen, es ist offenbar auch lustvoll, es vor Publikum zu produzieren. Es ist ja bekannt, wie schon kleine Kinder Erwachsene oft richtig beknien können mit Aufforderungen wie etwa: »Schau her, wie hoch ich springe . . .« – »schau her, wie schnell ich den Baum erklettere . . .« – »schau her, welch schweren Stein ich trage . . .« – »schau her, wie geschickt ich raufe . . .« usw. Hier kommen beim Menschen sichtlich angeborene Einstellungen zum Tragen, die hinsichtlich ihrer diversen Ausformungen jedoch völlig auf Erziehung, Erfahrung und Eigenerlebnissen beruhen. Sicherlich gibt es auch hier individuell graduierte Veranlagungen, aber die prinzipielle Grundlage einer endogenen, gewissermaßen zum »Exhibitionismus« neigenden Aggressivität ist wohl in jedem Menschen vorhanden.

Die von bestimmten Organisationen betriebene militärische Aggressionsförderung während der Jugenderziehung bedient sich dieser angeborenen Tendenzen. Sicher gelingt es nicht unbedingt, damit fanatisch überzeugte Parteigänger heranzuziehen, aber doch Menschen, die bereit sind, ihre hochtrainierten Fähigkeiten auf Anforderung in den Dienst bestimmter Zielsetzungen zu stellen. Die wirklichen, stark emotionell besetzten Überzeugungen und Richtgebiete, seien sie politisch, militärisch oder rein geistig orientiert, sind oft nicht auf Lebensdauer fixiert. Hier besteht jene Plastizität, die man beim Menschen so gerne als »freien Willen« bezeichnet.

Der Mensch hat also, genau wie jedes andere Lebewesen auf der Welt, seine angeborene arttypische Aggressivität. Aggression ist lebenswichtig und lebensfördernd. Der Begriff wurde abgeleitet aus dem lateinischen »ag-gredi«, gleichbedeutend mit »heranschreiten, herangehen«, und bezeichnet in der Gegenwart den kämpferischen Angriff, die streitlustige Herausforderung. Die Welt, wie wir sie kennen, präsentiert sich als eine zahlenmäßig nicht mehr aufschlüsselbare Funktionsganzheit aus Formen, Farben, Gerüchen, Tönen, Geschmackserlebnissen und Tastempfindungen, mit der wir uns auseinandersetzen und innerhalb derer wir uns zurechtfinden müssen. Es ist wie eine unaufhörliche »isometrische Übung«, das lebenserhaltende Wechselspiel zwischen Außendruck und individuell produziertem Gegendruck. Das geht aber nicht ohne »Herangehen« an die Schwierigkeiten, ohne offensives »Inangriffnehmen« von Problemen, bis hin zur »kämpferischen Aggression« mit all ihren Façetten. Man hat das Wort »Aggression« meistens viel zu eng mit militanten Situationen verkoppelt und völlig außer acht gelassen, daß zum Beispiel auch der verliebte Mann ohne Zweifel aggressiv vorgeht, ja in seinen Aktionen nicht einmal wählerisch und höflich sein muß, sondern seine Besonderheit und Überlegenheit oft an nebensächlichsten Objekten in primitivster Form dokumentiert.

Nach diesen theoretischen Gedankengängen soll nun ein spezielles, kulturethologisch überaus interessantes Beispiel angehandelt werden, das zeigt, welch hohen Stellenwert das Thema »Aggression« im Leben des Menschen besitzt. Aus Südostasien stammen die sogenannten »Kampffische« *(Betta splendens),* die ihren Namen wohl verdienen. Im Gesellschaftsaquarium sind die Fische nicht zu halten, weil zusammengebrachte Männchen sofort »kampffischwürdig« aufeinander losstürzen und sich gegenseitig ihre wunderschönen roten, blauen, gestreiften oder auch schwarzen und grünen Flossen total zerfetzen. Greift man nicht ein, büßt einer mit dem Leben, weil er die Verwundungen nicht übersteht. Diese Kampffische standen vorerst in kaum einer wichtigen Beziehung zur Bevölkerung ihres indo-malayischen Heimatgebietes. Wir wissen nicht wann, aber eines Tages muß ihr Verhalten den Menschen aufgefallen sein und sie bewogen haben, die Fische einzufangen und zu pflegen. Wahrscheinlich wurde dies durch die Einführung des europäischen Glases gefördert, denn nur in durchsichtigen Gefäßen kann von der Seite her die Pracht ihres Flossenspiels in vollem Umfang beobachtet werden.

Als Mini-Aquarien für die Kampffische dienten vorwiegend Element-Gußgläser, von denen man meinte, sie würden den Fischen genügend Lebensraum bieten. Die aus deckungsreicher grüner Unterwasserlandschaft stammenden Fische waren allerdings für eine Haltung in den 8 × 8 cm großen, auch als »Honiggläser« bezeichneten viereckigen Glasbehältern nicht gebaut. Diese Methode konnte dem Begriff »Tierpflege« nicht zugeordnet werden, es war reine Tierquälerei. Die Kleinraum-Unterbringung förderte jedoch den Flossenwuchs und ermöglichte durch entsprechende Zuchtwahl eine Vermehrung der Farbvariationen. Es entstanden die dekorativen »Schleierkampffische« mit ihren fahnenartig vergrößerten Flossen. Hier hat der Mensch die Tierhaltung reduziert auf die spezielle Funktion des gleichsam »voyeuristisch« konsumierbaren Aggressionserlebnisses, das sich mit den Schleierkampffischen jederzeit in verschiedensten Kombinationen provozieren läßt.

Etwas völlig anderes sind die ebenfalls sehr langbefloßten chinesischen Schleierschwänze, die ihres Namens wegen mit den malayischen Schleierkampffischen gelegentlich verwechselt werden. Die Schleierschwänze kommen jedoch aus der Goldfischverwandtschaft und sind, wie auch ihre wilde Stammform Karausche *(Carassius carassius)*, absolut friedlich. Sie wurden in China schon vor Jahrhunderten oder gar Jahrtausenden gepflegt und in ihren Gestaltmerkmalen offenbar speziell darauf gezüchtet, in Draufsicht beobachtet zu werden. Man hielt sie nämlich nicht in Glasgefäßen, sondern in großen runden, nur von oben her einsehbaren Porzellanschalen. So boten die verschiedenen, oft bis ins Groteske verformten und meist auch bewegungsgestörten Gestaltvarianten wie etwa »Teleskopschleierfisch«, »Himmelsgukker«, »Löwenkopf« und viele andere, die interessanteste Perspektive. Außerdem zeigt die doppelt angelegte Schwanzflosse aus dieser Sicht die glücksbringende Dreisproßgestalt. Hier hat der Mensch die Wildform eines friedlichen Fisches in wahrhaft aggressiver Art züchterisch brutal verändert, um sie seinen ästhetisch und magisch motivierten Wünschen unterzuordnen.

Die alte Wildform des ostasiatischen Kampffisches ist eine aggressive und daher eher solitär lebende Art. Der etwa 6 cm lange Fisch weiß sich mit seinen weichen Flossen im Dickicht nachgebender Pflanzen gut zu bewegen und erreicht dort sein Aktivitätsmaximum. Ganz allgemein bilden derart konstruierte und farblich auffallend ausgestattete Fische keine Großschwärme und agieren nicht raumgreifend. Sie sind meist extrem territorial und verteidigen ihr Wohngebiet, das gleichzeitig auch der Jungenaufzucht dient. Es ist so beschaffen, daß man nicht weithin nach Beute suchen muß, sondern leicht an Ort und Stelle satt wird. Das relativ kleine Revier muß dementsprechend hart verteidigt und von Artgenossen freigehalten werden. Gerade am Erscheinungsbild des Kampffisches läßt sich das ökologisch-ethologisch sinnvolle Zusammenspiel von Form, Art der Bewegung, Körpermerkmalen und Verhaltensweisen gut verdeutlichen.

Primär wird allen Labyrinthfischen, zu denen der Kampffisch gehört, durch ihr Atmungssystem die Existenz in sehr kleinen, seichten und sauerstoffarmen Gewässern ermöglicht. Der Sauerstoff wird nämlich nicht mittels Kiemen dem Wasser, sondern mit dem Mund der atmosphärischen Luft entnommen. Hohe Temperaturen, schlechte Wasserqualität oder kurzfristige Tümpelaustrocknung gefährden Labyrinthfische nicht, denn noch im letzten Wasserloch können sie eine Zeitlang lebend überdauern. Einige Arten haben sogar die Chance, über Land zu geeigneteren Plätzen abzuwandern. Die gesamte Labyrinthfischgruppe besteht aus Spezialisten, die gegen Absinken beziehungsweise Überwärmung tropischer Gewässer gesichert sind. Diese Spezialisation bringt dann wieder ganz bestimmte Verhaltensweisen mit sich. Eine davon ist der Revieranspruch, gekoppelt mit einer Tendenz, konkurrierende Artgenossen abzuweisen. Der Kampffisch ist ein typisches Beispiel dafür.

Von der Struktur her bevorzugen Kampffische kleine Tümpel oder Reisfelder als Wohngebiet. Dichter Halmwald, dazwischen ein paar wuchernde Unterwasserpflanzen, Wassertiefe im Schnitt 30–40 cm sind die Charakteristika dieses Lebensraumes. Solches Gelände eignet sich hervorragend dafür, Territorien zu besetzen. Außerdem können sich die Flossen des Kampffisches gut entwickeln, weil sie durch Stillwasser und vegetationsbedingtes Langsamschwimmen wenig abgenützt werden.

Die beweglichen und stets imponierbereiten Kampffischmännchen wurden von den Siamesen einzeln in kleinen transportablen Glasbehältern zu gutbesuchten Wettkämpfen auf »Sieg oder Niederlage« getragen. Man stellte die Gläser knapp nebeneinander, worauf die Kämpfer mit gespreizten Kiemendeckeln gegeneinander losstürmten, die Flossen fächerten und in herrlichsten Farben prangten. Sieger wurde der Aggressivere von beiden. Als Steigerung des Schauspiels sperrte man zwei Männchen in ein Glas zusammen, die sich sofort aufeinanderstürzten und so lange kämpften, bis einer der beiden mit zerfetzten Flossen zu Boden sank. Wann und wo der Brauch entstanden ist, kann niemand sagen. Auf jeden Fall ist er sehr alt und wird in Südostasien auch heute noch geübt. Manche Männer verwetteten dabei Hab und Gut. Es ist übrigens bekannt, daß der König von Siam im vergangenen Jahrhundert die gesamten Kosten für Verwaltung und Hofstaat den Steuern aus den Kampffischwettkämpfen entnommen hat.

Wer heute in Europa einen Kampffisch kaufen möchte, findet bei den Händlern fast immer ein breites Angebot sehr aggressiver, relativ klein gewachsener, prachtvoll befloßter Fische in den Farben Blau mit Rot gezeichnet. Ferner gibt es einfarbig rote, blaue, seltener grüne, als Rarität auch gelbe und albinotische Varianten sowie Exemplare in Schwarz oder in Schwarz mit weißer Zeichnung. Wildformgestaltige und wildfarbige Kampffische mit grünlichem Körper und rot-blauen Flossen sind im Handel nicht mehr zu haben, aber sicherlich findet man sie noch in siamesischen Reisfeldern, ihrem ursprünglichen Lebensraum. Aber wir zielen in dieser Abhandlung ja eigentlich nicht auf die Kenntnis dieses Tropenfisches hin, sondern darauf, was der Mensch aus ihm gemacht hat.

Die von der Wildform so verschiedentlich und kraß abweichenden Körperfärbungen der Schleierkampffische spielen beim Kampfgeschehen offenbar keine Rolle. Jeder kämpft mit jedem. Kampfauslösend dürfte also nicht das Farbmerkmal, sondern vielmehr die Art der Bewegung, das Flossenfächern, das gegenseitige Umkreisen und das frontale Darbieten der weggespreizten Kiemendeckel sein. Für den Interessenten und Besitzer haben die bunt schillernden Farben der Schleierkampffische jedoch Signalwert wie etwa die unterschiedlich bunten Anstriche von Rennwagen oder die Dressen von Fußballern, Boxern und anderen Schaukämpfern. Namentlich Bauch- und Schwanzflosse, also Ventrale und Caudale, aber auch die Dorsale oder Rükkenflosse sind beim Schleierkampffisch mehr als doppelt so groß wie bei der Wildform und werden dem Gegner gleich bunten Fahnen präsentiert. Setzt man zwei dieser kleinen lebenden Kampfmaschinen zusammen, beginnt auch sofort die Austragung, der »fight«, wie die Amerikaner sagen. Das Kampffischmännchen will eben von sich aus nichts als kämpfen. Ein Spiegel, eine spiegelnde Aquarienscheibe regen ihn bereits dazu an, die Flossen zu fächern und den vermeintlichen Gegner breitseits oder von vorn mit gespreizten Kiemendeckeln anzuschwimmen.

Es gibt außer dem Kampffisch noch eine weitere Tierart, die der Mensch in geschickter Weise dazu gebracht hat, gewissermaßen »hauptberufliche Kampfautomaten« hervorzubringen. Es handelt sich um das Haushuhn, aus dem man (ebenfalls in Ostasien) die extrem aggressiven, zum Teil betont langbeinigen »malayischen Kämpfer« herausgezüchtet hat. Es existieren davon etliche verschieden gefärbte und verschieden gestaltete Rassen. Noch heute wird von privaten Spezialisten in dieser Richtung weitergezüchtet. Auch in Europa wurden eigene Kämpferrassen entwickelt.

In Ostasien gelten Hahnenkämpfe heute wie einst als überaus beliebter, publikumswirksamer Sport mit Wetten auf den Sieger. Man bindet den Tieren, ehe sie losgelassen werden, eigens konstruierte Messer an die Füße, mit deren Hilfe sie einander zerfleischen. In Europa wurden stellenweise ebenfalls Hahnenkämpfe veranstaltet, allerdings ohne Zuhilfenahme metallener Sporen. Heute ist bei uns dieser Sport seiner Grausamkeit wegen generell verboten.

So ähnlich die Motivationen und Abläufe der von Menschen veranstalteten Wettkämpfe zwischen einerseits Kampffischmännchen und anderseits Kampfhähnen auch sein mögen, besteht doch ein wesentlicher Unterschied. Während nämlich der Kampffisch sich im Wasser zügig dreidimensional bewegt, ist der raufende Kampfhahn an den Boden gebunden, von dem er sich nur zeitweise mit explosiven Flattersprüngen löst. So grausam das Kampffischduell auch sein mag, enthält es doch zweifellos auch seine ästhetischen Momente. Es ist gewissermaßen ein »Todesballett« – gegenüber dem Hahnenkampf, der lediglich die Charakteristik einer langsamen blutigen Hinrichtung trägt.

Im allgemeinen ist es so, daß Fische bei Steigerung des Nahrungsangebotes und Verdichtung der Unterwasservegetation ihr zu verteidigendes Revier verkleinern. Zugleich tritt bei verschiedenen Arten, wie im Fall des Kampffisches bereits erläutert, eine Tendenz zur Verlängerung der Flossen, insbesondere der Schwanzflossen auf. Gleiches geschieht auch bei Einzelhaltung der Fische in kleinen Gläsern. Auch viele Vögel pflegen bei Zunahme des Nahrungsreichtums die Reviergröße zu reduzieren. Im Rohrwald des Neusiedler Sees unternahm ich seinerzeit entsprechende Versuche mit Tüpfelsumpfhühnern, indem ich ihnen Mehlwürmer auf ihre gewohnten Futterwege streute. Die von den Vögeln zurückgelegten Gehstrecken wurden im Verlauf einiger Tage kürzer und kürzer, und zuletzt standen sie nur noch an der in Zeltnähe deponierten Futterschüssel, von wo sie alle Rivalen höchst intensiv vertrieben. Diese Aktivitäten schienen auszureichen, um den motorischen Handlungsbedarf der Vögel zu befriedigen.

Die sekundäre Vergrößerung bereits vorhandener Körperstrukturen, wie man es bei der Fischflosse erlebt, kann bei Vögeln selbstverständlich keine Entsprechung finden, denn die einmal fertigen Federn wachsen normalerweise nicht mehr weiter. Sie werden bei der nächsten Mauser als Ganzes erneuert. Nur bei dem japanischen Phönix-Onaga-dori, einer besonderen Haushuhnzüchtung, wachsen die Schwänze der Hähne durch Jahre hindurch unentwegt bis zu mehreren Metern, wobei Ruhigsitzen der Tiere, wie beim Kampffisch das Ruhigstehen in dichter Vegetation oder im Mini-Aquarium, die Längenentwicklung der Körperfortsätze fördert.

In freier Wildbahn gibt es eine analoge Erscheinung, nämlich die, daß Vogelarten aus dicht strukturiertem und daher wenig Bewegung erforderndem Gelände angeborenermaßen meist längere Schwänze haben als solche aus Steppenräumen. Man denke nur etwa an das in offener Landschaft vorkommende, extrem kurzschwänzige Rebhuhn und den durch Gebüsche schlüpfenden Fasan mit seinem langen Stoß. Die mit einer riesigen Federnschleppe versehenen Pfauen sind Waldbewohner, das eher kurzschwänzige Birkwild lebt in kurzem niedrigem Grasbestand. Solche Gegebenheiten könnte man noch mit anderen Beispielen belegen. Hier wird deutlich, daß eigentlich jedem Lebewesen seine Landschaft, sein Lebensraum auf den Leib geschrieben ist und man in groben Zügen sehr wohl ablesen kann, was es draußen tut und welche Nahrung es benötigt. Ob nun die Anpassung kurzfristig durch aktuelles »Mitwachsen« von Körperstrukturen oder in bereits erblich festgelegten Bahnen erfolgt, ändert nichts an der Regelhaftigkeit des Auftretens.

Nach diesem Exkurs in allgemeine ökologisch-biologische Bereiche wenden wir uns wieder dem Schleierkampffisch zu. Seit etlichen Jahren besitze ich ein etwa 170 cm langes, 45 cm breites und 70 cm hohes, sehr reich mit Wasserpflanzen besetztes Zimmeraquarium, in dem sich an Fischen 6 erwachsene, bis 20 cm hohe Segelflosser *(Pterophyllum altum)*, 3 erwachsene, bis 18 cm breite Diskus-Buntbarsche *(Symphysodon discus)*, 12 mittelgroße Prachtschmerlen *(Botia macracanthus)* und etliche kleinere Arten wie Rotkopfsalmler, diverse Kleinwelse, Neonfische und andere befinden. Insgesamt birgt das Aquarium wohl an die 150 Fische. Das scheint sehr viel zu sein, ist es aber nicht, weil durch die überreiche Strukturierung für jede Art qualitativ verschiedene Refugien entstanden sind, von denen aus die Fische ihre Streifzüge unternehmen und in die sie sich zurückziehen können.

Eines Tages brachte ich versuchsweise einige Schleierkampffische mit, um ihr Verhalten zu studieren. Zunächst kam es, wie erwartet, zu schweren Rivalenkämpfen, aber mit der Zeit pendelte sich das Zusammenleben ein, und die Kampffischmännchen beschränkten sich auf intensives Drohimponieren. Schon seit etwa einem Jahr leben nun in meinem Aquarium etwa 5 Kampffischpaare, die meistens, versteckt in Oberflächennähe auf Pflanzenbüscheln liegend, ihrer Ruhe pflegen. Nur gelegentlich taucht ein blaues, rotes oder schwarzes Männchen auf, um nach Futter zu schnappen. Sobald ein Rivale herankommt, beginnt für eine Weile das prächtige Turnier mit gegenseitigem Umkreisen, Flossenfächern und frontalem Kiemendeckelspreizen. Dann verschwinden die Kontrahenten wieder im Dickicht ihrer kleinen Reviere. Aus den »Kampfmaschinen« sind dank richtiger Raumgliederung recht friedliche Aquarienbewohner geworden. Das ändert sich freilich, sobald man ein fremdes Männchen dazusetzt. Es wird sofort von den Revierbesitzern entdeckt und heftig gebissen, gestoßen und gezaust, wie man es von ihnen erwartet. Auch bei Kampffischmännchen ist also persönliche Bekanntschaft ein die Aggression dämpfender, Fremdheit hingegen ein diesbezüglich steigernder Faktor.

Faßt man die wichtigsten aller aufgezählten Daten zusammen, so zeigt sich, daß Aggression eine unverzichtbare Triebkraft für alle Lebewesen dieser Erde ist. Aggression bedeutet nicht nur Lust am Kämpfen, wie es uns innerhalb der Tierwelt in allen möglichen Variationen entgegentritt, sie bedeutet auch Lust an der Selbstdarstellung. Außerdem werden speziell Kämpfe zwischen artgleichen Rivalen, bei denen dank wechselseitiger Korrespondenz der ausführenden Organe die Konfrontation oft sehr lange dauert, vom Menschen mit größter Erregung betrachtet, folglich auch absichtlich provoziert und durch Herauszüchten besonders aggressiver Tierrassen in der Wirkung gesteigert. Ferner hat sich im Versuch gezeigt, daß selbst aggressivste Lebewesen wie der Kampffisch beruhigt werden können, indem man ihre Wohngebiete den Artbedürfnissen entsprechend strukturiert und durch ein ausgewogenes Futterangebot die beanspruchte Reviergröße in Grenzen hält. Zwischen den sich gegenseitig kennenden Reviernachbarn besteht eine gut eingespielte Spannung mittleren Grades, die Exzesse weitgehend ausschließt, wohingegen jeder neu hinzukommende Fremdrivale sofort maximale Aggressionen auslöst.

Gerade der Schleierkampffisch erwies sich als besonders geeignetes Untersuchungsobjekt für unsere Betrachtungen. Dabei ging es nicht um ideologische Fragen, sondern um die Schaffung von Ansätzen zu neuen Gedankengängen über das Thema Aggression. Ich würde wünschen, daß in dieser Abhandlung einige Anregungen dafür enthalten sind.

**Kampffische und Kampfhähne (Kämpfer)**
a) Wildform des Kampffisches
b) Schleierkampffisch
c) Malayischer Kämpfer
d) Belgischer Kämpfer
e) Indischer Kämpfer

## *Verwendete Literatur*

Arnold, J. P. und Ahl, E. (1936): Fremdländische Süßwasserfische. Braunschweig (Wenzel & Sohn).
Bade, E. (o. J.): Das Süßwasser-Aquarium, 2. Teil: Die Süßwasserfauna. 5. Aufl. Berlin (Pfenningstorff).
Bade, E. (o. J.): Praxis der Aquarienkunde. 2. Aufl. Magdeburg (Creutz).
Brehm, A. (1914): Brehms Tierleben, 3. Band: Die Fische. Leipzig und Wien (Bibliograph. Inst.).
Frey, H. (o. J.): Das Süßwasser-Aquarium. 5. Aufl. Radebeul und Berlin (Neumann).
Grzimek, B. (1970): Grzimeks Tierleben, 4. Band: Fische I. Zürich (Kindler).
Horst, K. und Kipper, H. E. (1989): Das optimale Aquarium. Bielefeld (AD aquadocumenta).
Schiötz, A. und Dahlström, P. (1981): Aquarienfische. München, Wien, Zürich (BLV).
Schmidt, H. (1934): Der Garten im Glas. Frankfurt/Oder (Gartenbauverlag).
Schmidt, H. (1985): Handbuch der Nutz- und Rassehühner. Melsungen (Neumann-Neudamm).
Sterba, G. (1954): Aquarienkunde, 1. Band. Berchtesgaden (Zimmer & Herzog).

*Hans Peter Kollar*

# *Innerartliche Konflikte und Selektion: Beispiele*

Die Mauerbiene *Osmia adunca* (Abb. 1) ist eine von etwa 17 000 Bienenarten, die nicht wie unsere bekannte Honigbiene staatenbildend, sondern solitär lebt (Batra 1984). Die Weibchen legen ihre Nester in vorhandenen Hohlräumen in senkrechten Geländeanrissen wie Sand-, Lehm- und Lößwänden und in morschem Holz, in der Kulturlandschaft aber auch in Mauerwerk und Holzpfosten, an (Schmiedeknecht 1886, Malyshev 1937). Meist benutzen sie verlassene Nester anderer steilwandbewohnender Hymenopterenarten oder der eigenen Art. Die Bienen erweitern den Hohlraum und mauern darin Zellen aus, in die sie Pollen und Nektar der einzigen Futterpflanze, dem Gemeinen Natternkopf *Echium vulgare*, eintragen und ihr Ei daran legen. Die schlüpfende Larve lebt dann von diesem Futtervorrat. Die Zelle wird verschlossen, und zwar mit dem gleichen Mörtel, aus dem die Zellwände bestehen: Sand, den die Biene in den Mundwerkzeugen einträgt und mit Speichel vermischt. Ist der verfügbare Hohlraum mit Zellen angefüllt, das sind meist 1 bis 7, im Mittel 4 Zellen (Kollar 1986, Westrich 1988), verschließen die Mauerbienen auch den Nesteingang mit einem Deckel und gleichen ihn so der Umgebung an, daß er in der Steilwand praktisch nicht mehr sichtbar ist (Kollar 1986).

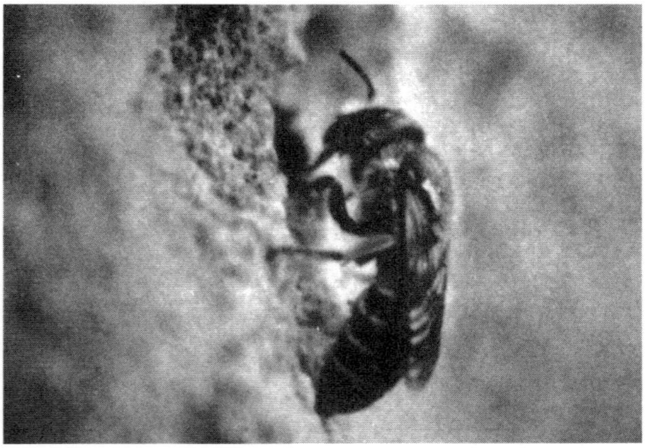

**Abb 1:** Eine Mauerbiene *Osmia adunca* sitzt vor dem Nesteingang in einer Steilwand aus Löß (Aufnahme H. P. Kollar).

Die Weibchen erscheinen (kurz nach den Männchen) etwa Mitte Juni und fliegen bis Ende August. Bereits in den ersten Tagen nach dem Schlüpfen kann man in größeren Steilwänden die rege Bautätigkeit zumeist gleich mehrerer Mauerbienenweibchen beobachten. Zwischen den Flügen zur Baumaterial- und Futterbeschaffung sitzen die Bienen oft minutenlang im Nesteingang. Sie füllen die Öffnung fast völlig aus, drehen den Kopf in Richtung vorüberfliegender Insekten und öffnen und schließen die Mandibeln. Dieses Verhalten läßt den Beobachter bald an Verteidigung des Nestes denken. Und so ist es: Osmia-adunca-Weibchen verteidigen ihre Nester gegen Artgenossinnen. Auf der Suche nach geeigneten Nisthöhlen treffen frisch geschlüpfte oder aber solche, die bereits ein Nest fertiggestellt und verschlossen haben, auch auf gerade in Arbeit befindliche Nester und versuchen, diese zu übernehmen.

Häufig kommt es zum Kampf zwischen Nestbesitzerin und Eindringling. Die meisten Kämpfe sind sehr kurz und tragen eher den Charakter einer kurzen informativen Begegnung. Seltener kommt es jedoch auch zu sehr langen, sehr erbittert ausgetragenen Auseinandersetzungen. Besonders wenn eine zu ihrem Nest zurückkehrende Biene eine andere im Nest vorfindet, entspinnen sich minutenlange Kämpfe unmittelbar am Nesteingang, aber auch im Luftraum davor. In rund 80% der Fälle echter Kämpfe blieb die Nestbesitzerin siegreich (Kollar 1986). Kämpfe, aus denen die Angreiferin als Sieger hervorging, dauerten signifikant länger als Kämpfe, bei denen sich die Nestbesitzerin durchsetzte.

Wozu diese Kämpfe? Oder, anders gefragt, welchen evolutiven Anpassungswert haben diese innerartlichen Konflikte?

Lößwände und andere Geländeanrisse, Abbruchkanten u. dgl. sind meist von Hymenopterenbauten förmlich durchlöchert (vgl. Kollar 1988), und es scheint dem menschlichen Betrachter nahezu unmöglich, nicht innerhalb kürzester Zeit eine geeignete leerstehende Nisthöhlung für Bienen zu finden. Tatsächlich ist stets ein Angebot an verlassenen Hymenopterenbauten vorhanden, das von den Bienen auch häufig inspiziert und nach Tagen dann doch bezogen wird. Dennoch suchen Osmia-adunca-Weibchen oft tagelang die Steilwand ab, bis sie in ein bereits begonnenes Nest einer Artgenossin schlüpfen und den Kampf mit der Nestbesitzerin aufnehmen. Wäre dieses Verhalten nicht adaptiv, gäbe es keine Kämpfe: Selektion hätte einen geringeren Fortpflanzungserfolg aggressiver Weibchen bewirkt und für ihr Verschwinden aus den Populationen gesorgt.

Nestraub bedeutet für die Angreiferin Zeit- und Energieersparnis. Sie erspart sich zumindest das Säubern und Herrichten des Nestes, meist aber auch das Ausmauern einer eigenen Zelle und deren Verproviantierung. Tatsächlich brauchten in der untersuchten Aggregation Nesträuberinnen zur Fertigstellung des geraubten Nestes bedeutend weniger Zeit als Nestbesitzerinnen. Nestraub bringt also sehr wohl einen Vorteil, vor allem, wenn man zuvor schon ein eigenes Nest fertiggestellt hat. Denn in diesem Fall kann das entsprechende Individuum nur noch gewinnen: Es hat seinen »regulären« Beitrag zur Verbreitung seiner Gene in der Population während der folgenden Generationen ja bereits geleistet und kann seinen Fortpflanzungserfolg durch eskalierende Konflikte mit Artgenossinnen nicht mehr wesentlich senken, wohl aber auf recht billige Art erhöhen. Der Nutzen in dieser Kosten-Nutzen-Rechnung ist hier wie stets in solchen Betrachtungen der Fortpflanzungserfolg des Individuums (vgl. Darstellungen z. B. bei Dawkins 1987, 1989).

Die Selektion sollte also im Lauf der Evolution jene Individuen begünstigt haben (d. h. die Verbreitung ihrer Gene im Gesamtgenom der Population gefördert haben), die etwa nach der folgenden Strategie verfahren: Stelle zunächst (nach dem Schlüpfen) möglichst rasch ein eigenes Nest fertig und verteidige es mit vollem Einsatz gegen Artgenossinnen, dann schmeiß, wenn die Gelegenheit günstig ist, eine Artgenossin aus ihrem Nest und übernehme dieses (oder schmeiß sofort eine Artgenossin aus ihrem Nest, wenn du keine eigene leerstehende Wohnung findest). Die Sache ist jedoch komplizierter: Neben Nestraub kommt nämlich auch das Wiedereröffnen bereits verschlossener und von ihren Besitzerinnen verlassener Nester vor. Die Osmia-adunca-Weibchen spüren diese gewöhnlich ausgezeichnet getarnten und für das menschliche Auge so gut wie unsichtbaren Nestverschlüsse offensichtlich olfaktorisch auf, öffnen den Nestdeckel, beseitigen das Ei in wahrscheinlich nur einer Zelle, legen ihr eigenes Ei darin ab und verschließen das Nest wieder. Dies erscheint als eine noch billigere Methode, den eigenen Fortpflanzungserfolg aufzufetten. Allerdings mit geringerem Effekt, denn es wird ja nur eine Zelle geöffnet, und zudem mit geringerer Wahrscheinlichkeit: denn Nester, die bereits zum zweiten Mal verschlossen worden sind, werden in der Folge mit größerer Wahrscheinlichkeit wiederentdeckt und nochmals geöffnet (Kollar 1986).

Hier taucht die Frage auf, ob es sich nicht lohnen könne (im Hinblick auf Fortpflanzungserfolg natürlich), sich auf das Rauben und Wiedereröffnen von Nestern zu spezialisieren. Das wäre selbstverständlich nur für einen Teil der Population möglich, denn wenn alle diese aggressive »Falkenstrategie« spielten, blieben keine »Tauben«, die also friedlich und regulär nisten, übrig, und die Population würde sehr rasch mangels Fortpflanzungserfolg der Selektion zum Opfer fallen (Maynard Smith 1974).

Solche obligate Nesträuberinnen sind jedoch bei keiner der Bienenarten, bei denen Nestraub vorkommt, nachgewiesen (Batra 1978, Eickwort 1975).

Allerdings bestehen dennoch große Unterschiede im Fortpflanzungserfolg der Individuen der untersuchten Aggregation von Osmia adunca. In drei aufeinanderfolgenden Jahren stellten 61, 77 und 100% der Weibchen eines oder mehrere Nester ungestört fertig und sorgten für die Hälfte bis drei Viertel aller Nestverschlüsse (einschließlich Nestraub und -wiedereröffnung). Auf den Rest der Weibchen entfielen zwar immer noch 1,3 bis 2 Nestverschlüsse/Individuum, sie kamen jedoch alle nicht zur Fertigstellung eines kompletten Nestes. In Summe entfielen in den drei Jahren 1,2, 1,5 und 1,8 Nestverschlüsse auf jedes Weibchen, also deutlich über 1. Der Fortpflanzungserfolg scheint somit gesichert, die Strategie ist erfolgreich.

Keine andere Strategie, weder obligate Nesträuberei noch Beschränkung auf einmaliges Nisten und dann Nichtstun bis zum Tod im Herbst, könnte erfolgreicher sein und diese Strategie verdrängen. Das aber ist genau die Definition einer »evolutionsstabilen Strategie« (EES; Maynard Smith 1974).

Der Begriff »Strategie«, der sich mittlerweile auch in der deutschsprachigen Literatur eingebürgert hat, kann vielleicht mit dem von Tinbergen (1953) verwendeten Begriff der »Instinkttätigkeit« gleichgesetzt werden. Die Instinkttätigkeit ist der dem Instinktverhalten übergeordnete Begriff und bezeichnet die Gesamtheit aller Instinktverhaltensweisen oder Instinkthandlungen, die zu einem Funktionskreis gehören (z. B. Fortpflanzung). Sie führt also zu einem Ziel, in diesem Fall der Sicherstellung des Fortpflanzungserfolges, und schließt eine Reihe von Verhaltensweisen ein, die einzeln auch im Dienste anderer Funktionskreise stehen können (z. B. fliegen). Der Begriff »Strategie« betont nun die Variabilität der stammesgeschichtlich entstandenen Methoden, zum selben Ziel zu kommen, und die Anpassung dieser Wege an verschiedene Umweltbedingungen, seien diese durch abiotische Faktoren, unterschiedliche Selektionsdrucke während der Ontogenese oder unterschiedliche Populationsdichten bedingt.

Eines der ersten beschriebenen Beispiele für Strategien oder variable Instinkttätigkeiten war die Grabwespe *Sphex ichneumoneus*. Auch hier gibt es Weibchen, die ihr Nest selbst graben und versorgen (»diggers«), und andere, die in fremde Nester eindringen (»enterers«). Die beiden Rollen sind, wie bei Osmia adunca, nicht bestimmten Individuen fix zugeteilt, sondern jedes Individuum durchläuft in seinem Leben eine Reihe von Wahlmöglichkeiten zwischen den beiden Strategien. Kämpfe zwischen den Weibchen kommen auch hier vor, und wieder sind sie sehr ausdauernd und können bis zur Fertigstellung des Nestes dauern. Erst dann entscheidet sich jedoch, welche der beiden Konkurrentinnen ihr Ei im Nest ablegt, denn oft arbeiten beide Grabwespen am selben Nest weiter und bekämpfen einander, wann immer sie zusammentreffen (Brockmann et al. 1979). Die Schere zwischen Kosten und Nutzen klafft hier demnach weit auseinander. Dennoch konnten Brockmann et al. (1979) und Dawkins & Brockmann (1980) zeigen, daß sich diese Strategie für beide in Summe lohnt, zumal die Wespe, die weniger in das Nest investiert hat, meist auch eher den Kampf aufgibt als die andere. Sind Kosten und Nutzen wie in diesem Fall bekannt, läßt sich der Ausgang von evolutiven Wettbewerben vorausberechnen und die beste Strategie herausfinden. Innerartliche Konflikte dienen häufig als Weichenstellungen für die Realisierung variabler Instinkttätigkeiten.

Der einfachste Fall eines Konfliktmodells ist Maynard Smiths (1974) Falken-Tauben-Modell, das bei den Ausführungen über Osmia adunca bereits angedeutet worden ist. Es wird in diesem Modell angenommen, daß nur zwei mögliche Strategien in einer hypothetischen Population vorkommen: »Falken« und »Tauben«: Falken kämpfen immer und mit vollem Einsatz, Tauben (entgegen ihrer wahren Natur) ziehen sich bei Angriff stets zurück. Den einzelnen Strategien können nun Punkte zugeordnet werden, um eine »Währung« einzuführen und den Ausgang des Spiels zu quantifizieren. Für bestimmte Populationen mit verschiedener Ausgangszusammensetzung, Mutationsrate, Gendrift usw. können nun verschiedene Evolutionslinien nachgespielt werden, und es kann u. a. gezeigt werden, daß sich Populationen unter bestimmten Bedingungen auf eine um einen Gleichgewichtspunkt oszillierende Mischung aus Falken und Tauben hinentwickeln.

Eine Ausweitung dieser Modelle ist das im Amerikanischen als »Prisoner's Dilemma« bekannte Spiel, das in etwa mit unserem »Knobeln« vergleichbar ist. Hier stehen zwei Strategien zur Auswahl: »Kooperieren« und »Schädigen«. Jeder Strategie ist eine bestimmte Punktezahl zugeordnet, und zwar so, daß jeder Spieler beim »Schädigen« des anderen am meisten gewinnt, beim »Geschädigtwerden« ebensoviel verliert und beim »Kooperieren« etwas weniger gewinnt als beim »Schädigen«. Wie beim Knobeln weiß keiner der Spieler, was der andere als nächstes spielen wird. Die Karten werden zugleich auf den Tisch gelegt. Die entscheidende Änderung zum Falken-Tauben-Modell ist jedoch, daß beide Spieler Langzeitstrategien entwickeln können, die auch auf dem bisherigen Verlauf der Auseinandersetzung beruhen. Spielen etwa beide vorwiegend auf Schädigen, werden sich Verluste und Gewinne mehr oder minder ausgleichen. Den größten Gewinn können beide machen, wenn sie sich auf lange Sicht für das Kooperieren entscheiden: Beide gewinnen zwar nicht so viel wie einer bei dauernder Schädigung des anderen, aber mehr als bei wechselseitigem Schädigen. Da jedoch beide nicht wissen, was der andere vorhat und daher dauerndes Mißtrauen und Vorsicht sowie Versuchung zum Schädigen entsteht, ist eine solche Einigung sehr unwahrscheinlich. Computersimulationen haben nun gezeigt, daß unter solchen Voraussetzungen eine Tit-for-Tat-Strategie auf lange Sicht die erfolgreichste ist, eine Strategie also, bei der jeweils komplementär auf die gerade vorangegangene Entscheidung reagiert wird (nach Dawkins 1989; vgl. aber Farell 1989).

| | WAS DU TUST | |
|---|---|---|
| | kooperieren | schädigen |
| WAS ICH TUE: kooperieren | Recht gut<br>BELOHNUNG für Zusammenarbeit<br>3 Punkte | Sehr schlecht<br>UNDANK ALS LOHN<br>0 Punkte |
| WAS ICH TUE: schädigen | Sehr gut<br>VERSUCHUNG zu schädigen<br>5 Punkte | Recht schlecht<br>STRAFE für gegenseitige Schädigung<br>1 Punkt |

Axelrods Computerbewerb: Was für mich herausschaut. Nach *Dawkins* 1989.

Konzepte der Kosten-Nutzen-Rechnung enthalten zwar viele vereinfachende Voraussetzungen, helfen jedoch, Selektion als Triebkraft der Evolution nüchtern und basalen Naturgesetzlichkeiten gehorchend zu sehen und Vorstellungen verwaschener überindividueller Steuerungsmechanismen der Evolution zu überwinden.

Die Beispiele, an denen Voraussagen etwa der Spieltheorie in der Natur nachgeprüft und bestätigt wurden, sind zwar spärlich, aber vorhanden. So entsprachen beim nordamerikanischen Weißkopfseeadler *Haliaeetus leucocephalus* die Anteile der beiden Instinkttätigkeiten Futterstehlen und Selberjagen den aus Kosten-Nutzen-Rechnungen ermittelten Werten (Hansen 1986).

Bisher war von innerartlichen Konflikten die Rede, die in unmittelbarer körperlicher Auseinandersetzung ausgetragen werden. Unter bestimmten Bedingungen kann Selektion jedoch Formen der Konfliktaustragung fördern, die auf dem möglichst anhaltenden und intensiven Zur-Schau-Tragen von Signalen beruhen (»Zermürbungstaktik«, »war of attrition«, Maynard Smith 1974). Dies wird vor allem dort der Fall sein, wo von vornherein eine Asymmetrie unter den Kontrahenten besteht, etwa in Körpergröße, Färbung oder anderen körperlichen Merkmalen. Diese Asymmetrie kann signalisiert werden, und Beschädigungs- oder Abnützungskämpfe werden vermieden. Aber auch der auf dem Spiel stehende Einsatz, das, was es zu erringen oder verlieren gilt, kann ungleich verteilt sein und eine Asymmetrie herstellen, der man besser durch gefahrloses Imponieren bzw. geordneten Rückzug Rechnung trägt. Schließlich kann die Asymmetrie auch mehr oder weniger zufällig entstehen: z. B. einfach dadurch, wer zuerst da ist.

Beim Waldbrettspiel *Pararge aegeria,* einem Schmetterling, verteidigen die Männchen Sonnenflecken auf dem Waldboden, wo sie Weibchen anlokken. Bei Auseinandersetzungen zwischen Besitzern von Sonnenflecken und Nichtbesitzern gewinnen stets die Besitzer (Davies 1978). Der Rest der Männchen patroulliert die Baumkronen ab oder wartet einfach auf einen freien Platz an der Sonne. Das Abfliegen der Baumkronen oder Verweilen im Schatten ist energetisch aufwendiger als das Balzen an der Sonne, abgesehen vom verminderten Fortpflanzungserfolg. Wo liegt also der Anpassungswert dieses Verhaltens? Er liegt einerseits darin, daß 90% der Nicht-Sonnenfleckbesitzer zu einem späteren Zeitpunkt selbst Sonnenfleckinhaber werden (die Sonne wandert ja), und andererseits darin, daß auf diese Art eine nahezu optimale freie Verteilung der Männchen im Raum gewährleistet wird, die das

Auffinden und rasche Nutzen neu entstehender Sonnenflecken sicherstellt (»ideale freie Verteilung«).

Wozu aber überhaupt Kämpfe? Korona (1989) weist darauf hin, daß die kurzen Auseinandersetzungen zwischen Sonnenfleckinhabern und Nichtinhabern kaum als Kämpfe bezeichnet werden können. Sie dienen eher als Mittel zur Informationsübertragung und dazu, die Schmetterlinge im Raum zu verteilen. Dafür spricht auch, daß in größeren Sonnenflecken sehr wohl mehr als ein Männchen anzutreffen ist (Davies 1978). Darüber hinaus änderte sich das Verhalten in Abhängigkeit von Witterungsbedingungen: Bei kaltem Wetter traten tatsächlich längere Kämpfe auf, wohl aus Gründen des Energiehaushaltes der Schmetterlinge. Unter verschiedenen äußeren Bedingungen, die den Energiehaushalt beeinflussen, aber auch unter den Bedingungen unterschiedlicher Populationsdichten, die über Nahrungs- und Raumkonkurrenz ebenfalls die Energiebilanz verschieben, können unterschiedliche evolutionsstabile Strategien zur Ausprägung kommen. Das ist die Variabilität in den Instinkttätigkeiten (Tinbergen 1953). Die Entscheidung, ob etwa ein Territoriumsinhaber Eindringlinge duldet oder nicht, oder ob er sogar selbst das Gebiet verläßt, obwohl er z. B. der Stärkere ist (paradoxe Strategie), wird durch das Zusammenspiel mehrerer endogener und exogener Faktoren bestimmt, wie Kampfkraft, Populationsdichte, räumlich-zeitliche Verfügbarkeit von Ressourcen usw. sowie unterschiedliche abiotische Umweltverhältnisse wie Wetter und Jahreszeit.

Im Falle des Schmetterlings Pararge aegeria dienten kurze Auseinandersetzungen zur Informationsübertragung. Innerartliches Konfliktverhalten als Signal, also Anzeigeverhalten (»advertising«) ist bei Insekten weit verbreitet (West-Eberhard 1974). Eines der geläufigsten Beispiele dafür, daß zwei potentielle Kontrahenten einander ihre Kampfstärke signalisieren und dadurch entscheiden, ob gekämpft wird oder nicht, ist der Rothirsch *Cervus elaphus*.

Bevor Rothirsche kämpfen, sind in ihrem Imponierverhalten zwei Schritte eingeschalten, die es ihnen erlauben, sich rechtzeitig zurückzuziehen: das Röhren und der Parallelmarsch (Clutton-Brock et al. 1982). Nur in einem kleinen Prozentsatz aller Herausforderungen kommt es tatsächlich zum Kampf, und nur Haremsbesitzer im besten Alter (7–10 Jahre) kämpfen längere Zeit und intensiv. Kämpfe sind teuer: Es besteht hohe Verletzungsgefahr, und beide kämpfenden Hirsche können infolge Verletzung, Erschöpfung oder zu langer Kampfdauer Hirschkühe aus ihrem Harem verlieren. Der Selektionsdruck auf verläßliches Abschätzen der gegnerischen Kampfstärke muß daher groß sein. Allgemein wird angenommen, daß die Kampfkraft über die relative Größe des Geweihs angezeigt wird. Wie Clutton-Brock et al. jedoch herausfanden, korreliert die Geweihgröße weder mit dem Kampferfolg noch mit dem Fortpflanzungserfolg. Sehr wohl stehen diese Parameter aber mit dem Körpergewicht der Hirsche in Beziehung. Dieses wieder verändert sich im Verlauf der Brunftzeit, im Gegensatz zur Geweihgröße natürlich. Die augenblickliche körperliche Kondition ist also ein verläßlicheres Kriterium zum Abschätzen der Kampfkraft als die Geweihgröße, wenn diese auch sicher in einem bestimmten Rahmen mit jener korreliert. Sie ist aber eben nur ein grobes Signal, während die entscheidenden feinen Signale anders vermittelt werden. Offensichtlich ist es das Vorspiel zum Kampf, dem diese Funktion zukommt. Experimente zeigten, daß die Entscheidung, ob der Kampf aufzunehmen ist oder nicht, durch das Anbieten verschiedener Intensitäten des Röhrens beeinflußt werden konnte (Clutton-Brock & Albon 1979). Geht der Röhrwettbewerb unentschieden aus (im wahrsten Sinne des Wortes), dient der Parallelmarsch als zweite Stufe. Während die Tiere langsam in knappem Abstand aneinander vorüberparadieren, schätzen sie vermutlich optisch anhand der körperlichen Verfassung, vielleicht auch olfaktorisch, die Kampfstärke des Kontrahenten ab.

Das Beispiel des Rothirsches zeigt, wie verschiedene Wissensbereiche und ihre Methoden integriert werden, um Aussagen über stammesgeschichtliche Entstehung, Funktion und Stellung von Verhaltensweisen im Verhaltensrepertoire der Art und ihren evolutiven Anpassungswert treffen zu können. Gerade Fragen, die mit dem Hausverstand so einfach beantwortbar scheinen wie die Frage nach dem Anpassungswert der Austragung innerartlicher Konflikte, sind oft nur unter Einbeziehung einfacher Kosten-Nutzen-Überlegungen und ihrer Verknüpfung mit Ergebnissen aus der Verhaltensforschung zu beantworten. Diese aber, die ethologische Feldarbeit unter Berücksichtigung ökologischer Rahmenbedingungen, Öko-Ethologie also, steht immer an der Wurzel der evolutiven Betrachtungen. Die Forderung nach dieser gewissenhaften Langzeitbeobachtung im Freiland ist oft erhoben worden (z. B. Tinbergen 1958). Sie ist Grundlage für weitere Überlegungen. Evolutives Denken verbindet heute zunehmend klassische Verhaltensforschung, Öko-Ethologie, Populationsbiologie, Physiologie, Physik, Biochemie, Genetik und Mikrobiologie sowie Mathematik und weitere Wissensgebiete miteinander.

Die Wissenschaft von der Natur ist sehr integrativ geworden.

## *Literatur*


Batra, S. W. T. (1978): Aggression, territoriality, mating and nest aggregation of some solitary bees (Hymenoptera: Halictidae, Megachilidae, Colletidae, Anthophoridae). Journal Kansas Entomol. Soc. 51: 547–559.

Batra, S. W. T. (1984): Solitary Bees. Scientific American 250: 86–93.

Brockmann, H. J., Grafen, A., und Dawkins, R. (1979): Evolutionary Stable Nesting Strategy in a Digger Wasp. J. Theor. Biol. 77: 473–496.

Clutton-Brock, T. H., und Albon, S. D. (1979): The roaring of red deer and the evolution of honest advertisement. Behaviour 69: 145–170.

Clutton-Brock, T. H., Guiness, F. E., und Albon, S. D. (1982): Red Deer. Behavior and Ecology of Two Sexes. Edinburgh University Press, 378 pp.

Davies, N. B. (1978): Territorial defense in the speckled wood butterfly (Pararge aegeria): the resident always wins. Anim. Behav. 26: 138–147.

Dawkins, R. (1987): Der blinde Uhrmacher. Ein neues Plädoyer für den Darwinismus. Deutsche Ausgabe Kindler, München, 384 pp.

Dawkins, R. (1989): The Selfish Gene. New Edition. Oxford University Press, Oxford New York, 352 pp.

Dawkins, R., und Brockmann, H. J. (1980): Do Digger Wasps Commit the Concord Fallacy? Anim. Behav. 28: 892–896.

Eickwort, G. C. (1975): Gregarious nesting of the mason bee Hoplitis anthocopoides and the evolution of parasitism and sociality in Megachilid bees. Evolution 29: 142–150.

Farell, J. (1989): Evolutionary Stability in the Repeated Prisoner's Dilemma. Theoretical Pop. Biol. 36: 161–166.

Hansen, A. J. (1986): Fighting behavior in bald eagles: a test of game theory. Ecology 67 (3): 787–797.

Kollar, H. P. (1986): Freilanduntersuchungen zu Biologie, Ethologie und Bionomie von Osmia adunca Latr. (Hymenoptera: Megachilidae) im östlichen Niederösterreich. Diss. Universität Wien 1986, 111 pp.

Kollar, H. P. (1988): Steilwände – Zentren faunistischer Artenvielfalt. ÖKO. L 10 (3): 20–26.

Korona, R. (1989): Evolutionary stable strategies in competition for resource intake rate maximization I. The model. Behav. Ecol. Sociobiol. 25: 193–199.

Malyshev, S. I. (1937): Lebensgeschichte der Osmien (Osmia Latr.) (Hymenoptera: Apoidea). Zool. Jahrb. Syst. 69: 107–176.

Maynard Smith, J. (1974): The theory of games and the evolution of animal conflict. J. Theoretical Biol. 47: 209–221.

Schmiedeknecht, H. L. O. (1886): Apidae Europaeae Vol. II. Genus Osmia Pz. Berlin: R. Friedländer & Söhne.

Tinbergen, N. (1953): The Study of Instinct. Oxford University Press, London, 256 pp.

Tinbergen, N. (1958): Curious Naturalists. Country Life Ltd., London. Dt. Ausg.: Tierbeobachtungen zwischen Arktis und Afrika. Forscherfreuden in freier Natur. Verlag Paul Parey, Berlin und Hamburg 1967, 200 pp.

West-Eberhard, M. J. (1984): Sexual Selection, Competitive Communication and Species-specific Signals in Insects. P. 283–323. In: Insect Communication, T. Lewis, ed., Academic Press, New York.

Westrich, P. (1989): Die Wildbienen Baden-Württembergs. 2 Bde. Verlag Eugen Ulmer, Stuttgart, 972 pp.

*Uwe Krebs*

# *Konfliktfeld »Individuum – Gesellschaftsordnung« – eine phylogenetische Betrachtung*

## *1. Einleitung: Von ursächlichen und spekulativen Zusammenhängen*

Ursachen zu erkennen interessiert Menschen in der Regel sehr. Wenn wir durch den Lichtschalter die Lampe ausschalten, dann wissen wir, daß der Stromkreis unterbrochen wurde. Dies ist gewissermaßen ein aktualgenetischer Vorgang. Ursache und Wirkung liegen zeitlich nahe beieinander und sind – dies erleichtert das Erkennen zusätzlich – auf niedrigem Komplexitätsniveau. Wenn ein Säugling nicht hinreichend betreut wird und dies längere Zeit, z. B. bis ins Kleinkindalter hinein, anhält, so zeigt er Defizite, die wir seit René Spitz als Hospitalismus bezeichnen. Wird dieses Kind nun viele Jahre später, z. B. als junger Erwachsener, beobachtet und untersucht, so mag dieser hinreichend auffällige Störungen besitzen, um ihm von unauffälligeren Erwachsenen abzugrenzen. Und trotzdem ist der frühkindliche Hospitalismusschaden nicht in gleicher Stringenz verantwortlich zu machen für die Ausfälle des Erwachsenen, wie die Betätigung des Lichtschalters für das Erlöschen der Lampe. Ursache und Wirkung liegen zeitlich deutlich weiter auseinander und sind – dies erschwert das Erkennen zusätzlich – auf hohem Komplexitätsniveau. Man kann hier von ontogenetischen Einflußgrößen im Verhalten sprechen.

Treibt man dies noch weiter, so landet man bei jenen Einflußgrößen, die in der Naturgeschichte unserer Spezies oder noch früher als Anpassungen Spuren im genetischen Material z. B. in Form von Dispositionen und Präferenzen hinterlassen haben, Wirkungen also, deren Ursachen das einzelne Individuum möglicherweise heute in seiner ganzen Lebensspanne nicht mehr ausgesetzt ist, die es aber in seiner genetischen Ausstattung möglicherweise antizipiert. Solche phylogenetischen Einflußgrößen lassen sich also charakterisieren durch extrem lange Zeitspannen zwischen Ursache und Wirkung und zusätzlich durch ein beachtliches Komplexitätsniveau, das nicht zuletzt auch dadurch entstehen konnte, daß phylogenetisch gewordene Präferenzen und

Dispositionen im Konzert mit ontogenetischen und aktualgenetischen Einflußgrößen zu einem konkreten Verhalten oder Empfinden verschmelzen.

Die Möglichkeit solcher phylogenetischen Einflußgrößen möchte ich hier vor allem thematisieren. Dabei beschränkte ich mich auf den Sektor »Individuum und Gesellschaftsordnung«. Obwohl solche Überlegungen sehr spekulativ sind, finden sie aber bereits in diesem Stadium erbitterte Gegner bei manchen behavioristisch orientierten Sozialwissenschaftlern, was ein bezeichnendes Licht auf den Gattungsnarzißmus unserer Spezies wirft. Dieser äußert sich besonders dann, wenn die Freiheit menschlichen Handelns vermeintlich in Abrede gestellt wird, während sie tatsächlich nur spekulativ hinterfragt wird.

Um gedanklich auf das eigentliche Thema einzustimmen, soll zunächst die ungeheure Dynamik menschlicher Kulturphänomene verdeutlicht werden, eine Dynamik, die nur dann im Kopf des Lesers nachvollzogen werden kann, wenn die gewählte Zeitspanne hinreichend lang ist.

Am Beispiel der menschlichen Siedlungsweise und am Beispiel des Krieges soll dies anhand zweier Zitate versucht werden. In einem zweiten Schritt sind dann einige thematisch zentrale Begriffe kurz zu explizieren, um dann im dritten Schritt das eigentliche Thema zu behandeln. Abschließend werden ein paar mögliche praktische Konsequenzen angesprochen.

## *2. Kulturelle Dynamik*

Zur Illustration der gesellschaftlichen und der waffentechnischen Dynamik möchte ich zwei m. E. kompetente Stimmen zitieren; zunächst den Psychologen Kornandt. Kornandt sagte in seinem »Bericht zur Lage der Psychologie«, den er als Präsident der »Deutschen Gesellschaft für Psychologie« zu erstatten hatte: » . . . In vierzig Jahren werden 85% der Menschen in den Industrieländern und zwei Drittel der Weltbevölkerung in Städten wohnen, und zwar überwiegend in riesigen städtischen Agglomerationen, die in Jakarta ebenso wie in Lagos oder Mexico-City 30 Mill. Menschen umfassen werden. D. h., die Menschheit ist dabei, durch Industrialisierung und Urbanisierung nach westlichem Muster die Welt, in der sie lebt, und die Bedingungen der Persönlichkeitsentwicklung in einem noch nie dagewesenen Maße zu verändern. Die Kinder werden sich in Zukunft immer mehr und immer unausweichlicher unter den Bedingungen einer

Welt entwickeln, die nicht mehr von übermächtigen Naturkräften beherrscht ist, oder von Göttern, die man sich vielleicht durch Rituale gewogen machen kann, in einer Welt, die auch nicht wenigstens partiell durch die Regeln überschaubarer Sippenverbände oder Staatswesen vorhersagbar und in Grenzen von ihnen selbst beeinflußbar ist. Es wird eine halbchaotische, labile und in fast allen Bereichen von Menschen gemachte Welt sein, von Menschen, die zwar verantwortlich sind, jedoch anonym und unerreichbar fern, durch Massenmedien vermittelt ... es werden schon heute zukunftsträchtige, politische Entscheidungen getroffen, die auf Annahmen über genau dieses Verhältnis des Menschen zu seiner Umwelt und Gesellschaft beruhen. Wäre es nicht eine Aufgabe unserer Wissenschaft, gerade diese Vorannahmen kritisch zu prüfen und allmählich durch solidere Kenntnisse zu ersetzen?« (1985, 11).

Der Oberkommandierende der amerikanischen Pazifikflotte während des Zweiten Weltkriegs, General McArthur, sagte 1955: »Wir fragen uns, wie es dazu kam, daß eine solche Einrichtung wie der Krieg zu einem nicht mehr fortzudenkenden Bestandteil des Lebens und der Zivilisation der Menschheit werden konnte. Im Laufe meines eigenen Lebens habe ich diese Entwicklung verfolgt: Ich trat um die Jahrhundertwende in die Armee ein, damals war es unser Ziel, mit dem Gewehr, dem Bajonett oder einem Säbel jeweils einen einzelnen Feind zu töten. Dann kam das Maschinengewehr, mit dem man Dutzende auf einmal töten konnte, danach die schwere Artillerie, die Hunderten den Tod brachte, dann gab es Bombenangriffe aus der Luft, die Tausende dahinraffte, und ihr folgte die Atomexplosion, die Hunderttausende vernichtete. Jetzt erhöht die Elektronik u. a. wissenschaftliche Erkenntnisse das Vernichtungspotential noch mehr, so daß Millionen Menschen auf einmal getötet werden können. Unablässig und fieberhaft arbeiten wir in finsteren Laboratorien daran, alles mit einem Schlag zu zerstören. Der Krieg hat sich in ein Frankenstein-Ungeheuer verwandelt, das beide Gegner vernichtet. Er ist nicht mehr die Waffe des Abenteurers, die den Weg zu internationaler Macht und Reichtum, zum Platz an der Sonne abkürzen könnte. Wer verliert, wird vernichtet. Aber auch wer gewinnt, kann nur verlieren. Die Wissenschaft hat zweifellos den Krieg als brauchbaren Schiedsrichter abgeschafft« (Zit. aus: Hallgarten 1967). Für die Zwecke des Themas reicht es m. E., diese Zitate zunächst schlicht als Belege für kulturelle Dynamik zu nehmen und die sich anbietende inhaltliche Bewertung unter psychologischen oder moralischen Gesichtspunkten ausnahmsweise zu unterlassen.

## *3. Begriffsbestimmungen*

Auf die Diskussion der grundsätzlichen terminologischen Probleme der zumeist komplexen Schlüsselbegriffe des Themas wird verzichtet und statt dessen eher pragmatisch versucht, Begriffe zu übernehmen, die aufgrund relativ genauer und neutraler Beschreibung als Werkzeuge zum Verständnis des Themas dienen können. Begriffsbeschreibungen, die dies leisten, finden sich in verschiedenen Disziplinen. Hier wurde der Soziologie wegen ihrer zentralen Kompetenz bei primär gesellschaftlichen Phänomenen der Vorzug gegeben und Begriffsbeschreibungen des Soziologen Hartfiel übernommen. Weil die Beschreibungen der komplexen Begriffe, die in Rede stehen, zu facettenreich sind, um sie in Nebensätzen des Themas unterzubringen, werden sie vorangestellt. Es sind dies die Begriffe: »Gesellschaft«, »Gesellschaftsordnung«, »Staat« und »Individuum«.

»*Gesellschaft:* Vieldeutig benutzter Begriff der Sozialwissenschaften, der ganz allgemein einen bestimmten Sachverhalt, nämlich die Verbundenheit von Lebewesen (Pflanze, Tier, Mensch) ausdrückt . . .«

» . . . einhellig aufgrund der Forschungsergebnisse von Anthropologie und Ethnologie anerkannt, daß der Mensch als gesellschaftliches Wesen, als soziokulturelle Person, ohne Gesellschaft nicht existieren kann . . .« » . . . Gesellschaft ist zu verstehen, als Rahmen, als Gesellschaftssystem, als vorgegebene Struktur, worin der einzelne Mensch Orientierung und Ordnung, Regelhaftigkeit und Bedeutungsgehalt empfindet« (Hartfiel, 1972, 233).

*Gesellschaftsordnung:* In Anlehnung an Hartfiel verstanden als »System von Ordnung schaffenden Rechten und Pflichten sowie damit verbundener Über- und Unterordnungsverhältnisse als Ergebnis der Vernunft des Menschen, die mit ihm den vorvertraglichen Naturzustand überwinden, in dem es keine Ordnung, keine Herrschaft, aber auch keine Sicherheit und wirkliche Freiheit gibt« (a. a. O. 263).

Die hier ausgedrückten Spekulationen über den vorvertraglichen Zustand zeigen, wie wenig Vertrauen die Soziologie in das Sozialverhalten höherer Wirbeltiere, insbesondere der Primaten – zu Unrecht –, hat.[1]

Dieser Naturzustand wird bei Hobbes als »Krieg aller gegen alle« und bei Rousseau als das friedliche Paradies völliger individueller Freiheit ausgemalt (a. a. O. 263). Bereits über die Ausgangslage besteht also keine Einigkeit.

*Staat:* Im Verständnis der Staatssoziologie wird dieser Begriff von Heller prägnant beschrieben: »Herrschaftsgefüge, das die gesellschaftlichen Akte auf einem bestimmten Gebiet in letzter Instanz ordnet« (a. a. O. 637).

*Individuum:* »... Als menschliches Individuum ein selbständiges vernunft- und willensfähiges Wesen, das durch eine spezifische Gesamtheit strukturierter und gegenüber anderen Individuen abgrenzbarer Merkmale der Denk- und Verhaltensweisen, sowie der körperlichen, geistigen, kulturellen und sittlichen Eigenschaften ausgezeichnet . . .« – »Alle Richtungen der Gegenwartssoziologie gehen von der anthropologischen Prämisse aus, daß das Individuum im Sozialen erst zu dem werden kann, was es in der spezifischen Ausprägung seines *bisher nur unzureichend erforschten genetischen Potentials als soziales Wesen,* als Persönlichkeit darstellt« (a. a. O. 296, Hervorhebung durch Verfasser).

## *4. Phylogenetische Dimension des Konfliktfeldes »Individuum – Gesellschaftsordnung«*

Die Phylogenese betreffende Verhaltensphänomene der Beziehung zwischen Individuum und Gesellschaftsordnung haben mit zwei Hauptproblemen zu kämpfen: Der Wissensstand ist dürftig, und die methodischen Probleme sind erheblich.

Die *Kulturgeschichte* der Spezies Homo sapiens weist belegbar zumindest in den letzten 5000 Jahren (ab Beginn sumerischer, ägyptischer und chinesischer Hochkulturen) wie in der Gegenwart eine bunte Vielzahl von Gesellschaftsordnungen auf. Denken wir z. B. an das sakrale Königtum, an das erbliche Königtum, an Fürstbischöfe, die konstitutionelle Monarchie, totalitäre Einparteienstaaten, Militärdiktaturen und die – der Anzahl, nicht dem Einfluß nach – kleine Minderheit parlamentarisch-demokratischer Ordnungen.

Die Naturgeschichte des Homo sapiens ist uns zwar unter diesem Gesichtspunkt weniger genau bekannt, aber doch hinreichend genau, um festzustellen, daß wir seit ca. 1–3 Millionen Jahren – ebenso wie unsere biologisch nächsten Verwandten, die anderen Primaten – fast stets in Familiengruppen, Sippen oder Hordenverbänden und nahezu niemals als solitäre Wesen und sicherlich niemals in Millionenverbänden gelebt haben. Ob ein Lebewesen solitär wie z. B. der Zackenbarsch oder der Tiger lebt, oder in Verbänden von vielen Tausenden bis Millionen Individuen, wie z. B. manche Antilopen oder Heringe, ist offensichtlich stärker durch die ökologische Funktion und Situation (z. B. als Jäger oder Pflanzenfresser) bestimmt, als allein durch die biologische Entwicklungshöhe der Spezies.[2] Aus anderen Bereichen der Vergleichenden Verhaltensforschung wissen wir, daß genetisch fixierte Anpassungen im Verhalten nur unter zwei gleichzeitigen Voraussetzungen überhaupt möglich sind:

1. sind sehr lange Zeiträume erforderlich bei Generationsspannen, wie wir sie beim Menschen finden;

2. sind deutliche Anpassungen nur an relativ überdauernde und bedeutsame Bedingungen zu erwarten.

Beide Voraussetzungen werden zweifellos im Fall des Homo sapiens im Bereich seiner nichtsolitären, sondern sozialen Lebensweise erfüllt. Anpassungen in Form genetischer Präferenzen und Dispositionen sind also nicht nur nicht auszuschließen, sondern theoretisch geradezu zu fordern. Sie können allerdings nur gegenüber solchen sozialen Strukturen erfolgt sein, die über hinreichend lange Zeiträume bestanden haben. Bei der Hautfarbe der drei Großrassen unserer Spezies z. B. ist es selbstverständlich und offensichtlich, daß sie Anpassungen an die durchschnittliche Lichtstärke der Lebensräume darstellen, indem sie entsprechend stark oder schwach ultraviolette Strahlung filtern.[3] Beim Sozialverhalten können wir auf dermaßen klare Zusammenhänge nicht hoffen.

Doch die zwei genannten wesentlichen Voraussetzungen – 1. lange Zeiträume, 2. überdauernde und bedeutsame Sachverhalte – erfüllt menschliches Sozialleben vermutlich länger, als die Aufspaltung in Rassen zurückliegt. Dort aber haben wir klare Anpassungen.

Konkreter Gegenstand von Anpassungsvorgängen im Sozialbereich können aber wohl nur *Kleingruppen* oder, soziologisch gesprochen, »Primärgruppen«, sogenannte »Face-to-face-Gruppen«, sein. Zu ihnen zählt das Paar, die Familie, die Sippe, der Stamm, aber keinesfalls solche kunstvoll organisierten, umfangreichen Ordnungsgefüge wie Kaiserreiche, Einparteiensysteme, parlamentarische Demokratien mit Dutzenden oder Hunderten von Millionen Mitgliedern. Denn diese Ordnungsgefüge sind schlicht biologisch zu neu, um Anpassungen an sie im Bereich der Genetik zu gestatten. Im Gegenteil ist nicht auszuschließen, daß eventuell vorhandene Dispositionen und Präferenzen im Sozialverhalten unserer Spezies bei den kulturgeschichtlich zwar alten, aber naturgeschichtlich jungen Gesellschaftsordnungen eher hinderlich als förderlich sind und nur unbefriedigend oder gar nicht mittels Sozialisation kompensiert werden können. Man denke nur an das Gewicht des Geflechtes persönlicher Beziehungen, das jeder von uns besitzt und das oft in Konkurrenz tritt zu den offiziellen Strukturen, die ihrer Konstruktion nach zwar objektiver, aber zugleich auch anonymer und unberechenbarer scheinen.

Wenn dies der Fall ist, dann sollte es nützlich sein, genetisch fixierte Komponenten des sozialen Leistungsprofiles zu kennen, um unsere hochkomplexen Sozialverbände der modernen Gesellschaftsordnungen am tatsächlichen Spektrum des sozial Möglichen auszurichten, statt an ideologisch-idealistischen Menschenbildern. So betrachtet, finden sich *Indizien* für eine Überforderung der sozialen Möglichkeiten des Individuums in größerer Zahl. Generell zeigt sich – mutatis mutandis – eine Abnahme des Altruismus mit Zunahme der Anonymität als Folge des Populationsanstieges.

Bereits der Begründer der Massenpsychologie, »le Bon«, hat 1895 in seinem Werk »Psychologie der Massen« dem selbstbeherrschten, rationalen und schöpferischen Individuum die chaotische, auf äußere Führung angewiesene Masse gegenübergestellt. Für ihn waren Revolutionen, Demonstrationen, Streiks, Lynchjustiz, Volksfeste, aber auch Ratsversammlungen und Parlamente bereits Massenerscheinungen. Meines Erachtens hat le Bon wohl gut beobachtet, aber vermutlich falsch interpretiert. Denn die Fehlentwicklungen, die er schildert, lassen sich besser interpretieren als Überforderung des Sozialen durch Überdehnung der optimalen Größenbereiche als durch Verlust des Individuellen.

In neuerer Zeit finden sich ähnliche Urteile. So schrieb z. B. der Psychoanalytiker C. G. Jung sinngemäß, daß eine Gesellschaft, aus lauter trefflichen Menschen zusammengesetzt, an Moralität und Intelligenz einem großen, dummen gewalttätigen Tier gleiche. Der Sozialpsychologe Hofstätter hingegen übernimmt diese Dichotomie »Individuum gut – Masse schlecht« nicht. Er meint bezüglich Großgruppen, deren Struktur für ihre einzelnen Angehörigen kaum überschaubar ist: »Es kann daher geschehen, daß diese sich verloren fühlen und die tatsächlich bestehende Gruppe mit einer chaotischen Masse verwechseln ... Diese Entwicklung bedroht jeden großen Verband, da die Einhaltung der für zielgerechte Gruppendynamik erforderlichen Voraussetzungen mit der wachsenden Zahl der Gruppenmitglieder immer schwieriger wird« (Hofstätter, 203).

In gewissem Gegensatz zu le Bon, aber in Anlehnung an Hofstätter kann man vielleicht stark vereinfacht sagen: Ein Mensch ist kein Mensch, und eine Millionenmenge ist entmenscht. Erst in der Kleingruppe realisiert der Mensch seine sozialen Potentiale hinreichend.

Auf einer phylogenetischen Zeitdimension könnte eine tiefergehende allgemeine Instabilität der Beziehungen zwischen Individuum und Staat also geradezu erwartet werden. Der Kern der Störungen ist eine gegenseitige »Mißtrauenserklärung«. Diese Störung läßt sich als Überforderung deuten. Überfordert erscheinen die Identifikationsmöglichkeiten beiderseits: Ein Herrschaftsgefüge erscheint – auch wenn durch freie Wahlen demokratisch legitimiert –, da es letztlich von Individuen betrieben wird, überfordert, wenn es sich identifizieren soll mit beispielsweise 80 Millionen Menschen.

Tatsächlich weist unsere Gesellschaft einige Unzulänglichkeiten in der Wechselbeziehung Bürger – Staat auf seiten des Staates auf. Da diese Unzulänglichkeiten in kleineren Gruppen und auch in kleineren Großgruppen nicht oder weniger auftreten, dürfen sie wohl auch als Ausdruck des grundsätzlichen Problems des Identifikationsdefizites als Folge der Anonymität gelten. Zwei möchte ich exemplarisch herausgreifen:

Beispiel 1: *Wählervotum und Partialinteressen.* Parlamentarische Regierungen haben neben dem Wählervotum, das idealtypisch als alleinige Handlungsgrundlage der Regierung dient, machtvolle, dauerhafte Interessengruppen zu berücksichtigen (z. B. Unternehmen, Gewerkschaften, Parteien, Großbehörden), deren Einfluß vom Wähler bereichsweise als dominant erlebt wird. Interessenkollisionen zwischen Gemeinwohl und Partialinteressen wurden nicht selten zugunsten der Partialinteressen gelöst.

Auf militärischem Gebiet muß dies besonders bedenklich scheinen. Admiral Rickover, der jahrzehntelange Chef der amerikanischen Strategischen Unterseebootflotte, hat gewissermaßen in Form eines Vermächtnisses anläßlich seiner Verabschiedung in einem offiziellen Memorandum den Kongreß der Vereinigten Staaten vor der Gefahr gewarnt, nicht jene Waffen zu beschaffen, die militärfachlich und gesamtpolitisch erforderlich, sondern jene Waffensysteme, die den Herstellern attraktiv erscheinen (Washington Post, 29. 6. 1980).

Beispiel 2: *Reaktionsformen des Staates auf Instabilität.* Unzureichende

Loyalität der Bürger zu ihrer Gesellschaftsordnung ließe sich z. B. durch Verbesserung der Glaubwürdigkeit, der staatsbürgerlichen Kenntnisse und nicht zuletzt durch wählernahe Politik bessern. Häufig findet sich in der Geschichte der bequemere, aber konfliktträchtige Weg, das *Gesetzesprivileg* und das *Gewaltmonopol* des Staates zur Verbesserung der Kontroll- und Steuerungsmöglichkeiten einzusetzen. Hierbei besteht die Gefahr, daß durch Überreaktion des Staates z. B. aus jugendlichen Gegnern der Energiepolitik Gegner der Gesellschaftsordnung werden.

Diese Sachverhalte erscheinen uns trivial. Zugleich neigen wir häufig dazu, sie allein persönlichen Unzulänglichkeiten einzelner Politiker zuzuschreiben. Vielleicht ist das zu kurz gefragt. Nachdenklich muß zumindest stimmen, daß die gleichen Politiker sich in ihren Kleingruppen kaum von uns unterscheiden werden, bezüglich *der* Eigenschaften, denen wir die festgestellten Unzulänglichkeiten im politischen Bereich zugeschrieben hatten.

Ein Blick in unsere Kulturgeschichte zeigt uns sogar bis in die Gegenwart hinein, daß es Herrschaftsgefüge gibt oder bis vor wenigen Jahrzehnten gab, in denen diese beiderseitigen Identifikationsdefizite mehr oder minder unbekannt sind. In dieser Richtung äußern sich z. B. Leighton & Kluckhorn (1972) nach langer Feldforschung über nordamerikanische Navajo-Indianer; Fridjof Nansen (1908) in ähnlicher Weise über die Eskimos; Merker (1904) über die Massai in Ostafrika.

Besonders herausgreifen möchte ich eine Studie aus jüngster Zeit: Der Ethnologe Fuchs untersuchte in einer Intervallstudie (1972, 1974, 1976–77 und 1984) eine isolierte, im Sandmeer der Sahara liegende Oase mit ca. 1000 Einwohnern. Es führt keine Straße dorthin, lediglich Karawanen der Tuareg pflegen regelmäßig Handelskontakte. Die Studie ist m. E. ein Lehrbeispiel für die Vorzüge der Fähigkeiten des Homo sapiens, durch individuelle Spezialisierung, funktionale hierarchische Ordnungsstrukturen und erhebliche soziale Potentiale Populationen unter schwierigsten Rahmenbedingungen zu bilden. Bedingungen, die das Überleben des solitären Individuums nahezu ausschließen.

Fuchs ging auch dem Sozialleben nach und fand zahlreichen sozialen Sprengstoff wie auch wirksame Mechanismen seiner Neutralisierung.

». . . In einer Gemeinde von 1000 Menschen, die in der Isolation der Sandwüste weitgehend auf sich selbst gestellt ist, besteht ständig die Gefahr, daß Spannungen und Konflikte auftreten, die zur Auswanderung und schließlich zum Auseinanderbrechen der Gesellschaft führen können. Die Gesellschaft von Fachi erscheint in dieser Beziehung besonders gefährdet durch die soziale Schichtung der Bewohner in ›Freie‹ und ›Freigelassene‹ (Nachkommen ehemaliger Sklaven). Es gibt ein Heiratsverbot zwischen beiden Schichten, das zwar zunehmend durchlöchert wird, aber nach wie vor sind die ›Freigelassenen‹ von traditionellen Ämtern ausgeschlossen. Zahlreiche ›Freigelassene‹ haben es zu materiellem Wohlstand gebracht und streben danach, in die Schicht der ›Freien‹ integriert zu werden. Daraus können Konflikte entstehen, obwohl sich die meisten Freien mit einer derartigen Entwicklung abgefunden haben. Aber es gibt auch noch andere Spannungsfelder im sozialen Leben der Bewohner von Fachi, z. B. Rivalitäten um das Amt des ›Agrama‹, des Oberhauptes von Fachi. Häufig sind Konflikte zwischen dem weiblichen und männlichen Teil der Bevölkerung, die ihre Ursache in dem Widerspruch haben, der zwischen dem Selbstbewußtsein und der starken sozialen Position der Frauen von Fachi und gewissen patriarchalisch orientierten Vorstellungen des Islam besteht. Aus diesem und noch anderen Gründen ist in Fachi ein erhebliches Konfliktpotential zu verzeichnen. Es könnte für Fachi existenzgefährdend werden, gäbe es nicht den ›inneren Frieden‹ als die höchste von allen anerkannte Wertkategorie. Fachi ist eine ›Friedensgesellschaft‹, weil jeder auftretende Konflikt sofort Vermittler auf den Plan ruft, die nicht ruhen, ehe ein Streit beigelegt und die Gegner versöhnt sind« (Fuchs 1984, 25).

Die Bedeutung des täglichen Erlebens der Wechselwirkung zwischen Individuum und gesellschaftlicher Ordnung kann an dem hohen Grad der beiderseitigen Identifikation abgelesen werden. Frieden nach innen und außen bedarf aber erheblichen zeitlichen und normativen Aufwandes: So berichtet Fuchs über die Oase Fachi: » . . . die Religion sowie zahlreiche gesellschaftliche Aktivitäten nehmen in Fachi die *Hälfte* der Tageszeit in Anspruch . . . Es wäre z. B. möglich, durch Verlängerung der Tagesarbeit mehr Gärten anzulegen und diese intensiver zu nutzen, aber dazu ist, außer in Notzeiten, niemand bereit. Arbeitsruhe und die dadurch mögliche Geselligkeit, Zeit zur Muße, für religiöse Übungen u. a. gehören in Fachi zur Kategorie ›Lebensfreude‹. Es gibt für die Bewohner von Fachi eine klare Grenze der Leistungsbereitschaft, selbst wenn dadurch der materielle Standard auf einem niedrigen Niveau bleibt. ›Arbeitsleistung‹ und ›Lebensfreude‹ müssen in einem ausgeglichenen Verhältnis stehen. Nach Auffassung der Bewohner von Fachi wird dadurch ihre Existenz in der Wüste zu etwas so Lebenswertem, daß niemand, der daran teilhat, darauf verzichten möchte. Ausdruck dafür ist die Anhänglichkeit der Bewohner von Fachi an ihre Oase, die ihnen Heimat bedeutet« (Fuchs, 25). Was hat die Oase Fachi mit unserem Thema zu tun? Meines Erachtens bietet das Beispiel Fachi wichtige Anknüpfungspunkte:

1. Die Situation, wie wir sie in solchen kleinen, auf sich gestellten Gemeinschaften finden, ist für die heutigen Industriegesellschaften und die Ordnungen, in die sie eingebunden sind, in keiner Weise repräsentativ. Aber: Was (wie die Oase Fachi) heute nur noch ein winziges Partikel gesellschaftlicher Wirklichkeit darstellt, war in unserer eigenen Kulturgeschichte und noch stärker in unserer Naturgeschichte – mutatis mutandis – die Normalsituation: Überschaubare kleine Gesellschaften, die auf sich selbst gestellt, angepaßt an die ökologischen Rahmenbedingungen ihres Siedlungsgebietes, überlebten und expandierten, waren das Erfolgsrezept der Spezies Homo sapiens über nahezu 100% der Zeitspanne ihrer Naturgeschichte. Vorzüge und Mängel des Homo sapiens im Sozialbereich (aber nicht nur dort) können wir daher nur unzureichend verstehen, wenn wir diese Tatsache nicht beachten.

Genetisch fixierte Dispositionen und Präferenzen können – wenn sie funktional sein sollen – nur im Dienst einer Optimierung dieses Rezeptes – des funktional gegliederten, relativ autonomen Kleingruppenverbandes – zum Erfolgsrezept liegen. Alle anderen Gesellschaftsformen sind schlicht zu neu für die Möglichkeit, genetische Konsequenzen zu zeitigen.

2. Abstrakt genug behandelt, erscheinen die sozialen Mechanismen, wie sie z. B. in dieser Oase auftreten, mindestens als Kontrastfolie zu unseren eigenen Verhältnissen interessant. Wie Fuchs berichtet, ist das Maß an sozialem Konfliktstoff erheblich. Gleichwohl ist der innere Frieden stets gesichert. Dies erlaubt den Schluß, daß das Ziel einer konfliktfreien industriellen Gesellschaft Utopie bleiben wird. Nicht Konfliktfreiheit kann daher ein politisch-ethisches Ziel sein, statt dessen müssen die Bemühungen dahin zielen, konsensfähige Verfahren zur Konfliktlösung zu entwickeln.

Weiter zeigt uns das Beispiel Fachi, daß Lebensfreude und Zuversicht für Individuen nicht allein oder nicht wesentlich von Gesetzen – und seien es auch gute Sozialgesetze – abhängig sind, sondern stärker von einem Normengefüge, das die Interessen des Individuums in angemessener Weise mit denen der Gemeinschaft verschmilzt, so daß soziale Systeme entstehen, an deren Bau jeder jederzeit mitarbeitet.

Völkerkundliche Untersuchungen erscheinen mir daher auch als »Lieferanten« wesentlicher Anstöße zum besseren Verständnis unserer eigenen Probleme nicht nur sehr förderlich, sondern eigentlich unentbehrlich. Sie liefern uns gewissermaßen »Feldexperimente« zur Frage unserer sozialen Plastizität. Belege für die Hypothese, ein Identifikationsdefizit als Funktion der Populationshöhe sei eine wesentliche Ursache, sollten sich dann nicht nur bei traditionellen Stammeskulturen finden. Auch die Untersuchung kleinerer Herrschaftsgefüge – wie z. B. die Staaten Luxemburg oder Liechtenstein – würde vermutlich Belege erbringen (z. B. Anzahl Bürger pro Polizist, Umfang Straffälligkeit pro 1 000 Bürger usw.).

Dies führt zu einer generellen methodischen Anmerkung: Eine Analyse des Verhältnisses von Identifikationsgrad und Individuenmenge in Herrschaftsgefüge wird selbstredend von zahlreichen weiteren Einflußgrößen, die hier Störfaktoren genannt werden könnten, behindert. Denn leider (oder zum Glück) findet Geschichte nicht unter sauberen experimentellen Bedingungen statt. Während nämlich ca. in den letzten zwei Jahrhunderten in unserem Kulturraum die Individuenzahl unter einer Herrschaftsordnung, z. B. infolge von Fusion (z. B. Reichsgründung durch Bismarck), Bevölkerungsanstieg (z. B. Deutsches Reich mit Beginn der industriellen Entwicklung) oder Eroberung (z. B. das britische Empire) anstieg, änderten sich zugleich auch wesentliche andere Faktoren, z. B. Mobilität, Bildung, Wohlstand. Aber allein ein Gleichbleiben dieser anderen Faktoren würde den Schluß auf eine befriedigende klare Kausalbeziehung zwischen Individuenmenge einerseits und Identifikationsgrad andererseits erlauben. Wie fast stets bei multifaktoriellen Phänomenen müssen wir hiervon zunächst Abschied nehmen. Trotzdem besteht Anlaß zu Optimismus, daß die feinmaschige Methodologie der Sozial- und Kulturwissenschaften der Komplexität des Phänomens gewachsen wäre. Meines Erachtens liegt ein *größeres* Hindernis in der manchmal hochritualisierten Ablehnung stammesgeschichtlicher Betrachtung.

## *5. Mögliche praktische Konsequenzen*

Der vorläufige Charakter dieses Ansatzes gebietet in diesem Stadium mögliche Konsequenzen in aller Vorsicht; eher fehlt intensive Forschung. Aber auch um den möglichen Mißverständnissen vorzubeugen, solche Analysen seien zwangsläufig »l'art pour l'art«, weil die Stammesgeschichte eben Geschichte sei, soll eine Reihe von Maßnahmen angeführt werden.

Es erscheinen die folgenden Anregungen aus der zugegebenermaßen noch unzureichend abgesicherten Hypothese, der Mensch sei in seinen sozialen Potentialen, will man diese voll entfalten, immer wieder auf Kleingruppenstrukturen oder Kleingruppensurrogate angewiesen, ableitbar. Einige dieser Anregungen sind bekannt und wurden in ganz anderen Zusammenhängen bereits artikuliert.

1. *Mehr Regionalität.* Schon ein erster Blick auf die Verhältnisse in Frankreich im Vergleich zur Bundesrepublik zeigt, daß separatistische Tendenzen und zentralistische Führung eines Staates zueinander gehören. So finden wir in Frankreich Unabhängigkeitsbewegungen an der Peripherie des Staatsgebietes. Im Süden die Korsen, im Südwesten die Occitanen und im Norden die Bretonen können sich nur in unzureichendem Ausmaß mit der französischen Zentralregierung identifizieren. Die Sowjetunion war für viele ihrer Völker eine Kolonialmacht.

2. *Weniger Staat.* Das *Subsidiaritätsprinzip,* also die nur helfende Ergänzung der Selbstverantwortung kleiner Gemeinschaften als Aufgabe des Staates, kann beitragen, den Grad der Identifikation mit den Zielen des Staates bei den Individuen zu fördern wie auch die Fürsorgepflicht des Staates für die Individuen auf ein sinnvolles und kontrollierbares und damit verläßliches Maß zu beschränken (vgl. von Nell-Breuning 1965).

3. *Spezifische Optimalgrößen.* Der Volkswirtschaftler Leopold Kohr (Rutgers University, USA) hat die These aufgestellt, daß jedes Unternehmen, jede Organisation eine ihm oder ihr spezifische Optimalgröße besitzt, die innerhalb feststellbarer Grenzen liegt. Sowohl die Unterschreitung wie auch die Überschreitung mindern Effizienz, Flexibilität wie auch Produktivität (1965, 1979).

Eine pauschale Forderung nach mehr Kleinbetrieben oder mittelständischen Unternehmen erscheint, so besehen, ebenso ungeeignet wie die Forderung nach mehr Fusion in der Wirtschaft, hingegen sollte der Spezifität der Optimalgrößen Rechnung getragen werden. Kohrs Überlegungen haben m. E. viel zu geringe Resonanz auch gerade unter dem Gesichtspunkt eines zufriedenstellenden Wechselverhältnisses zwischen Individuum und Gesellschaftsordnung gefunden. Wenn der Bürger z. B. eine überschaubare Gemeindeverwaltung als Ansprechpartner hat, fühlt er sich wesentlich besser aufgehoben als bei zentralisierten Verwaltungsstrukturen. Unter diesem Gesichtspunkt ist z. B. die Gebietsreform der 70er Jahre, die in einigen Bundesländern teilweise gegen erheblichen Widerstand der Betroffenen durchgesetzt wurde, eher kritisch als positiv zu beurteilen.

4. *Überschaubare soziale Dienstleistungsstrukturen.* Es wird angenommen, daß nur dann ein hinreichendes Maß an sozialen Potentialen verwirklicht werden kann, wenn die Interaktionspartner nicht von Anonymität aufgesogen werden. In der Kinder- und Altenbetreuung, aber auch im Gesundheitswesen und in der Arbeitsvermittlung sind z. B. die sozialen Potentiale der dort Tätigen von größerem Gewicht für das Gelingen der Aufgaben dieser Institutionen als beispielsweise beim Kfz-Bau oder in der Energieerzeugung. Hieraus wird abgeleitet, daß solche Strukturen besonders transparent, besonders überschaubar, d. h. möglichst stark dezentralisiert ausgebildet sein sollten.

5. *Abbau des Verbändestaates.* Die Nachkriegsentwicklung unseres parlamentarisch-demokratischen Systems hat dazu geführt, daß die verschiedenen gesellschaftlichen Gruppen bei ihrem Ringen um Einfluß auf die politischen Entscheidungsprozesse sich Organisationen geschaffen haben, die häufig wegen ihrer Stabilität und Macht in der Effizienz der Einwirkung auf die politischen Entscheidungen dem Wählervotum überlegen erscheinen. Es dürfte offensichtlich sein, daß hier eine erhebliche Gefahr für den Glaubwürdigkeitsgrad parlamentarisch-demokratischer Systeme besteht. Eine Regierung, die zu bedenken hat, daß die Wähler wechseln, aber die Lobbyisten bleiben, ist nur eingeschränkt handlungsfähig und eingeschränkt glaubwürdig. Auch die Abwahl ändert nichts an diesen *strukturellen* Problemen. Bei den US-Präsidentschaftswahlen z. B. beteiligen sich durchschnittlich unter 40% der Wahlberechtigten! Das kann unter anderem auch ein Indikator für mangelnde Überzeugungskraft des Regierungssystems einer besonders großen Gesellschaft sein.

6. *Aufwertung des Abgeordneten – Abwertung der Fraktion.* Auch diese Anregung dient letztlich der besseren Abbildung des Wählerwillens im Parlament. Sie entspricht der Forderung des Grundgesetzes, daß der Abgeordnete nur seinem Gewissen verantwortlich sei. Daß er seiner Fraktion verantwortlich sei, steht nicht im Grundgesetz. Bei zurückgedrängter Fraktionsmacht nimmt die Einflußmöglichkeit der Wähler auf den Abgeordneten zwangsläufig zu. Damit ist eine wesentliche Voraussetzung zur Verbesserung des Wechselverhältnisses zwischen Individuum und Gesellschaftsordnung angesprochen; denn der Wähler sieht in Übereinstimmung mit dem Grundge-

setz im Abgeordneten seinen verlängerten Arm zur politischen Mitwirkung an der Steuerung der Gesamtgesellschaft.

Forderungen, den Abgeordneten an basisdemokratische Gremien zu binden, sind m. E. unter diesem Gesichtspunkt ebenso bedenklich wie die heute üblichen Formen, bei denen ein immer stärkerer Schwund an Abgeordneteneinfluß und ein Ansteigen der Macht der Fraktionsführung zu verzeichnen ist. Das parlamentarisch-demokratische System bietet wohl als einziges Chancen, Symptome seiner Fehlentwicklung offen entstehen zu lassen. Innergesellschaftliche Konflikte – das tägliche Brot gegenwärtiger offener politischer Systeme – mögen folglich den Weg in eine sozial verträglichere Struktur beschleunigen, wenn wir diese Konflikte als Indikatoren betrachten. Sie sind vermutlich keineswegs Indikatoren nur aktualgenetischer Probleme. Betrachtet man sie aber zugleich als Indikatoren auch phylogenetisch überkommener Eigentümlichkeiten im Bereich von Dispositionen und Präferenzen des Homo sapiens, so ändert sich zugleich das Spektrum sinnvoller Verbesserungsvorschläge: Nicht nur die Individuen sind (z. B. durch Bildung und Erziehung) sozialfähiger zu machen, sondern auch die sozialen Strukturen wären anzupassen an die Eigentümlichkeiten eines Kleingruppenwesens.

## *Anmerkungen*

1 *Frans de Waal* hat an Schimpansen in einem großen Freigehege im Arnheimer Zoo die sozialen Interaktionen untersucht. Die Ergebnisse zeigen Leistungen, die wie eine Karikatur kommunalpolitischer Aktivitäten wirken (vgl. *F. de Waal,* 1982, insbesondere 184–221).

2 Als allgemeinen Urteilsrahmen zur Bestimmung der Lernfähigkeit und »Intelligenz« von Tieren schlägt *Otto Koenig* (1975, 36) eine vierdimensionale Analyse vor, in der die »soziale Struktur« eine der 4 Dimensionen ist (neben: systematischer Stellung, ökologischer Funktion, ökologischer Situation).
Eine komplexe Sozialstruktur setzt einerseits erhebliche Lernfähigkeit voraus, fördert deren Entwicklung andererseits.

3 *H.-A. Freye* hat in seinem lesenswerten Kompendium der Humanökologie (1978) diese und weitere Anpassungen enzyklopädisch unter ökologischer Perspektive zusammengestellt. Sie reichen von physiologischen (z. B. Haar-, Haut- und Augenfarbe) und morphologischen (z. B. Körperbau und -größe) bis zu Anpassungen in Tagesrhythmik (z. B. folgt die max. Rechengeschwindigkeit der Tagesrhythmik) und Jahresrhythmik (z. B. Schlaf im Sommer flacher, im Winter tiefer).

## Literatur

Bon, G. le (1953): Psychologie der Massen (Psychologie des Foules; dt.). Stuttgart: Kröner-Verlag, 182 S.

Fuchs, P. (1984): Die Bewohner der Oase Fachi und ihr soziales Leben. Forschung, Mitt. der DFG 4. 84: 22–25.

Hallgarten, G. W. F. (1967): Das Wettrüsten, seine Geschichte bis zur Gegenwart. Frankfurt: Europ. Verlagsanstalt, 528 S.

Harris, M. (1969): The rise of anthropological theory. A history of theories of culture. London: Routledge & Kegan Paul, 806 S.

Harris, M., Fried, M., u. Murphy, R. (Eds.) (1971): Der Krieg. Zur Anthropologie der Aggression und des bewaffneten Konflikts (War: the anthropology of armed conflict and aggression; dt.). Frankfurt: Fischer Verlag, 306 S.

Harris, M. (1977): Kannibalen und Könige (Cannibals and Kings; dt.). Frankfurt: Umschau-Verlag, 303 S.

Hartfiel, G. (1972): Wörterbuch der Soziologie. Stuttgart: Kröner-Verlag, 696 S.

Hofstätter, P. (1957): Psychologie. Das Fischer-Lexikon. Frankfurt: Fischer Taschenbuch Verlag.

Koenig, O. (1975): Urmotiv Auge. München: Piper-Verlag.

Koenig, O. (1983): Steinzeitverhalten und industrielle Gesellschaft. In 33 Volt. Österr. Magazin f. Elektronik und Elektrotechnik, Jan./Feb.: 30–31.

Koenig, O. (1982): Kumulationseffekte im Kulturbereich. In: Pädagogische Rundschau 1982: 359–366.

Kohr, L. (1965): Weniger Staat. Gegen die Übergriffe der Obrigkeit. Düsseldorf: Econ-Verlag, 234 S.

Kohr, L. (1979): Development without aid. The translucent Society. New York: Schocken-Books, 227 S.

Kornandt, H.-J. (1985): Zur Lage der Psychologie. Psychologische Rundschau, Bd. XXXVI, 1: 1–15.

Leighton, D., and Kluckhorn, C. (1972): Wie wird man zum Navajo? In: König, R., und Schmalfuß, A. (1972): Kulturanthropologie. Düsseldorf.

Liedtke, M. (1972): Evolution und Erziehung. Göttingen: Vandenhoek u. Rupprecht.

Liedtke, M. (1985): Technik. Erlösung oder Sündenfall des Menschen? Zum Problem der Humanität in der technischen Entwicklung. Hrsg. v. Gesellschaft d. Freunde der Forschungsgemeinschaft Wilhelminenberg, Schriftenreihe, Wien, 24 S.

Merker, M. (1904): Die Massai. Ethnographische Monographie eines ostafrikanischen Semitenvolkes. Berlin: Reimer Verlag, 421 S. (Nachdruck: Johnson Repr. Corp., New York 1968).

Nansen, F. (1908): Eskimoleben. Berlin: Globus-Verlag.

Nell-Breuning, O. v. (1947): Gesellschaftsordnung. Wesensbild und Ordnungsbild der menschl. Gesellschaft. Nürnberg, Passau, 48 S.

Nell-Breuning, O. v., und Sacher, H. (Hrsg.) (1951): Gesellschaftliche Ordnungssysteme. Freiburg: Herder-Verlag.

Nell-Breuning, O. v. (1965): Das Subsidiaritätsprinzip und die sozialen Vorstellungen der deutschen Studentenschaft. In: Schütte, B., Oehler, C., und Nell-Breuning, O. v. (Hrsg.) (1965): Die unbewältigte Gegenwart. Zur Situation der Universität heute. Münster, Aschendorff-Verlag, 63 S.

Riesman, D., Denney, R., und Glazer, N. (1953): Die einsame Masse. Eine Untersuchung der Wandlungen des amerikanischen Charakters (the lonely crowd; dt.). Darmstadt, Berlin: Luchterhand-Verlag, 504 S.

Waal, F. de (1982): Chimpanzee Politics. London: Cape Ltd. (dt. 1983).

*Max Liedtke*

# *Krieg im Schulbuch – Erklärt, geführt, verhindert – Eine Pilotstudie*

## *1. Methodische Vorbemerkungen*

Die Untersuchung greift auf die Bestände der Johann-Guthmann-Schulbuchsammlung der Erziehungswissenschaftlichen Fakultät der Universität Erlangen-Nürnberg zurück (ca. 13 000 Bände). Aus diesen nach der zeitlichen Abfolge (z. B. Epoche I: –1813; Epoche II: 1814–1853 usw.) und nach Sachgebieten (z. B. Fibeln, Lesebücher, Mathematikbücher usw.) geordneten Beständen wurde wiederum nur eine Auswahl von ca. 1 000 deutschsprachigen, überwiegend aus dem Bereich der alten Bundesländer (Grenzen von 1989) stammenden Büchern allgemeinbildender Schulen aus der Zeit zwischen ca. 1650 und 1980 herangezogen. Die relativ breite Auswahl läßt vermuten, daß die vorgelegte Untersuchung zu repräsentativen Aussagen kommt. Andererseits bedarf es zur Absicherung dieser Aussagen systematischerer Untersuchungen, durch die sämtliche Schulbücher, deren Verbreitungsgrad usw. erfaßt werden.

## *2. Umfang und Inhalte des Themas Krieg im Schulbuch*

### *2.1. Umfang des Themas »Krieg« im Schulbuch: Übersicht und Beispiele*

Umfang (und Art) der Behandlung des Themas »Krieg« im Schulbuch variiert deutlich nach Zeit und Fächern (s. Abb. 1). Das Thema taucht in nahezu allen Fächern und Büchern auf und ist, wenigstens randständig – allerdings mit wechselnden Inhalten und Intentionen – unablässig präsent. In Kriegszeiten (z. B. Erster und Zweiter Weltkrieg) werden alle Fächer vom Thema Krieg erobert, auch die Fächer, die wie das Fach Biologie diesen Fragenkreis in der Regel ausgeklammert hatten (z. B. enzyklopädisch angelegte Schulbücher zur Botanik und Zoologie). Überdies nimmt in Kriegszeiten der Umfang der Behandlung von Kriegsthemen in allen Fächern – außer in den Fächern Alte Sprachen und Religion – deutlich zu, Lesebücher können zu spezifischen Kriegslesebüchern werden (z. B. E. Hajek u. a.: Um Heimat und Herd. Ein Kriegslesebuch für Schule und Haus. Kronstadt 1916). Eine deutliche, bis zur völligen Ausklammerung gehende Reduzierung des Themas »Krieg« zeigt sich unmittelbar nach 1945. Schließlich erscheint das Thema aber wieder im Lesebuch bzw. im Sozialkundebuch (z. B. Not des Krieges, Kriegsverhinderung).

Den weitaus größten Raum nimmt das Thema »Krieg« im Lesebuch ein. Das Lesebuch ist daher auch die ergiebigste Quelle für diese Untersuchung (s. Abschnitt 2.2.).

Im Altsprachlichen Unterricht ist das Thema über die Texte der lateinischen und griechischen Schulklassiker unablässig gegenwärtig (z. B. Caesar, Herodot). Entsprechend war auch das zu lernende Vokabular durch Jahrhunderte kriegsbezogen. In den Phraseologien zieht sich das »Kriegswesen« über viele Seiten hin.

In der »Lateinischen Phraseologie«, für den Schulgebrauch bearbeitet von Carl Meißner (Leipzig 1886, 5. Auflage), wird das »Kriegswesen« auf 14 Seiten (169–183) unter 11 Kategorien abgehandelt (1. Aushebung, Fahneneid usw.; 2. Sold, Kriegsdienst, Zufuhr; 3. Oberbefehl, Kommando, Disziplin; 4. Waffen; 5. Der Krieg; 6. Das Heer auf dem Marsche; 7. Das Lager; 8. Die Belagerung; 9. Vor der Schlacht; 10. Die Schlacht selbst; 11. Sieg, Triumph).

Im Neusprachlichen Unterricht wird demgegenüber nur gelegentlich ein kriegsbezogener Übungstext aus der jüngeren Geschichte aufgenommen (z. B. O. Harlander, Englisch als 1. Fremdsprache. Leipzig und Berlin 1940, 34 f.).

In der Fibel, d. h. in den Büchern für den Erstleseunterricht, ist das Kriegsthema spätestens ab Mitte des 19. Jahrhunderts vertreten, hat dann bis 1945 regelmäßig insbesondere über das »Soldatenspielen« seinen Platz (z. B. Namenbüchlein zum Gebrauche in Stadtschulen, Wien 1850, 42).

Die Schulbücher für das Fach Geschichte werden im weiteren Verlauf der Untersuchung nicht weiter beachtet. Wegen der jahrhundertelangen Dominanz der Herrschaftsgeschichte – z. B. im Gegensatz zur Ideen- und Sozialgeschichte – sind insbesondere die kursorischen Geschichtsabrisse der Volksschulen bis 1945 im wesentlichen Kompendien der europäischen Kriegsgeschichte (s. Abb. 2).

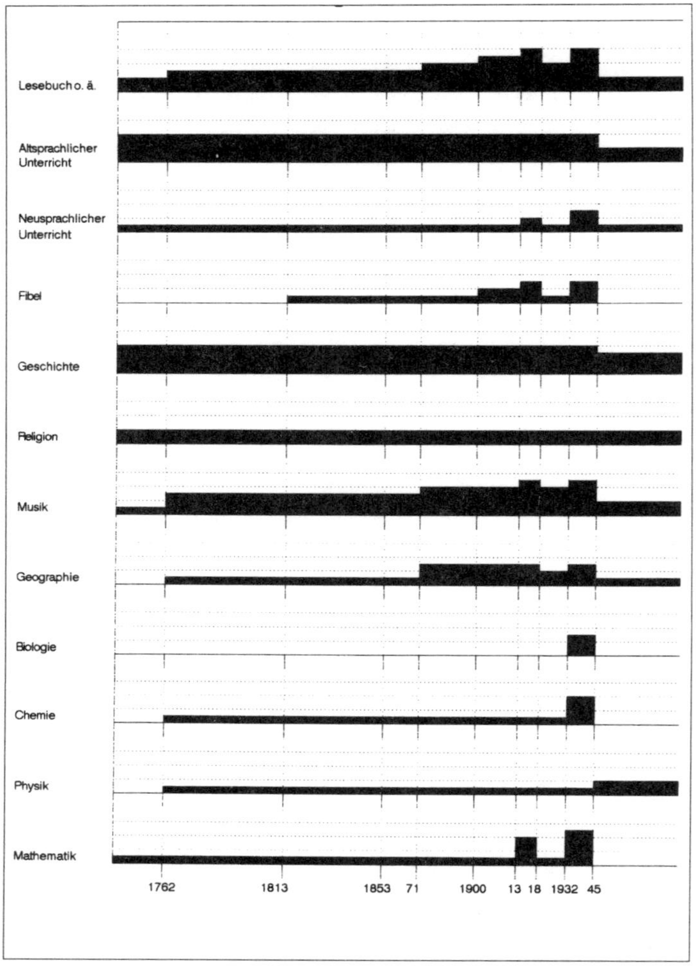


**Abb. 1:** Umfang des Themas »Krieg« im Schulbuch. – Die Rubriken sind den unten angegebenen geschichtlichen Epochen zugeordnet. Jedes Fach hat drei Zeilen, die mit ihren insgesamt sechs Stufen den Umfang angeben, in welchem das Thema »Krieg« in dem betreffenden Fach behandelt wird.

Stufe 1: gelegentlich
Stufe 2: häufiger
Stufe 3: stets
Stufe 4: stets, mit merklichem Akzent
Stufe 5: stets, in breitem Umfang
Stufe 6: stets, dominant
Weitere Erläuterungen in Abschnitt 2.1.

**Abb. 2:** Aus: Lehr- und Lesebuch für die mittleren und oberen Klassen der deutschen Schulen im Königreich Bayern. III. Abteilung. München 1843, S. XI f.

In den Schulbüchern zum Religionsunterricht wird das Thema »Krieg« einmal im Teilfach »Biblische Geschichte« berührt, und zwar in der Geschichte des Alten Testamentes (z. B. Auszug aus Ägypten, Eroberung Palästinas usw.), daneben aber mit ziemlicher Regelmäßigkeit auch im katechetischen Unterricht im Zusammenhang des 5. Gebotes (»Du sollst nicht töten«; vgl. L. C. A. Wigand: Vorlesung über den kleinen Katechismus Luthers, zum Gebrauch in deutschen Schulen. Quedlinburg 1887, 73: Rechtmäßigkeit von Kriegen).

Der Musikunterricht hat die Kriegsthematik in beträchtlichem Umfang über die Auswahl des Liedgutes einbezogen. Selbst wenn man die Soldatenlieder des 18., 19. und 20. Jahrhunderts, die zwischen ca. 1763 und 1945 einen beträchtlichen Teil des Liedgutes ausmachen (vgl. A. L. Hoppenstedt, Hrsg.: Lieder für Volksschulen. Hannover 1814, 4. Auflage, S. 199: »Lied der Streiter für das Vaterland«), ausklammert, Landsknechtslieder u. ä. bleiben auch nach 1945 im Liedgut der Schulen.

Die Geographieschulbücher greifen das Thema unter verschiedenen Aspekten auf. Es können gelegentliche Hinweise auf Kriegsschauplätze sein, auf kriegswichtige Erfindungen oder Lagerstätten (z. B. Schießpulver: Gaspari, A. Chr. 1809, 55). Man findet aber auch ausführliche Vorstellungen und internationale Vergleiche der Heere, der Kriegsflotten und anderer kriegswichtiger Positionen (vgl. Hanus, H.: Vaterländische Erdkunde nebst Deutschlands Kolonien. Leipzig 1911, 392–397).

Die Bücher für den Chemieunterricht gehen mit ziemlicher Regelmäßigkeit auf die Erfindung und Zusammensetzung der Sprengstoffe ein, erläutern schließlich die chemische Beschaffenheit der Kampfgase usw. und geben Anweisungen für den Luftschutz usw. (vgl. Henniger, K. A., und Franck, W.: Lehrbuch der Chemie. Leipzig und Berlin 1941, 240–248).

Im Bereich des Biologieunterrichts taucht das Kriegsthema nur in Schulbüchern aus der Zeit zwischen 1933 und 1945 auf, und zwar meist im Zusammenhang der sogenannten Rassenkunde (vgl. Meyer, E., und Zimmermann, K., 1941, 378).

Die Physiklehrbücher befassen sich regelmäßig mit Fragen der Ballistik (Geschoßbahnen). Nach dem Zweiten Weltkrieg wird die Frage der Funktion und Wirkungsweise der Atombombe in viele Schulbücher aufgenommen (vgl. Fock, E., und Weber, K., 1956, 240; Höfling, O., und Jacobs, W., 1961, 329 f.; Schietzel, C., 1962, 145).

In den Mathematikschulbüchern finden sich mit Ausnahme der Zeit nach 1945 in allen Epochen meist auch Rechenaufgaben aus dem militärischen Bereich (vgl. Chr. D. Westphalen, Arithmetische Aufgaben für Anfänger im Rechnen. Hamburg 1810, 9. Auflage, S.114: Proviant in belagerter Festung; S. 115: Unterhaltskosten für Soldaten; S. 210: Verteilung von Kriegsbeute). In den Kriegszeiten nimmt die Zahl entsprechender Aufgaben erheblich zu. In der Zeit des Nationalsozialismus werden zudem Aufgaben zur »Judenfrage« in die Rechenbücher aufgenommen (vgl. Rechenbuch für die bayerischen Volksschulen. Heft 8, 1943, S. 11: Jüdische Studenten an den Hochschulen 1932–1934; Zahl der jüdischen Soldaten im Ersten Weltkrieg im Verhältnis zum Anteil der jüdischen Bevölkerung an der Gesamtbevölkerung).

### *2.2. Inhalte zum Thema »Krieg«*

#### 2.2.1. Schematische Übersicht

In der bisherigen Darstellung war schwerpunktmäßig zunächst nur dargestellt, in welchem Umfang Kriegsthemen im Schulbuch angesprochen waren, unabhängig von den jeweiligen inhaltlichen Akzenten. Abbildung 3 läßt aber erkennen, daß das inhaltliche Spektrum breit gestreut ist, die inhaltlichen Akzente jedoch je nach Epoche sehr unterschiedlich gesetzt sind.

Im zeitlichen Ablauf fällt besonders auf, daß kriegsverherrlichende Akzente ab der 1763 beginnenden Epoche durchgängig zu beobachten sind, mit besonderer Ausprägung zwischen 1872 und 1913 und mit ihren Höhepunkten zwischen 1914 und 1918 sowie zwischen 1933 und 1945. Aufrufe gegen den Krieg finden sich nur in den Epochen zwischen 1763 und 1853 sowie nach 1945. Der Fragenkreis »Kriegsdienstverweigerung« taucht erst in der Zeit nach dem Zweiten Weltkrieg auf.

Die thematische Breite variiert deutlich auch in den verschiedenen Epochen. Das breiteste Spektrum ist in den Epochen 1763–1813 und 1900–1918 angesprochen. Betrachtet man den unterschiedlichen Zeitrahmen der beiden Epochen (50 Jahre; 18 Jahre), ist offensichtlich, daß die thematische Dichte kriegsbezogener Texte in den Schulbüchern der beiden ersten Jahrzehnte des 20. Jahrhunderts besonders groß war. Dabei dominierten die kriegsverherrlichenden Texte.

### 2.2.2. Exemplarische Belege der Inhalte

*(1) Soldatenspiel*

Soweit überhaupt das Erstlesebuch bemüht ist, den Schüler in kindertümlicher Weise anzusprechen und die jeweilige Spielwelt in das Schulbuch mit einzubeziehen (ab ca. 2. Drittel des 19. Jahrhunderts), taucht – außer in der Epoche nach 1945 – mit großer Selbstverständlichkeit auch das Soldatenspiel auf, zunächst als bloßer Text (Abb. 4), in der bebilderten Fibel immer auch als Bild (Abb. 5). In der Zeit des Nationalsozialismus wird diese Thematik erheblich erweitert und nimmt einen deutlich manipulatorischen Charakter an.

*(2) Technische Erklärungen*

Erläuterungen zu den technischen Aspekten des Kriegsgeschehens finden sich vornehmlich in den Schulbüchern vor 1813 und aus der Zeit der beiden Weltkriege. Sie können von einer distanziert enzyklopädischen Darstellung des Kriegswesens über eine breite parteiische Schilderung der militärischen und zivilen Aspekte des Kriegsverlaufs bis zur dezidierten Einführung in die »Wehrchemie« reichen.

J. B. Basedow (1774) gibt in seinem enzyklopädisch angelegten »Elementarwerk« auf den Bildtafeln 62–71 einen Überblick »Zum Kriegswesen«. Er eröffnet mit einigen Bildern zur Geschichte der Waffentechnik (Tab. 62 ff.; Soldaten mit Keulen und Stangen, mit Schleudern, mit Hellebarden und Schilden, mit Pfeil und Bogen, mit Lanzen und Säbeln, schließlich mit Feuerwaffen; Soldaten zu Pferde) und erläutert dann eingehend die zeitgenössische Festung (Tab. 68; s. Abb. 6), das Heerlager (Tab. 69), die Schlachtordnung (Tab. 70) und das Schlachtfeld (Tab. 71).

J. Chr. Dolz behandelt in seinem »Lehrbuch der nothwendigen und nützlichen Kenntnisse«, Leipzig 1815, ebenso in enzyklopädischer Weise die »Militärverfassung« eines Staates und stellt die »Land- und Seemacht«, die unterschiedlichen Streitkräfte, die militärischen Ränge, die Kavallerie, die Artillerie, die Landwehr und den Landsturm vor (S. 300–304).

In dem von Fr. Lembke und H. Sohnrey (1915) herausgegebenen Buch »Fürs Vaterland – Kriegslesebuch für deutsche Schulen« wird die Szenerie des Krieges – stets auch mit unverkennbar kriegsverherrlichenden Absichten – ausführlich unter 12 Gliederungspunkten dargestellt: »I. Krieg«; »II. Das Deutsche Reich«; »III. Heer und Landkrieg«; »IV. Flotte und Seekrieg«; »V. Nach der Schlacht«; »VI. Die daheim«; »VII. Verkehr draußen und da-

| | -1762 | 1763-1813 | 1814-1853 | 1854-1871 | 1872-1899 | 1900-1913 | 1914-1918 | 1919-1932 | 1933-1945 | 1946-1980 |
|---|---|---|---|---|---|---|---|---|---|---|
| Soldatenspiel | | | + | + | + | + | + | + | ++ | |
| Technische Erklärung | + | + | | | | + | ++ | | ++ | |
| Kriegsverherrlichende Akzente | | + | + | + | ++ | ++ | +++ | + | +++ | |
| Ursache / Funktion des Krieges | | + | + | + | | + | + | | + | + |
| Soldatische Tugend (moralisierend) | | + | + | + | | + | | | | |
| Kriegsvorbereitung | | | | | | | | + | + | |
| Not des Krieges | | + | + | | | + | + | | | ++ |
| Humanisierung des Krieges | | + | | | | + | | | | |
| Unvermeidlichkeit des Krieges | | | | | | + | | | | |
| Überlegenheit durch Bildung | | | | | | + | | | | |
| Feindbild | | | | Österreich | Frankreich | Frankreich England | Frankreich England SU | Frankreich | Juden SU England Frankreich | |
| Soldatische Tugend (kritisch) | | + | | | | | | | | |
| Aufruf gegen Krieg | | + | + | | | | | | | + |
| Kriegsdienstverweigerung | | | | | | | | | | + |
| Notwendigkeit der Verteidigung | | + | | | | + | | | | + |

+: Thema wird behandelt ++: Thema wird breit behandelt +++: Thema wird sehr breit behandelt (bis zu 100%)

**Abb. 3**

**Abb. 4**

**Abb. 5**

h

Im Früh ling:
Die Blu men blü hen,
die Kin der zie hen
hin aus auf die Wie se,
tra gen Fah nen,
sind fröh lich —
Fähn rich.

**Büb lein wirst du ein Re krut, merk dir die ses Lied chen gut!**

1. Wer will un ter die Sol da ten,
der muß ha ben ein Ge wehr,
das muß er mit Pul ver la den
und mit einer Ku gel schwer.

2. Der muß an der lin ken Sei ten
einen schar fen Sä bel han,
daß er, wenn die Fein de strei ten,
schie ßen und auch fech ten kann.

3. Einen Schnurr bart an der Na sen,
auf dem Kopfe einen Helm,
sonst, wenn die Trom pe ten bla sen,
ist er nur ein ar mer Schelm.

**Abb. 3:** Inhalte zum Thema »Krieg« im Schulbuch
**Abb. 4:** Aus: Namenbüchlein zum Gebrauch in Stadtschulen. Wien 1850, S. 42 f.
**Abb. 5:** Aus: Markert, K., und Schander, K.: Mein erstes Lesebuch. Nürnberg 1907, S. 50

heim«; »VIII. Wir und die Welt«; »IX. Unsere Gemeinde«; »X. Ordnung auch in Kriegszeiten«; »XI. Deutsche Wirtschaft«; »XII. Zum guten Ende«.

Das breite Spektrum der Themen wird aber erst an den bis zu 17 Einzelbeiträgen der 12 Hauptabschnitte deutlich. Zu Abschnitt VII zählen u. a. die Untertitel: »Nachrichtenmittel im Krieg«; »Die Feldpost«; »Truppenbeförderung und Eisenbahn«; »Die Flieger im Kriege«; »Der Lastkahn«; »Das Handelsschiff«. Abschnitt VIII behandelt u. a. die Einzelthemen: »Der Krieg und unsere Überseekabel«; »Bedeutung der Presse im Kriege«; »Weltkrieg und Kohle«. Besonders differenziert wird das Thema »Deutsche Wirtschaft« (Abschnitt XI) vorgestellt. Gegenstand der Erörterung sind u. a.: »Die Ernährung unseres Volkes«; »Sparsamkeit«; »Vermehrung der Erzeugung und Einschränkung des Verbrauches der Nahrungs- und Futtermittel im Kriege«; »Kartoffel im Brot«; »Aufgaben unserer Genossenschaften im Kriege«; »Der Industriearbeiter als Landwirt«; »Ödlandkultivierung zur Vermehrung der Nahrungsmittel durch Kriegsgefangene«; »Braunkohle und Preßkohle« (s. Abb. 7). Im Sammlungsbestand der Universität Erlangen-Nürnberg zählt dieses Buch zu den umfassendsten Darstellungen der Kriegsszenerie.

Einen größeren Detaillierungsgrad findet man allenfalls zu waffentechnischen Einzelfragen z. B. in den Chemiebüchern. Henniger, K. A., und Franck, W. (1941), behandeln auf acht Seiten die »Wehrchemie«. In diesem Kapitel wird zunächst die chemische Zusammensetzung der »Schieß- und Sprengstoffe (Explosivstoffe)« (S. 240–243) vorgestellt. Ein umfangreicherer Teil befaßt sich mit »Luftschutz/Chemische Kampf- und Schutzmittel« (S. 243–248). Hier werden Funktion und Wirkung der Sprengbomben, der Splitterbomben, der Brandbomben (s. Abb. 7) und der Kampfstoffbomben (z. B. Giftgasbomben) erläutert (S. 243–246). Schließlich werden Hinweise gegeben, wie Brandbomben zu bekämpfen sind und wie man sich gegen Kampfstoffe schützen kann (z. B. Luftschutzräume mit Gasschleuse; Volksgasmaske) (S. 246–248).

*(3) Kriegsverherrlichende Akzente*

Nur ausnahmsweise wird der Krieg in distanziert-sachlicher Weise im Schulbuch beschrieben. In der Regel wird deutlich gewertet. Dabei dominiert die kriegsverherrlichende Darstellung zwischen 1854 und 1945. Alle anderen Inhalte spielen demgegenüber eine völlig untergeordnete Rolle. Eine breite Welle kriegsverherrlichender Texte erreicht die Schulbücher mit dem sich

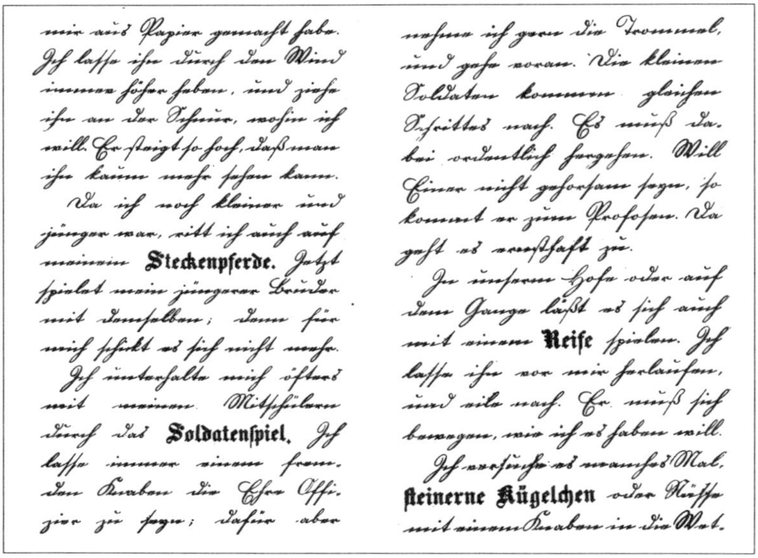

mir aus Papier gemacht habe. Ich lasse ihn durch den Wind immer höher heben, und ziehe ihn an der Schnur, wohin ich will. Er steigt so hoch, daß man ihn kaum mehr sehen kann.

Da ich noch kleiner und jünger war, ritt ich auch auf meinem **Steckenpferde.** Jetzt spielt mein jüngerer Bruder mit demselben; denn für mich schickt es sich nicht mehr.

Ich unterhalte mich öfters mit meinen Mitschülern durch das **Soldatenspiel.** Ich lasse immer einem von den Knaben die Ehre Offizier zu seyn; dafür aber nehme ich gern die Trommel, und gehe voran. Die kleinen Soldaten kommen gleichen Schrittes nach. Es muß dabei ordentlich hergehen. Will Einer nicht gehorsam seyn, so kommt er zum Profosen. Da geht es ernsthaft zu.

In unserm Hofe oder auf dem Gange läßt es sich auch mit einem **Reife** spielen. Ich lasse ihn vor mir herlaufen, und eile nach. Er muß sich bewegen, wie ich es haben will.

Ich versuche es manches Mal, **steinerne Kügelchen** oder Nüsse mit einem Knaben in die Wet-

**Abb. 6**

**Abb. 7**

## 94. Das Recht im Kriege.

Daß das Recht im Kriege ruhe und Zahlungen nicht zu leisten seien, ist unrichtig.

Den ausgleichenden Schutz gewähren eine Reihe von Gesetzen und Verordnungen. Nach dem wichtigsten Gesetz vom 4. August 1914 werden schwebende Prozesse gegen Personen, die im Felde stehen oder diesen gleichgestellt sind, unterbrochen; neue Klagen können erhoben werden, verfallen aber sofort der Unterbrechung.

Alle Verpflichtungen, insbesondere die zur Zahlung von Mietszins, bleiben natürlich bestehen. Das Gericht kann auf Antrag des Schuldners in gewissen Fällen eine Zahlungsfrist von längstens drei Monaten bestimmen, ebenso kann das Vollstreckungsgericht die Vollstreckung auf drei Monate einstellen. Eine Räumungsklage wegen Nichtzahlung des Mietszinses gegen einen im Felde befindlichen Mieter wird unterbrochen, ein Räumungsurteil gegen die Ehefrau allein darf der Gerichtsvollzieher nicht vollstrecken. In größeren Orten bestehen Mietseinigungsämter, die ohne gerichtliches Verfahren eine Einigung, insbesondere Ratenzahlung herbeiführen werden, wenn ein Mieter die volle Miete nicht zahlen kann. Für die Familien der Krieger geben die Gemeinden Mietszuschüsse.

In Preußen dürfen unter keinen Umständen Steuern von den Unterstützungen für hilfsbedürftige Familien der Kriegsteilnehmer abgezogen werden.

Die Versteigerung körperlicher Sachen, die im Felde stehenden Personen gehören, ist mit einzelnen Beschränkungen, die Versteigerung von Grundstücken unbeschränkt unzulässig. Die Verjährung zugunsten der im Felde Stehenden und ihrer Gegner ist bis zum Kriegsende gehemmt. Die Fristen des Wechsel- und Scheckrechtes sind verlängert.

Im Wege der Wiedervergeltung sind Zahlungen nach England und Frankreich unter Strafe verboten.

Bei Ansprüchen weniger wichtiger Natur, insbesondere auch bei Privatklagen, wird zu prüfen sein, ob die Aufwendungen an Zeit und Kosten nicht außer Verhältnis stehen. Viele Gerichtsbeamte sind im Felde, die Gerichte sind überlastet. Alles weniger Wichtige muß der großen Zeit weichen. Justizrat Erich Stolte in „In eiserner Zeit", Berlin 1914.

**Abb. 6:** Basedow, J. B.: Elementarwerk 1774, Tab. 68: Die Festung
**Abb. 7:** Aus: Lembke, Fr., und Sohnrey, H.: Fürs Vaterland. – Kriegslesebuch für deutsche Schule. Berlin 1915, S. 215

verstärkenden Patriotismus und Nationalismus nach dem Sieg Preußens über Österreich bei Königgrätz von 1866. Im »Lehr- und Lesebuch für die Oberklassen katholischer Volksschulen« (hg. v. A. Haesters, Essen 1870) bejubelt ein mit Hesekiel gezeichnetes Gedicht den »Königssieg bei Königgrätz« (s. Abb. 9). Diese Heroisierung des Kriegsgeschehens, schließlich von Königgrätz auf den Deutsch-Französischen Krieg von 1870/71 verlagert, ist bis in den Ersten Weltkrieg der Tenor der Kriegsdarstellung im Lesebuch. Die Lesebücher des Ersten Weltkrieges reagieren bereits 1915 (z. B. Fr. Lembke und H. Sohnrey) und 1916 (z. B. E. Hajek und K. H. Hiemesch) mit aktuellen Texten auf das neue Kriegsgeschehen. Der Bezug auf das Kaiserhaus wird zurückhaltender, der offenkundig geschönte Kriegserlebnisbericht (Frontbericht) wird zum Hauptgenre der Kriegsverherrlichung (s. Abb. 10).

Natürlich verschiebt sich auch das »Feindbild«. Österreich ist im Schulbuch des 19. Jahrhunderts ein nur sehr beiläufiges Feindbild. Ab 1870 ist Frankreich das vorherrschende Feindbild, zu dem vor Beginn des Ersten Weltkrieges – dann aber auch in ähnlich dominanter Form – auch England stößt, im Ersten Weltkrieg noch von Rußland, Belgien usw. begleitet (»Sah in Ost den Feind und in West den Feind / Mit den Russen den Franzmann eng vereint; / Und den Belgier noch und den Serben dann, / Und den Briten und alles, was lügen kann«: Lomberg, A., 1917, 5). Frankreich behält auch im Schulbuch der Weimarer Zeit aversive Akzente (vgl. Breiherr, M., u. a., 1930, 4). Nach 1933 wird neben Frankreich und England das Judentum zum zentralen Feindbild, schließlich die Sowjetunion (›Der Bolschewik‹). Für die Zeit nach dem Zweiten Weltkrieg ließ sich aus den untersuchten Schulbüchern kein Beleg für Feindbilder, wie sie das Schulbuch von 1870 bis 1945 beherrschten, finden.

Das erzählerische Verfahren, das zu den grundlegenden Gestaltungsprinzipien der Erlebnispädagogik zählt, wurde in äußerst geschickter Weise auch von den Lesebüchern der nationalsozialistischen Zeit zur Heroisierung des Kriegsgeschehens genutzt.

Nachdem Kriegsthemen im Schulbuch der Weimarer Zeit eher eine untergeordnete Rolle gespielt hatten, bestimmten diese Themen nach 1933 zunehmend wieder das Lesebuch. Im »Deutschen Lesebuch für Volksschulen«, Berlin 1944, Band IV, sind kriegsbezogene Themen erneut völlig dominant. Charakteristische Themen: »Ansprache Friedrichs des Großen an seine Generale vor der Schlacht bei Leuthen«; »Des großen Königs Sorge für den

**Abb. 8**

§ 98. Luftschutz / Chemische Kampf- und Schutzmittel 245

*Aluminiumpulver, das zusammen mit einem langen Stück Magnesiumband fest in den Behälter eingestopft wird. Auf die Oberfläche der Füllung schüttet man Magnesiumpulver. Man entzündet die „Bombe" im Freien, indem man den Magnesiumstreifen in Brand setzt. (Vorsicht, zuweilen werden brennende Elektronstücke fortgeschleudert!) Um die Wirkung der Brandbomben auf den Inhalt des Bodenraumes im kleinen zu zeigen, legt man brennende Elektronstückchen auf Holz, Papier, Lumpen, Braunkohlenbriketts, Steinkohlen und Koks. Locker liegendes Papier und Zeug brennen lebhaft, Holz entzündet sich, erlischt aber nach einiger Zeit, Braunkohle und Steinkohle glimmen lange Zeit weiter, Koks entzündet sich nicht.*

Seltener als die Elektronbomben werden die Flüssigkeitsbomben auf unsere Wohnstätten abgeworfen. Ihr Hohlkörper ist mit brennbaren Flüssigkeiten (Benzin, Petroleum, Rohöl) und mit Stoffresten gefüllt. Beim Aufschlag werden die Lappen durch eine schwachwirkende Sprengladung brennend 20—30 m fortgeschleudert. Auch Brandplättchen aus Zelluloid, auf denen ein Phosphorstückchen als Zündmittel befestigt war, sind abgeworfen worden, um Waldbrände zu erzeugen oder die Ernte auf den Feldern zu vernichten.

Die **Kampfstoffbomben** sind in ihrer Form und in ihrer Größe den Sprengbomben ähnlich. Ihre Hülle wird durch den Aufschlagzünder zerlegt und dabei der Kampfstoff verspritzt oder verdampft. Im Weltkrieg sind chemische Kampfstoffe bei Luftangriffen nicht verwendet worden.

**2. Einteilung der Kampfstoffe** (nach Mielenz):

1. **Reizstoffe.** a) Augenreizstoffe (tränenerregende Stoffe), b) Nasen- und Rachenreizstoffe. (Sie wurden im Kriege Blaukreuzstoffe genannt, weil die deutschen Artilleriegeschosse, die mit ihnen gefüllt waren, zur Kennzeichnung mit blauen Farbkreuzen versehen wurden.)
2. **Erstickend wirkende Kampfstoffe** (Grünkreuzstoffe).
3. **Ätzend wirkende** (hautschädigende) **Kampfstoffe** (Gelbkreuzstoffe).

**3. Eigenschaften einiger Kampfstoffe** (s. Tabelle S. 246)

Die Erträglichkeitsgrenze bezeichnet die höchste Kampfstoffkonzentration in 1 m³ Luft, die von einem Menschen normaler Empfindlichkeit eine Minute lang ertragen werden kann, bis sie ihn zum Verlassen des vergifteten Luftraums zwingt. Aber geringere Mengen sind häufig ausreichend, um Kampfunfähigkeit zu erzielen, z. B. können 5 mg/m³ Phosgen schon tödliche Vergiftungen bei stundenlangem Einatmen bewirken.

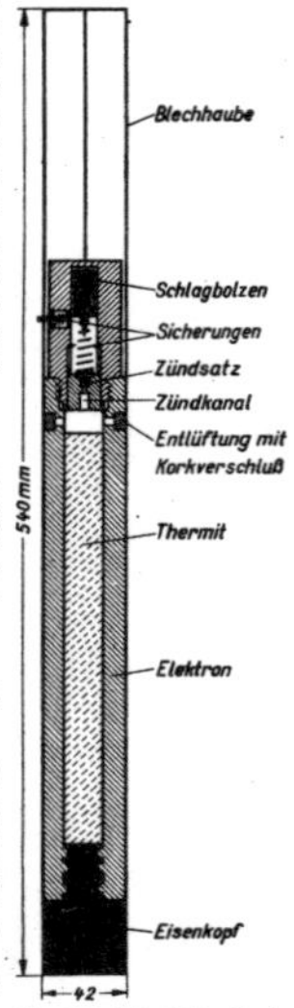


Abb. 123. Englische Stabbrandbombe

**Abb. 8:** Aus: Franck, W.: Lehrbuch der Chemie für höhere Schulen. Bd. 2 A. Leipzig und Berlin 1941, S. 245
**Abb. 9:** Aus: Haesters, A. (Hg.): Lehr- und Lesebuch . . . für die Oberklassen katholischer Volksschulen. Essen 1870, S. 253
**Abb. 10:** Aus: Hajek, E., und Hiemesch, K. H. (Hg.): Um Heimat und Herd. – Ein Kriegslesebuch für Schule und Haus. Kronstadt 1916 (Inhaltsverzeichnis)

**Abb. 9**

## 52. Der Königssieg bei Königgrätz.

(3. Juli 1866.)

Die Donner rollten durch's böhmische Land,
Die Preußenstraße ist roth von Blut

Jetzt kommt's im Adlerfluge herauf,
Ein Hurrah aus tausend Kehlen zugleich,
Ein Jubelsturm in den Schlachtensturm:
Mein König, mein König **Wilhelm** ist da!
Sein Antlitz leuchtet, sein Auge blitzt
Die graue Locke, sie wehet im Wind —
Der König hält neben dem Prinzen so hält
Der schwarze Adler mit Krone und Schwert
Beim rothen Adler von Brandenburg.
Und um die Beiden in heu'ender Schlacht
Die stolze preußische Heldenschaar,
Die Prinzen des Hauses, der alte **Roon***),
Der Schlachtenberechner **Moltke** mit ihm,
Und hinter dem König sein erster Rath
Mit mächtiger Stirn und herrschendem Blick,
Graf **Bismarck**, der große Landwehr-Major.

Der König winkt und ein neuer Sturm,
Der Donner kracht und die Erde, sie bebt;
Gewaltig streitend mein Preußen rückt vor,
Und Östreich weicht dem entsetzlichen Druck;

**Abb. 10**

Osten«; »Anekdote aus dem letzten preußischen Krieg«; »Der Kampf in der Sachsenklamm«; »Die Einnahme von Lüttich«; »Der Sturm auf Langemarck«; »Die Versenkung der deutschen Flotte (1919)«; »Der Sieg gehört uns«. Aus A. Hitlers Kriegserinnerungen ist die »Flandernschlacht« aufgenommen, diese »Schwurstätte von ›Treue und Gehorsam bis in den Tod‹« (S. 390 f.; s. Abb. 11).

Schon in Schulbüchern des Zeitraumes 1872–1918 ging es aber keineswegs darum, den Krieg lediglich als Abenteuer und als Zeit heroischer Siege darzustellen. Zur Verherrlichung des Krieges zählte auch die Überhöhung und Mystifizierung des »Heldentodes« (s. Abb. 12). Verwundung und Tod wurden nicht verschwiegen, sie waren einbezogen in die Opferbereitschaft, die Vaterland oder Kaiser verlangen konnten. Die Schulbuchautoren hatten keine Not, sich auf »klassische« Vorlagen der deutschen Literaturgeschichte zu stützen (z. B. F. Schiller: Wohlauf, Kameraden, aufs Pferd, aufs Pferd. In: Hampp, Ph. 1918, 60; Rückert, Fr.: Geharnischte Sonette; Hölderlin, Fr.: Der Tod fürs Vaterland. In: Caselmann, A., u. a. Hg.: Lesebuch für höhere Lehranstalten. Nürnberg 1918. S. 287–289). Vereinzelt tauchen auch Beispiele heroischer Vaterlandsliebe in den Lesebüchern des beginnenden 19. Jahrhunderts auf (Wagner, Fr. L. 1812, 106). Diese Überhöhung und Mystifizierung des »Heldentodes« hat zwischen 1933 und 1945 noch eine Steigerung gefunden. Es gab Schulbücher, die wie das in Halle erschienene Buch »Deutschland muß leben! – Sammlung nationaler Gedichte für die Schule des Dritten Reiches« (o. J.) das alleinige Ziel hatten, nationale Empfindungen und Opferbereitschaft zu wecken. Es mag nicht verwerflich sein, nationale Empfindungen zu wecken, an die Opferbereitschaft des einzelnen für die Sozietät, in der er lebt, zu appellieren und diese Opferbereitschaft hoch zu bewerten. Manipulatorisch sind diese Bücher, weil sie ausschließlich auf Emotionen setzen, keine Gegenpositionen einbeziehen und einer rationalen Kontrolle der Emotionen keinen Raum geben. Heinrich Lerschs »Deutschland muß leben, und wenn wir sterben müssen« (s. Abb. 13) war ein Grundmotiv der angestrebten Einstellung und fand eine Fülle an Variationen (s. Abb. 14).

*(4) Ursache und Funktionen des Krieges*

Distanziertere Texte zum Thema Krieg, die auch nur Ansätze an rationaler Argumentation erkennen lassen, finden sich außerordentlich selten.

Für die Epoche vor 1813 ist es vornehmlich Basedows Elementarwerk

**Flandernschlacht**

Ende September kam meine Division zum drittenmal an die Stellen, die wir einst als junge Kriegsfreiwilligen-Regimenter gestürmt hatten.

Welch eine Erinnerung!

Im Oktober und November 1914 hatten wir dort die Feuertaufe erhalten. Vaterlandsliebe im Herzen und Lieder auf den Lippen, war unser junges Regiment in die Schlacht gegangen wie in den Tanz. Teuerstes Blut gab sich da freudig hin im Glauben, dem Vaterlande so seine Unabhängigkeit und Freiheit zu bewahren. Im Juli 1917 betraten wir zum zweitenmal den für uns alle geheiligten Boden. Schlummerten doch in ihm die besten Kameraden, Kinder noch fast, die einst mit strahlenden Augen für das einzige teure Vaterland in den Tod hineingelaufen waren! Wir Alten, die mit dem Regiment einst ausgezogen, standen in ehrfürchtiger Ergriffenheit an dieser Schwurstätte von „Treue und Gehorsam bis in den Tod“. Diesen Boden, den das Regiment drei Jahre vorher gestürmt, sollte es nun in schwerer Abwehrschlacht verteidigen.

In dreiwöchigem Trommelfeuer bereitete der Engländer die große Flandernoffensive vor. Da schienen die Geister der Verstorbenen lebendig zu werden; das Regiment krallte sich in den schmutzigen Schlamm und biß sich hinein in die einzelnen Löcher und Krater und wich nicht und wankte nicht und wurde, wie schon einmal an dieser Stelle, immer kleiner und dünner, bis der Angriff des Engländers am 31. Juli 1917 endlich losbrach.

In den ersten Augusttagen wurden wir abgelöst.

Aus dem Regiment waren einige Kompanien geworden; die schwankten schlammüberkrustet zurück, mehr Gespenstern als Menschen ähnlich. Allein, außer einigen hundert Metern Granatlöchern hatte der Engländer sich nur den Tod geholt.

Nun, im Herbst des Jahres 1918, standen wir zum drittenmal auf dem Sturmboden von 1914. Unser einstiges Ruhestädtchen Comines war jetzt zum Kampffeld geworden. Freilich, wenn auch das Kampfgelände das gleiche war, die Menschen hatten sich geändert; es wurde nunmehr in der Truppe auch „politisiert“. Das Gift der Heimat begann, wie überall, so auch hier, wirksam zu werden. Der jüngere Nachschub aber versagte vollständig — er kam von zu Hause.

In der Nacht vom 13. zum 14. Oktober ging das englische Gasschießen auf der Südfront von Ypern los; man verwendete dabei Gelbkreuz, das uns in der Wirkung noch unbekannt war, soweit es sich um die Erprobung am eigenen Leibe handelte. Ich sollte es noch in dieser Nacht selbst kennenlernen. Auf einem Hügel südlich von Wervick waren wir noch am Abend des 13. Oktober in ein mehrstündiges Trommelfeuer von Gasgranaten gekommen, das sich dann die ganze Nacht hindurch in mehr oder minder heftiger Weise fortsetzte. Schon gegen Mitternacht schied ein Teil von uns aus, darunter einige Kameraden gleich für immer. Gegen Morgen erfaßte auch mich der Schmerz von Viertelstunde zu Viertelstunde ärger, und um 7 Uhr früh stolperte und schwankte ich mit brennenden Augen zurück, meine letzte Meldung im Kriege noch mitnehmend.

Schon einige Stunden später waren die Augen in glühende Kohlen verwandelt; es war finster um mich geworden. So kam ich in das Lazarett Pasewalk in Pommern, und dort mußte ich — die Revolution erleben.

Adolf Hitler

**Abb. 11**

**Heldentod.**

„Ihr Liebsten! Ich bin schwer verwundet. Wenn es mit mir zu Ende geht, dann seid getrost und weint nicht; Heldentod für Kaiser und Reich und für Euch, ihr Lieben, da stirbt man leicht. Erwin“.

Erwin Lassel.

*

„Sollte ich aus dem Krieg nicht mehr zurückkommen, so tröstet Euch damit: es ist schön zu leben, aber auch schön, sich einer großen Sache zu opfern“.

Georg Schiel.

**Abb. 12**

**Abb. 11:** Aus: Deutsches Lesebuch für Volksschulen. Berlin 1944, Bd. IV. S. 390 f.
**Abb. 12:** Aus: Hajek, E., und Hiemesch, K. H. (Hg.): Um Heimat und Herd. – Ein Kriegslesebuch für Schule und Haus, Kronstadt 1916. S. 44

## Soldatenabschied

Laß mich gehn, Mutter, laß mich gehn!
All das Weinen kann uns nichts mehr nützen;
denn wir gehn, das Vaterland zu schützen!
Laß mich gehn, Mutter, laß mich gehn!
Deinen letzten Gruß will ich vom Mund dir küssen:
Deutschland muß leben, und wenn wir sterben müssen!

Wir sind frei, Vater, wir sind frei!
Tief im Herzen brennt das heiße Leben;
frei wären wir nicht, könnten wir's nicht geben.
Wir sind frei, Vater, wir sind frei!
Selber riefst du einst in Kugelgüssen:
Deutschland muß leben, und wenn wir sterben müssen!

Uns ruft Gott, mein Weib, uns ruft Gott!
Der uns Heimat, Brot und Vaterland geschaffen,
Recht und Mut und Liebe, das sind Waffen;
Uns ruft Gott, mein Weib, uns ruft Gott!
Wenn wir unser Glück mit Trauern büßen:
Deutschland muß leben, und wenn wir sterben müssen!

Tröste dich, Liebste, tröste dich!
Jetzt will ich mich zu den andern reihen,
du sollst keinen feigen Knecht dir freien!
Tröste dich, Liebste, tröste dich!
Wie zum ersten Male wollen wir uns küssen:
Deutschland muß leben, und wenn wir sterben müssen!

Nun lebt wohl, Menschen, lebet wohl!
Und wenn wir für euch und unsre Zukunft fallen,
soll als letzter Gruß zu euch hinüberhallen:
„Nun lebt wohl, ihr Menschen, lebet wohl!
Ein freier Deutscher kennt kein kaltes Müssen:
Deutschland muß leben, und wenn wir sterben müssen!“

Heinrich Lersch

**Abb. 13**

**Abb. 14**

## Erschlagener Kamerad

Er liegt zerschmettert auf den Steinen,
und war doch eben noch wie wir ...
Uns will die Sonne nicht mehr scheinen,
und fassungslos ist unser Weinen,
als läg' die letzte Hoffnung hier.

Herr, dunkel sind uns deine Bahnen.
Dies war ein braver Kamerad.
Nun flattert Flor um unsre Fahnen,
er aber steht bei seinen Ahnen,
ein tapfrer Träger großer Tat.

Wir sind dem Toten fest geschworen,
mit ihm ein Wille und ein Sinn.
Und haben wir ihn auch verloren,
dem Vaterland bleibt er geboren
und spricht im Grabe noch: „Ich bin.“

Baldur von Schirach

## So fielen Männer . . .

Wir haben viele Toten schon begraben,
und jeder Tote war uns Kamerad.
So fielen Männer, und so fielen Knaben,
und jeden haben wir mit Schmerz begraben
als Deutschlands treuen Kämpfer, als Soldat.

Sie waren tapfer wie die vielen andern,
die fremde Erde mütterlich umfängt
und die in Frankreich liegen und in Flandern
und vielen Ländern.. tapfer wie die andern,
die großer Krieg in fremdes Land gesenkt.

Wir haben viele Tote schon gegeben,
und jeder Tote war uns reines Licht.
So gaben sie ihr Blut und so ihr Leben:
Verschwenderisch bereit, sich hinzugeben
für Deutschlands großes Werden, für die Pflicht.

Wir lernten, wie es ist, von Schmerz zerrissen
an offnen Gräbern tränenlos zu stehn.
Wir kennen Not aus tausend Finsternissen
und wissen, daß wir dies erlernen müssen,
um groß in große Zukunft einzugehn.

Wir haben viele Tote schon begraben,
und jeder Tote war uns lichte Tat:
So fielen Männer, und so fielen Knaben ...
Daß sie für uns den Tod erlitten haben
sei ihnen hehrstes Denkmal, Kamerad.

Hans-Jürgen Nierentz

**Abb. 13:** Aus: Koch, W., und Skriewe, P. (Hg.): Deutschland muß leben! – Sammlung nationaler Gedichte für die Schule des Dritten Reiches, Halle (o. J.), S. 81
**Abb. 14:** Aus: Koch, W., und Skriewe, P. (Hg.): Deutschland muß leben. – Sammlung nationaler Gedichte für die Schule des Dritten Reiches, Halle (o. J.), S. 102

(1774), das den Versuch macht, auch über den Krieg, seine Erscheinungsformen, seine möglichen Ursachen und seine rechtlichen Implikationen aufzuklären.

Krieg wird dort als »ein solcher Zustand« erklärt, »in welchem zwey Majestäten ihrer Armee und ihren Unterthanen befehlen, Gewalt gegen die Armee und Unterthanen des fremden Staates zu gebrauchen, oder ihnen mit Gewalt zu widerstehen« (J. B. Basedow 1774, Bd. II, 364). Als Kriegsursachen werden benannt:

1. »daß die Majestät ihren Staat, ohne die Veränderung, welche durch den Krieg erhofft wird, vor dem andern Staate nicht für sicher hält;

2. daß eine Majestät in Meynung des Rechtes, oder aus Herrschsucht und Geiz Etwas fordert, welches die andre aus eben solchen Ursachen nicht thun will. Also ist die Absicht des Kriegs, daß der andre Staat gezwungen und geschwächt Etwas thun oder lassen soll, welches er vor dem Zwange und vor der Schwächung nicht will« (a. a. O.).

Generell wird festgestellt, daß der Krieg »eine traurige aber gewöhnliche Folge des Streites über das Recht der Staaten gegen einander, oder derer durch die Nachrichten und Räthe veranlaßten Begierden und Irrthümer der Majestäten« sei (a. a. O.). Basedow übernimmt dann die protestantische Position der unbedingten Gehorsamsbindung, nach der der Untertan auch im Falle eines ungerechten Krieges zur Gefolgschaft verpflichtet sei (vgl. Abschnitt [5]).

Es ist wieder ein Hinweis auf die primär emotionalistische und kriegsverherrlichende Darstellung, daß zwischen 1872 und 1945, wo das Kriegsthema einen beherrschenden Platz einnimmt, weder die Frage nach der aktuellen Ursache und Funktion, geschweige denn die Frage nach den anthropologisch-systemtheoretischen Ursachen und Funktionen von kriegerischen Auseinandersetzungen in den Schulbüchern einen nennenswerten Raum hat.

Wenn überhaupt die Kriegsschuldfrage einmal angesprochen ist (z. B. während des Ersten und Zweiten Weltkrieges), wird sie selbstverständlich in parteiischer Weise behandelt (z. B. »Warum es zum Weltkrieg kam«, in: Hajek, E., und Hiemesch, K. H., 1916, S. 2 ff.). In den Schulbüchern der Nazizeit findet sich unter dem Titel »Die Kriegsschuldlüge« ein Text, in dem Paul von Hindenburg in emotionalistischer Weise und unter Verzicht auf jedes rationale Argument eine Schuld Deutschlands an der Entstehung des Ersten Weltkrieges zurückweist (s. Abb. 15). Die Schuld am Zweiten Weltkrieg wird, obgleich die Schuldfrage auch hier quantitativ ein völlig randständiges, allerdings mit größter Gehässigkeit aufgemachtes Thema bleibt, mittelbar und unmittelbar den Juden zugeschrieben (s. Abb. 16).

Über mögliche anthropologisch-systemtheoretische Ursachen und Funktionen von Kriegen berichtet das historische Schulbuch auch nur sporadisch. Im Anschluß an die »Biblische Geschichte« wird zwar häufig herausgestellt, daß vor dem Sündenfall des Menschen ein »paradiesischer Friede« geherrscht habe (Lehr- und Lesebuch für die mittlern und obern Klassen der deutschen Schulen im Königreich Bayern. München 1844, Abt. III., 207), und daß seit dem Sündenfall »die Bosheit inwendig in dem Herzen des Menschen stecke« (Hübner, J.: Biblische Historien. Rudolfstadt 1811, 16), aber eine breitere thematische Behandlung der Frage nach der geschichtlichen Existenz von Kriegen findet nicht statt. Daß Not und kriegerische Niederlagen aber mit dem Abfall vom wahren Gott oder mit moralischem Verderben des Menschen in Zusammenhang stehen, wird in alttestamentlichen Texten, soweit sie in die Schulbücher eingegangen sind, allerdings häufiger angedeutet (z. B. »Von der babylonischen Gefängniß«. In: Hübner, J.: a. a. O. 135–138).

In einem Lesebuch für die bayerischen Mittelschulen von 1916 werden kulturspezifische Auswirkungen des Krieges insoweit einmal angesprochen, als am Beispiel der Sprachgeschichte der breite Einfluß des Kriegsvokabulars auf die Entwicklung der Kultur illustriert wird (s. Abb. 17).

Eine systematische Befassung mit der Ursächlichkeit und der Funktion von Kriegen wird allerdings – wenn auch nur in Form von Gliederungspunkten – in dem von J. E. Haselmayer verfaßten »Neuen Aufsatzbuch zum Gebrauche an höheren Schulen und zum Selbstunterricht« (Würzburg 1909) angeregt. So gibt es Gliederungsvorschläge zu dem Schiller-Zitat »Der Krieg ist schrecklich wie des Himmels Plagen: Doch ist er gut, ist ein Geschick wie sie« (a. a. O. 517). Hier wird durchaus versucht, die Ambivalenz des Krieges in den Blick zu nehmen. Die Frage nach der anthropologischen Ursache und nach der geschichtlichen Funktion von Kriegen wie zugleich aber auch die Simplizität der Argumentation werden aber besonders deutlich in der Gliederung zu dem fiktiven Aufsatzthema »Auch der Krieg hat sein Gutes« (a. a. O. 515).

Gliederungspunkt I erklärt den Krieg für naturnotwendig, weil die Selbsterhaltung des Staates immer wieder einmal gefährdet sei und der Staat diese

**Inschrifttafel im Kriegerfriedhof Tuchow**

*Daß eure Mühlen wieder mahlen*
*und eure Augen wieder strahlen,*
*daß eure Sensen wieder klingen*
*und eure Frauen wieder singen,*
*daß eure Essen wieder glühen*
*und eure Kinder wieder blühen:*
*Gott hat es gewollt und geboten —*
*wir haben's getan — wir Toten.*

*Unbekannter Verfasser*

**Abb. 15**

**Abb. 16**

**Volk, ans Gewehr**

Siehst du im Osten das Morgenrot,
ein Zeichen zur Freiheit, zur Sonne?
Wir halten zusammen, ob lebend, ob tot,
mag kommen, was immer da wolle!
Warum jetzt noch zweifeln, hört auf mit dem Hadern!
Noch fließt uns deutsches Blut in den Adern.
Volk, ans Gewehr!

Viel Jahre zogen dahin, dahin,
Geknechtet das Volk und betrogen;
Verräter und Juden hatten Gewinn,
sie fordern Opfer Legionen.
Im Volk geboren erstand uns ein Führer,
gab Glaube und Hoffnung an Deutschland uns wieder.
Volk, ans Gewehr!

Deutscher, wach auf nun und reih dich ein,
wir schreiten dem Siege entgegen,
frei soll die Arbeit und frei wollen wir sein
und mutig und trotzig verwegen.
Wir ballen die Fäuste und werden es wagen;
es gibt kein Zurück mehr und keiner darf zagen.
Volk, ans Gewehr!

Wir Jungen und Alten, Mann für Mann,
umklammern das Hakenkreuzbanner,
ob Bauer, ob Bürger, ob Arbeitsmann,
sie schwingen das Schwert und den Hammer;
sie kämpfen für Hitler, für Arbeit und Brot:
Deutschland, erwache! und Juda — den Tod.
Volk, ans Gewehr!

Arno Pardun

**Abb. 17**

**116. Krieg und Sprache.**

Die deutsche Sprache ist stark von Übertragungen, Bildern und Gleichnissen aus dem Kriegsleben erfüllt.

Schon das Wort Volk hat altgermanisch die Bedeutung Heeresabteilung. Reise bezeichnet ursprünglich Aufbruch, mittelhochdeutsch auch den Kriegszug und noch zu Luthers Zeit verstand man unter reisen einen Kriegszug unternehmen; Reisige und Reisläufer gehen auf denselben Wortstamm zurück. Gesinde ist im Althochdeutschen soviel wie Kriegsgefolgschaft (von sint-Reise, Heereszug), kriegen (bekommen) fällt nach Form und Grundbedeutung mit kriegen (Krieg führen) zusammen und beschirmen heißt eigentlich mit hölzerner Brustwehr (scirm) gegen den Feind schützen. Bei der geringsten Veranlassung gerieten unsere Vorfahren „in Harnisch" und wehe dem, gegen den sie „etwas im Schilde führten". Die „rüstigen" (gerüsteten) Leute waren alsbald zur Heerfahrt „fertig" (von mhd. vart-Heerfahrt). Mit ihren Rossen fast verwachsen verrichteten sie alles „aus dem Stegreife" (Steigbügel). Wenn man nicht gerade auf den Feind losging, legte man sich ins Versteck und hielt hinter Bäumen im „Hinterhalt". Bei Nacht suchte man irgendwo Unterkunft zu finden; daher verstand man unter ahd. heriberga ein Heerlager, dann aber auch ein Haus zum Übernachten für Fremde (Herberge).

Mit Lanze und Bogen wußte man geschickt umzugehen. Vom Speerwerfen sind die Bezeichnungen trefflich, vortrefflich, unübertrefflich, treffend, triftig, überschwenglich, Tragweite, den Spieß umkehren, Spießgeselle (Waffengefährte), Spießbürger, wenn's zum Treffen kommt u. a. hergeleitet. Lange Lanzen waren überhaupt für die Germanen so charakteristisch, daß Seneka (Brief 36) sagen konnte, wenn er in Germanien geboren wäre, so würde er gleich als Knabe den dünnen Speer geschwungen haben. Bogen und Pfeil werden zwar von den Römern und Griechen nicht ausdrücklich für unsere Altvordern bezeugt wie für die Gallier und Finnen, sind aber sicher auch bei ihnen vorhanden gewesen; denn sie spielen schon in der Mythologie bei Baldurs Tod eine Rolle. Strahl heißt ursprünglich Pfeil, während Pfeil aus dem lat. pilum entlehnt ist. Selbst Eigennamen, wie Eibenschütz (von ahd. iwa = Eibe, Bogen aus Eibenholz) und Pfeilsticker (Verfertiger von Stecken für Pfeile), erinnern noch an das Bogenschießen. Vom Spannen des Bogens stammen wohl auch Ausdrücke, wie abgespannt, auf jemand gespannt sein, Anspannung und Abspannung, während später vom Schießen mit Armbrust und Feuerrohr Wendungen hergeleitet wurden, wie ins Schwarze treffen, über das Ziel hinausschießen, den Zweck (Nagel als Zielpunkt in der Mitte der Scheibe) verfehlen, Fehler (Nichttreffer), imstande sein, etwas aufs Korn nehmen und sein Absehen auf etwas richten.

O. Weise. Unsere Muttersprache, ihr Werden und Wesen. 1909. S. 54 ff.

**Abb. 15:** Aus: Deutsches Lesebuch für Volksschulen. Berlin 1944, S. 388
**Abb. 16:** Aus: Koch, W., und Skriewe, P. (Hg.): Deutschland muß leben! Halle (o. J.), S. 103
**Abb. 17:** Aus: Schmaus, J. (Hg.): Deutsches Lesebuch für die dritte Klasse bayerischer Mittelschulen (Quarta). Bamberg 1916, S. 146 f.

Gefährdung nur durch den Krieg beseitigen könne – Gliederungspunkt II behauptet, daß der Krieg nicht nur notwendig, sondern auch nützlich und heilsam sei. – Die Begründungen werden in Gliederungspunkt III aufgeführt, wobei jeweils auf angebliche geschichtliche Beispiele verwiesen wird: 1. Der Krieg wecke die edelsten Eigenschaften im Menschen (Gehorsam, Aufopferung, Treue, Gottesfurcht, Frömmigkeit, Nächstenliebe, Tapferkeit, Umsicht usw.). 2. Der Krieg sichere nicht nur den Fortbestand des Staates, sondern auch dessen Gedeihen (z. B. durch Erweiterung der wirtschaftlichen Ressourcen). 3. Der Krieg, insbesondere der Bürgerkrieg, könne den Freiheitsraum eines Volkes erweitern (z. B. Französische Revolution). 4. Der Krieg könne Gewissensfreiheit und freie Religionsausübung sichern (z. B. Hugenottenkriege). 5. Der Krieg könne neue Handels- und Verkehrswege erschließen und kulturellen Austausch fördern (z. B. die Kreuzzüge). – Gliederungspunkt IV stellt schließlich fest, daß aber Kriege, die aus Habsucht und Neid hervorgegangen seien, nicht zu den »ehrenvollen« Kriegen gerechnet werden können (a. a. O. 515 f.).

Die in diesem Gliederungsvorschlag vorgegebene Argumentation ist deswegen bedrückend, weil eine Güterabwägung und eine Prüfung nach dem Prinzip der Verhältnismäßigkeit nicht erfolgt und stets davon ausgegangen wird, daß andere politische Lösungsmöglichkeiten als der Krieg nicht gegeben wären.

Eine breitere kritische Auseinandersetzung mit der kulturellen Funktion von Kriegen findet erst Jahrzehnte nach dem Zweiten Weltkrieg statt. Erst jetzt wird es möglich, in größerem Umfang auch ein »Negativbild« des Krieges in das Schulbuch zu nehmen. Die einzelne Darstellung mag wie in früheren Perioden Einseitigkeiten enthalten. Für eine kritische Auseinandersetzung ist aber zunächst erforderlich, daß ungehindert über alle Aspekte eines Themas gehandelt werden darf. Davon machen die Schulbücher in großem Umfang Gebrauch.

*(5) Soldatische Tugend (moralisierend)*

Unter den den Soldaten auszeichnenden Tugenden wird in den Schulbüchern neben Mut und Opferbereitschaft bis 1945 der unbedingte Gehorsam als selbstverständlich vorausgesetzt. Die Frage nach der rechtlichen und moralischen Zulässigkeit eines Befehls oder generell des Krieges wird zwischen 1854 und 1945 faktisch nicht gestellt, sondern durch reflexionsleere Begeisterung völlig überspielt. In der untersuchten Schulbuchliteratur ist die

Frage vor 1945 überhaupt nur in Basedows Elementarwerk (1774) aufgenommen, dort aber, eine traditionelle Position der protestantischen Moraltheologie aufgreifend, in verhängnisvoller Weise beantwortet. Im Kapitel »Von den Pflichten gegen das Vaterland« betont Basedow, daß der Untertan »nicht seinem eigenen Urtheile folgen, sondern gehorchen« solle (1774, Bd. II, 364). Das bedeutet für den Soldaten: »Also muß man auch dem Befehle zum Kriege folgen, wenn er gleich für unnöthig, und folglich für ungerecht gehalten wird. Überdieses würde die Weigerung nichts helfen, und wider das geschehene Versprechen der Soldaten seyn« (a. a. O.). Dies ist die Position, durch die verbrecherische Kriege möglich wurden. Es ist zugleich das Argumentationsschema, mit dem bis in die Gegenwart subjektive Verwicklungen in Kriegsverbrechen und in Verbrechen gegen Menschenrechte entschuldigt werden sollen. Basedow ist noch zugute zu halten, daß er allen späteren bis 1945 erschienenen Schulbüchern gegenüber den Argumentationszusammenhang überhaupt vorführt und ihn nicht durch kriegsbegeisternde Texte überdeckt. Er bietet mit dem nüchtern vorgetragenen Argument dem Schüler überhaupt noch die Chance argumentativer Auseinandersetzung. Außerdem ist Basedow zugute zu halten, daß er auf die Möglichkeiten rechtlicher Klage und auch auf die Möglichkeit gewaltsamen Widerstandes gegen ungesetzliche Anwerbungen (falls die Rechtswege dir verschlossen werden, »wehre dich gegen die gewaltsamen Werber, als gegen Menschenräuber«) aufmerksam macht (a. a. O. 365) und somit für mögliche Rechtsansprüche sensibilisiert. Gleichwohl war es verhängnisvoll, daß die Eigenverantwortlichkeit des individuellen Gewissens gegenüber den vermeintlichen Ansprüchen des Staates in den untersuchten historischen Schulbüchern nicht thematisiert worden ist. Diese Position soldatischer Pflichterfüllung findet sich – erzählerisch umgesetzt – auch in Fr. E. Rochows sehr verbreitetem Schulbuch »Der Kinderfreund« (s. Abb. 18).

*(6) Soldatische Tugend (kritisch)*

Es liegt auf der Hand, daß in Phasen kriegsverherrlichender Darstellungen ein kritischer Text zum Soldatentum nicht zu erwarten ist. Ein solcher Text wäre allenfalls nach 1945 oder vor 1814 (als später Nachdruck vielleicht auch noch in der Epoche bis 1853) zu erwarten.

In der 1804 in Ansbach erschienenen »Poetischen Blumenlese zur Erklärung, zum Deklamieren und Auswendiglernen für Schulen« ist J. G. Herders

Gedicht »Der Held« aufgenommen (s. Abb. 19). Herder kritisiert hier das »böse Heldenthum« rauf- und raublustiger Söldnerheere und beschreibt, was nach seiner Ansicht eigentlich erst Heldentum sei. Er anerkennt den freiwilligen Einsatz für das Vaterland, noch mehr den für das Wohl des Landes. Der ehrenvollste Einsatz aber sei der für die Menschheit, d. h. der Einsatz, der den Menschen im Sinne der Herderschen Philosophie zu höheren Formen der Humanität führen könne (d. h. Einsatz für die Wahrheit, Kampf gegen Aberglauben usw.).

Die Kritik am Söldnertum wird in der Kaiserzeit – nun aber mit anderen Intentionen und auf anderem Niveau als bei Herder – immer wieder im Kampf gegen die Abwerbung deutscher Jugendlicher durch die französische Fremdenlegion (seit 1831) genutzt (vgl. Merkstoff für den Sachunterricht in den Volksfortbildungsschulen. München 1913, 30; Lesebuch für unterfränkische Sonntagsschulen. München 1912, 332–336).

*(7) Not des Krieges*

Die Not des Krieges ist häufig beschrieben, aber meist nur in heroisierender, sehr mystifizierender Form (s. Abschnitt [3]). Eine Not, in der trostlos und im Bewußtsein der Sinnlosigkeit der Opfer am Krieg gelitten wird, erscheint, abgesehen von der Zeit nach 1945, nur sehr vereinzelt im Schulbuch. Ein Beispiel sinnloser Not klingt schon in Herders »Der Held« an (s. Abb. 19). Ein ausführlicherer Text dieser Thematik taucht in C. Cürtze (Hrsg.), Deutsches Lesebuch in Lebensbildern, Mengeringhausen 1849, auf. Heinrich Zschokke (1771–1848), der enge Kontakte zu J. H. Pestalozzi besaß, versucht dort, Schrecken und Widersinnigkeit eines Krieges zu beschreiben. Er läßt nichts an heroischer Beschönigung aufkommen. Trostlosigkeit auf dem Schlachtfeld und Trostlosigkeit zu Hause: » . . . Welch ein schrekkenvoller Anblick, das öde Feld der Schlacht, wo der Sieger seine Ehre, sein Glück nach der Menge hingewürgter Brüder berechnen soll! Unglückliche, die noch verstümmelt leben, beneiden den Tod derer, die zerschmettert vor ihnen liegen . . . Sterbende fordern ein Labsal, Verwundete eine Linderung ihres brennenden Schmerzes« (a. a. O. 170). Die Not des Krieges setzt sich in der Heimat fort: » . . . Umsonst hofft der graue Vater auf die Wiederkehr seines Sohnes; umsonst die Braut auf ein Wiedererscheinen ihres Geliebten . . . Der Sohn, der Bräutigam . . . liegen erstarrt auf dem Schlachtfelde; eine fremde Hand verscharrt ihre Gebeine unter die Erde; Niemand kennt,

Niemand beweint sie . . . Und ist das Schlachtfeld das Schrecklichste? – Wer den Blick werfen könnte in die zerschossenen Wohnungen der Städte; in die geplünderten Hütten der Dörfer! . . .« (a. a. O.).

Auch der Text von Zschokke ist keine realistische Situationsschilderung, sondern eine emotionalisierte Darstellung. Aber während sonst heroisiert wird, will Zschokke jede Beschönigung umgehen. Gerade wegen der Besonderheit des Textes wäre noch zu prüfen, ob der Beitrag Zschokkes tatsächlich in den Schulen verwendet worden ist. Aber auch wenn das Buch in den Schulen genutzt worden ist, dieser Text stellte auch 1849 längst nicht mehr den Tenor der unterrichtlichen Behandlung des Krieges dar.

Wiederum erst die politische Entwicklung nach 1945 erlaubte es, daß das Elend des Krieges in aller Breite realistisch und unsentimental dargestellt werden konnte. Es gibt in den Schulbüchern nach 1945 eine Fülle großartiger literarischer Zeugnisse über die alle Seiten der Fronten betreffende Not des Krieges (z. B. Bertolt Brechts »Moderne Legende« im Weinheimer Lesebuch).

*(8) Humanisierung des Krieges*

Inwieweit sind kriegsrechtliche Aspekte, wie sie sich seit 1864 in den Genfer und Haager Konventionen niedergeschlagen haben, in die Schulbücher aufgenommen worden?

Im »Neuen Elementarwerk für die niedern Klassen lateinischer Schulen und Gymnasien«, Halle 1795, wird betont, es sei der christlichen Religion zu danken, »daß die Kriege großentheils nicht mehr so unmenschlich und grausam geführt werden, als ehemals« (S. 279). Der von G. U. A. Vieth verfaßte »Physikalische Kinderfreund« (Leipzig 1801) bestätigt auch den offenbar verbreiteten Glauben, daß die Kriegführung des ausgehenden 18. Jahrhunderts humanere Züge trüge als in der bisherigen Geschichte. Letzteres Schulbuch meint, diese schon an der Entwicklung der Kriegstechnik zeigen zu können. In einem fingierten Gespräch zwischen Vater und Sohn wird dem Sohn, der sich darüber entsetzt, daß durch das »abscheuliche Schießpulver« schon so viele Menschen »todt oder halbtodt, oder zu Krüppeln geschossen« worden seien (a. a. O. 53), geantwortet: »Wohl ist wahr, Wilhelm! Doch sollen vor Zeiten, ehe noch Pulver und Kugeln und Bomben erfunden waren, die Kriege noch mörderischer gewesen seyn. Wir wollen hoffen, daß man sie einst nur noch aus der Geschichte kennen möge, aber weder ich noch du werden dies wahrscheinlich erleben« (a. a. O.).

## 64 Der gute Soldat.

Als Christophs Sohn, Wilhelm, groß wurde, mußte er Soldat werden. Er ging auch willig zum Regimente, weil er in der Schule gelernt hatte, man müsse gehorsam seyn, nicht murren, noch seinem eigenen Willen folgen. Er gedachte: Gott hat mich zu diesem Stande bestimmt; denn alles, was geschieht, das geschieht nach Gottes weisem und gnädigem Willen.

Als er das lernen sollte, was man als Soldat wissen muß, gab er Achtung. Denn er hatte schon in der Schule, Achtung zu geben, gelernet. Er bekam auch keine Strafe wegen Nachläßigkeit; sondern ward in kurzer Zeit so geschickt, als der beste in der Compagnie. Und weil er in der Schule sehr fertig schreiben und rechnen gelernt hatte, so nahm ihn der Adjutant des Regiment zum Schreiber an.

Im Kriege verhielt er sich wohl, war beständig da, wo er seyn sollte, plünderte und raubte nicht; sondern ließ sich an seinem Solde begnügen. Was ihm befohlen war, das that er unerschrocken, und sprach oft andern Muth ein, die sich fürchteten. Brüder, rief er, wer Gott vertraut, der hat Herz. Wenn wir unsre Schuldigkeit thun, dann sorgt Gott für uns. Ein Schelm, der seine Fahne verläßt! —

Wilhelm ward bald Unterofficier, und endlich Feldwebel. Da er dann von allen, die ihn kannten, Achtung und Liebe genoß, auch sein gutes Auskommen hatte.

Wer in der Jugend gelernt hat, seine Pflicht zu thun, und in erwachsenen Jahren sie wirklich thut, der kann bey Gefahren und Beschwerlichkeiten sich vorzüglich auf Gott verlassen, und deßwegen getrosten Muthes seyn. Spr. Sal. 2, 7. 8.

**Abb. 18**

## Der Held.

Ein böses Heldenthum, wenn gegen Mensch
Der Mensch zu Felde zieht. Er durstet nicht
Nach seinem Blut, das er nicht trinken kann;
Er will sein Fleisch nicht essen; aber ihn
Zerhaun, zerhacken will er, tödten ihn! —
Aus Rache? Nicht aus Rache; denn er kennt
Den Andern nicht, und liebet ihn, vielleicht
Auch nicht sein Vaterland zu retten, zog
Er fernen Landes her. Ein Machtgebot
Hat ihn hieher geführet; roher Sinn,
Die Raubsucht, Sucht nach höhrer Sklaverey,
Von Wein und Brantwein glühend, schießt er, sticht
Und haut und mordet; mordet, weiß nicht wen?
Warum? Wozu? Bis beide Helden dann,
Verbannt ins Schloß der Umbarmherzigkeit,
Ein Krankenhaus, mit andern Hunderten
Da liegen ächzend; und sobald den Krieg
Noth und der Hunger endet, alle dann
Als Mörder, Krüppel durch die Straßen ziehn,
Und betteln. Ach! sie mordeten um Sold,
Gedungne Helden aus Tradition.
Ein edler Held ist, der für's Vaterland,
Ein edlerer, der für des Landes Wohl,
Der edelste, der für die Menschheit kämpft.
Ein Hoherpriester trug er ihr Geschick
In seinem Herzen, und der Wahrheit Schild
Auf seiner Brust. Er steht im Felde, Feind
Des Aberglaubens und der Ueppigkeit,
Des Irrthums und der Schmeicheleien Feind,
Und fällt, der höchsten Majestät getreu,
Dem redlichen Gewissen, das ihm sagt:
Er suchte nicht und floh nicht seinen Tod.

v. Herder.

**Abb. 19**

## 7. Das rote Kreuz auf weißem Felde.

1. Blutig tobt die wilde Schlacht
An dem wald'gen Hügel;
Deutschlands Adler hebt mit Macht
Siegend seine Flügel.

2. Hilflos, wund am Boden liegt
Mancher tapfre Krieger;
Doch die weiße Taube fliegt
Um die wunden Sieger.

3. Mitten durch den Pulverdampf
Weht ihr lichtes Zeichen,
Führet in den blut'gen Kampf
Liebe sondergleichen.

4. Rotes Kreuz auf weißem Grund,
Unter deinem Schutze
Naht der Helfer heil'ger Bund,
Freund und Feind zu nutze!

5. Tragen aus dem Kampfgewühl
Sorglich sie wie Brüder,
Betten sanft auf weichem Pfühl
Die zerschoßnen Glieder.

6. Laben und verbinden sie,
Eifernd um die Wette,
Nimmer rastend, spät und früh,
An der Leidensstätte.

7. Ruhen nicht, bis sie gesund
In die Heimat reisen
Und aus tiefem Herzensgrund,
Rotes Kreuz, dich preisen.

Maria Döring.

**Abb. 20**

**Abb. 18:** Aus: Rochow, Fr. E. v.: Der Kinderfreund. Dessau und Frankfurt 1796, S. 39 f.
**Abb. 19:** Aus: Poetische Blumenlese zur Erklärung, zum Deklamieren und Auswendiglernen für Schulen. Ansbach 1804, S. 153 ff.
**Abb.: 20:** Aus: Kennerknecht, D., und Neubauer, J. (Hg.): Deutsches Lesebuch für bayerische höhere Töchterschulen. Bamberg 1910. III. Teil. S. 249

Was Reduzierung der Grausamkeit des Krieges heißen könnte, ist wiederum im Elementarwerk J. B. Basedows angesprochen: »Aber man muß im Kriege niemanden einen größern Schaden zufügen, als die Obrigkeit geboten hat. Denn weiter von der Ausübung der allgemeinen Menschenliebe abzuweichen, hat man selbst im Kriege keinen gültigen Bewegungsgrund« (a. a. O. 1774, 365). Wenn diese an der allgemeinen Menschenliebe orientierte Maxime bei Basedow und den anderen Pädagogen der Aufklärung auch wiederum als durch die absolute Gehorsamspflicht gegenüber den Oberen eingeschränkt gedacht werden muß, so ist dies auf dem historischen Hintergrund gleichwohl eine Verhaltensregel, die in die Richtung größerer Menschlichkeit wies.

»Der gute Soldat« (Fr. E. v. Rochow, Der Kinderfreund, Dessau und Frankfurt 1796) verhielt sich selbstverständlich auch im Kriege wohl (s. Abb. 18). Dazu zählte auch, daß er nicht plünderte und nicht raubte (a. a. O.), sondern sich »großmütig« zeigte (J. F. Schlez, Der Kinderfreund, Giessen 1819, 54).

Darüber hinaus findet dieser Fragenkreis, abgesehen von dem unablässig wiederholten Postulat der Opferbereitschaft gegenüber dem eigenen Kameraden und abgesehen von vereinzelten Anekdoten über die Ritterlichkeit von Soldaten (Wackernagel, Ph., 1863, 174 f.), keine Beachtung mehr im Schulbuch, insbesondere nicht im Lesebuch.

Die Einführung des Roten Kreuzes wird im Schulbuch schließlich zwar auch gefeiert, aber vielfach doch wieder in einer heroisierenden und kriegsverherrlichenden Umdeutung (s. Abb. 20).

*(9) Unvermeidlichkeit des Krieges*

Die Reflexionslosigkeit der meisten Kriegstexte im Schulbuch läßt auch die Frage nach der faktischen oder thematischen Notwendigkeit bzw. Unvermeidbarkeit von Kriegen wie allerdings auch die Frage I. Kants nach der Möglichkeit eines ewigen Friedens nicht aufkommen. Besonders wieder im Kontext der Schulbücher zwischen 1872 und 1945 erscheint der Krieg als eine selbstverständliche Begleiterscheinung menschlicher Geschichte, der Vergangenheit und der Zukunft. Als Aussage erscheint dies nur in J. E. Haselmayer, Neues Aufsatzbuch usw., Würzburg 1909. Es wird dort zwar kein Zweifel gelassen, daß jeder Krieg schrecklich sei, für den Sieger wie für den Besiegten, und daß es für den Staat, für die Familien und für den einzelnen ein Glück sei, vom Kriege verschont zu werden (a. a. O. 514 f.). Andererseits wird der Krieg, da die Welt, wie mit Bezug auf Heraklit gesagt wird, nur aus Gegensätzen bestehe, als »naturnotwendige Erscheinung« deklariert (a. a. O. 515). Die Vorstellung eines ewigen Völkerfriedens wird als »völlig nichtiger Traum« abgetan (a. a. O. 516). Gegenpositionen – wenigstens im Sinne von Hoffnungen und im Sinne politischer Postulate – finden sich nur in der Epoche vor 1813 (vgl. G. U. A. Vieth, 1801, 53; vgl. Abschnitt [8]) und nach 1945.

*(10) Überlegenheit durch Bildung*

Wirtschafts- und militärpolitische Überlegungen hatten bereits bei der Einführung der allgemeinen Unterrichts- bzw. Schulpflicht im 18. und beginnenden 19. Jahrhundert eine Rolle gespielt (vgl. Liedtke, M., 1991, 25). Die Siege Preußens über Österreich bei Königgrätz (1866) und Deutschlands über Frankreich (1870/71) wurden häufig mit der besseren Qualität des preußischen bzw. deutschen Schulsystems in Verbindung gebracht (»Der preußische Schulmeister hat gesiegt.« – Vgl. Bayerische Lehrerzeitung 1873, Nr. 10; Sitzungsprotokolle der Bayerischen Kammer der Abgeordneten vom 30. 3. 1916, 414 f.).

Dieser Topos wird nur in sehr geringem Umfang in das Schulbuch übernommen, wenn sich auch eine offene oder unterschwellige intellektuelle Abwertung des potentiellen Gegners immer wieder einmal findet (»Mit Senegalnegern – o schmähliche Zeit! – / füllt der Welsche sein zitternd Heer, / mit dem Volk, das die Wüste Sahara ausspeit . . .«: Aus: Lomberg, A., 1917, 5). In dem von A. Ipfelkofer herausgegebenen »Deutschen Lesebuch«, Nürnberg 1916 (2. Auflage), wird mit einem Text des klassischen Philologen Ulrich von Wilamowitz-Möllendorf (1848–1931) allerdings darauf aufmerksam gemacht, daß »die Geltung Deutschlands in der Welt . . . auf seiner reicheren Bildung und seiner ernsteren Pflichttreue« beruhe (a. a. O. 115). Die Behauptung wird von Wilamowitz nicht belegt. Es wird im Schulbuch lediglich als »Mahnwort an die lernende Jugend in Kriegszeit« genutzt (a. a. O. 114). Denn unter der allgemeinen Kriegsbegeisterung – der Wilamowitz-Text stammt von 1914 – könne »der heranwachsenden Jugend das Tagewerk des Lernens schwerfallen«. Es solle aber mit jenem Argument deutlich werden, daß eben das Lernen »ihre Pflicht gegen das Vaterland« sei (a. a. O.).

*(11) Kriegsvorbereitung*

Es gibt zahlreiche Belege, daß kein Staat und keine sonstige gesellschaftliche Institution in der Lage war, über die schulischen Inhalte oder Methoden dauerhaft das Verhalten einer Bevölkerung zu steuern oder zu manipulieren. Die über die Schule intensivierten Lernprozesse haben häufig dazu geführt, daß staatlich oder kirchlich erhoffte Entwicklungen trotz der verordneten schulischen Lerninhalte völlig andere Verläufe genommen haben (vgl. Liedtke, M., 1991, 28 f.). Liest man aber Schulbuchtexte aus den geschichtlichen Vorphasen des Ersten und Zweiten Weltkrieges, wird man angesichts der faktischen Entwicklung zugestehen müssen, daß es gelungen ist, die Schule zur Vorbereitung dieser Kriege zu mißbrauchen. Der enthusiastische Zug in den Krieg von 1914 wäre kaum möglich gewesen, hätte nicht die Schule über ihre Bücher das »Feindbild« wachgehalten, hätte sie nicht nahezu reflexionslos soldatisches Heldentum und vaterländische Gesinnung heroisiert und hätte sie nicht den Krieg, wenn auch als verheerende Plage, aber dennoch als relativ naheliegendes ehrenhaftes politisches Mittel der Konfliktlösung vorgegeben. Der Krieg galt wohl auch als letztes politisches Mittel. Aber die Hemmschwelle zum Krieg war durch die Überakzentuierung von Nationalismen, von Nationalstolz, persönlicher und nationaler Ehre, von soldatischem Heldentum und mystifizierter Opferbereitschaft außerordentlich heruntergesetzt.

Das gilt auch für die Vorphase des Zweiten Weltkrieges, obgleich der Vorlauf, nimmt man die Machtübernahme durch A. Hitler 1933 als Ausgangspunkt, im Verhältnis zur Vorgeschichte des Ersten Weltkrieges relativ kurz war. Aber die schulische Vorgeschichte des Zweiten Weltkrieges beginnt schon in der Weimarer Zeit. Es findet sich nicht nur eine Überakzentuierung nationalen Denkens. Das »Neue Bayerische Lesebuch für höhere Lehranstalten«, Bd. 5, München 1924, wird mit dem Vorworttext eröffnet: »Deutschland ist entrechtet, ausgeschlossen aus dem Kreise der Weltmächte; arm steht es da, aber eines ist ihm geblieben: die Erde der Väter, die große Vergangenheit. Dem von allen Seiten Bedrängten quellen aus der Tiefe neue Kräfte hervor . . . Die Frage der deutschen Menschen ist neu gestellt« (a. a. O. 3). Es tauchen auch in den Schulbuchtiteln Emotionalismen auf (z. B. »Wägen und Wirken. – Ein deutsches Lese- und Lebensbuch«, hrsg. von W. Hofstaetter, Leipzig und Berlin 1924). Eben diese Emotionalismen, gepaart mit der Intention, eine »deutschkundliche Einstellung (zu) ermöglichen« (a. a. O.: Vorwort), erlauben es dann auch, unter dem Titel »Heiliger

Krieg« die mystifizierende Tradition des Terminus Krieg fortzusetzen (s. S. 63). Das 1930 von M. Breiherr u. a. herausgegebene »Neue bayerische Lesebuch für weibliche Lehranstalten« (Bd. 6: Mein Deutschland. München) erinnert unter dem Titel »Erwachen« an die »Helden des Freiheitskampfes« und läßt im Lied »Germanias an ihre Kinder« den Chor fragen: »Ist der Tag der Rache da?« (S. 11). Schließlich antwortet sich der Chor:

»Wer in unzählbaren Wunden
jener Fremden Hohn empfunden,
Brüder, wer ein deutscher Mann,
schließe diesem Kampf sich an« (a. a. O.).

Im Kapitel III, betitelt »Schicksalswende«, wird dann »Deutschlands Heldenkampf« und »Deutschlands Hoffnung« beschrieben (a. a. O. 277 ff.). Aufbau und Textauswahl des Buches lassen es nicht als bloßes literaturhistorisches Zeugnis erscheinen, wenn »Deutschlands Heldenkampf« mit dem Gedicht von Isolde Kurz »Schwert aus der Scheide« eröffnet wird (Abb. 21). Selbst wenn die Intentionen des Buches in andere Richtung zielten, objektiv konnte das Buch den Boden bereiten helfen, der dann nach 1933 bestellt wurde. Aber die Herausgeberschaft eben dieses Schulbuches begrüßte in der dritten Auflage von Band 3 (»Volk unter Völkern«) des Neuen Bayerischen Schulbuches im März 1933 den »erhebenden nationalen Aufschwung, den unser Volk in diesen Tagen erleben durfte« (a. a. O. 3). Ausdrücklich wird die Kontinuität des Denkens betont und das Verdienst dieses Lesebuchwerkes herausgestrichen, »in allen Bänden und Abteilungen bewußt einer wahrhaft vaterländischen Gesinnung gehuldigt und so bei den Tausenden jugendlicher Benutzer Verständnis und Begeisterung geweckt zu haben für die weltanschauenden Grundlagen unserer Reichsführung« (a. a. O.). Bereits im Geleitwort zur 1. Auflage wird auch das »Feindbild« tradiert. Die Völker, die außer Deutschland in diesem Schulbuch vorgestellt sind, werden gewichtet und dementsprechend in unterschiedlichem Umfang behandelt: »Nahe stehen uns die Brüder an der Südgrenze, die Tiroler, die Deutschösterreicher . . . Vettern sind uns die andern germanischen Stämme. Freilich nicht alle sind uns wohlgesinnt. Nachbarn sind uns Romanen und Slaven. Französisches Land besuchen wir nur, um voll Ehrfurcht den blutgetränkten Boden zu betreten, auf dem deutsche Helden kämpften, in dem deutsche Helden ruhen. Länger weilen wir in Spanien . . .« (a. a. O. 4).

Nach 1933 verstärken sich bereits in den Erstlesebüchern (Fibeln) die

Bemühungen, nationalistische Gesinnungen, oft durchaus an harmlosen Beispielen, zu wecken (z. B. »Unser Zeppelin ... Kinder, unser Zeppelin ist das beste Luftschiff auf der Welt. Darauf wollen wir stolz sein«: Wir Kinder. München 1935, 66). Ein Bezug auf Krieg und Kampf, auf Kampfbereitschaft, auf Marschkolonnen usw. fehlt in keiner der ca. 25 untersuchten Fibeln dieses Zeitraumes (s. Abb. 22). Das in früheren Fibeln oft kindlich aufgelöste »Soldatenspielen« mit Papiermütze und Holzgewehr (vgl. Abb. 5) wird verdrängt und weicht Darstellungen, die in Bild und Text die Ideologie des Nationalsozialismus aufnehmen und mindestens insoweit vormilitärischen Charakter haben (s. Abb. 23).

*(12) Aufruf gegen den Krieg*

Die bedrückend einseitige und offensichtlich nicht wirkungslos gebliebene Behandlung des Themas »Krieg« im Schulbuch bestätigt sich in diesem Abschnitt erneut. In den Epochen zwischen 1854 und 1945, d. h. nahezu während eines Jahrhunderts der jüngsten Schulgeschichte, taucht in allen untersuchten Schulbüchern kein Text auf, der wenn auch nicht als pazifistisches Postulat, so doch wenigstens als ein die Hemmschwelle erhöhender Aufruf gegen den Krieg ausgelegt werden könnte. Dies ist umso bedrückender, als sich in der Tradition der Aufklärungspädagogik bereits um die Wende vom 18. zum 19. Jahrhundert Texte im Schulbuch finden, die kritisch nach der Legitimation der Kriege zu fragen versuchen. G. U. A. Vieth läßt im »Physikalischen Kinderfreund«, Leipzig 1801, den Vater, der mit seinem Sohn Wilhelm ein Schützenfest besucht hat, sagen: »Möchten Pulver und Bley doch nur immer dazu gebraucht werden, sich lustig zu machen! ... Möchten doch die Kugeln nur immer Scheiben und hölzerne Vögel und nicht Menschenherzen durchbohren!« (S. 45). Sohn Wilhelm antwortet darauf: »Ich weiß auch nicht, wie man Soldat seyn und Krieg führen kann« (a. a. O.). Der Vater, der als Aufklärer auf eine künftige, wenn auch nicht bald zu verwirklichende kriegslose Menschheitsgeschichte hofft (vgl. Abschnitt [8]), korrigiert: »Uebereile dich nicht, Wilhelm! Ein Soldat ist, aus dem rechten Gesichtspunkt betrachtet, auch ein nützliches Glied der menschlichen Gesellschaft; und auch der Krieg, bey allen seinen Schrecknissen, hat sein Gutes, wiewohl ich ihn in den meisten Fällen nicht vertheidigen möchte« (a. a. O.). – Nicht einmal eine solche vorsichtige Frage nach der Legitimation von Kriegen konnte ihren Platz im Schulbuch behalten.

# Schicksalswende.

## Deutschlands Heldenkampf.

### 139. Schwert aus der Scheide!

1. In der Halle des Hauses, da hängt ein Schwert,
Schwert in der Scheide.
In seinem Blitzen vergeht die Erd'.
Wir hüten's und beten Tag und Nacht,
daß es nicht klirrend von selbst erwacht;
denn uns ist geschrieben ein heilig Gebot:
Ihr sollt es nur brauchen in letzter Not!
Schwert in der Scheide.

2. Wir sind geduldig, wie Starke sind,
Schwert in der Scheide.
Wir achten's nicht, was der Neid uns spinnt.
Sie haben uns manches Unrecht getan;
wir littens' und hielten den Atem an.
Die Sonne glüht auf der Ernte Gold,
Friede, wie bist du so hold, so hold!
Schwert in der Scheide.

3. Doch der Neid mißgönnt uns den Platz am Licht,
Schwert in der Scheide.
Feinde umziehn uns wie Wolken dicht,
zehn gegen einen im Waffenschein.
Wer bleibt uns treu? Unser Gott allein!
Die Erde zuckt und der Himmel flammt:
Schwert, nun tu dein heiliges Amt,
Schwert aus der Scheide!

Isolde Kurz.

**Abb. 21**

## Hindenburg.

Hindenburg hat im großen Krieg die deutschen Soldaten geführt. Er hat unser Vaterland vor den Feinden gerettet. Sei dankbar, deutsches Kind!

Deutschland, Deutschland über alles,
über alles in der Welt,
wenn es stets zu Schutz und Trutze
brüderlich zusammenhält!

So singen wir in der Schule. Deutschland ist unser schönes Vaterland. Wir wollen es immer lieben. Wir wollen alle helfen, wenn es in Gefahr ist. So will es Adolf Hitler.

**Abb. 22**

**Abb. 23**

## Die Hitlerjungen.

Eins zwei drei vier, durch die Stadt marschieren wir, im braunen Hemd, die Fahne hoch im Wind, trom trom tromterom, im gleichen Schritt und Tritt.

Haltet aus! Haltet aus!
Lasset hoch die Banner wehn!
Zeigt dem Feind, zeigt der Welt,
daß wir treu zusammen stehn!

Draußen vor der Stadt ruft der Führer: Abteilung, halt! Ein Ruck, die Soldaten stehen, kein Glied regt sich. Rührt euch! Wir machen ein Gefecht.

**Abb. 21:** Aus: Breiherr, M., u. a. (Hg.): Neues Bayerisches Lesebuch für weibliche höhere Lehranstalten. 6. Band: Mein Deutschland. 1930. 2. Auflage, S. 277
**Abb. 22:** Aus: Wir Kinder. Erstes Lesebüchlein für die altbayerischen und schwäbischen Volkshauptschulen. München ca. 1935. 4. Auflage, S. 67
**Abb. 23:** Aus: Bei uns in Nürnberg. Erstes Lesebuch. Nürnberg (o. J.), S. 62

Wie ein früher »Aufruf gegen den Krieg« darf wohl auch Heinrich Zschokkes engagierte Schilderung der durch den Krieg verursachten Nöte ausgelegt werden (vgl. Abschnitt [7]; Curtze, C.: Deutsches Lesebuch in Lebensbildern. Mengeringhausen 1849, 169–171). Auch dieser Text, der unter den untersuchten Schulbüchern der Epoche 1814–1835 völlig vereinzelt dasteht und wie ein verspäteter Nachklang einer von der Aufklärungszeit her beeinflußten Pädagogik erscheint, hat in den Schulbüchern zwischen 1854 und 1945 keine Berücksichtigung mehr gefunden, ebenso kein vergleichbarer Text.

Erst das Schulbuch nach 1945 nimmt wieder Texte auf, die wie ein »Aufruf gegen den Krieg« klingen mögen. Es ist wiederum wie eine Anklage gegen die Schulbuchgeschichte zwischen 1854 und 1945, daß die neuen Schulbücher dazu nicht einmal neuer Texte bedurft hätten. Erst nach 1945 wird – belegt an den untersuchten Schulbüchern – erstmals Matthias Claudius' »Kriegslied« in die Schulbücher aufgenommen (Abb. 24). Ebenso erscheint erstmals Jean Pauls »Kriegs-Erklärung gegen den Krieg« (Burkholz, G., u. a. [Hg.]: Fragen. – Kritische Texte für den Deutschunterricht. München 1969, 128–130). Das Schulbuch hatte fast 150 Jahre eine Tradition verschwiegen, die auch eine deutsche Tradition war. Selbst wenn diese Texte von Claudius und Jean Paul noch in irgendwelchen historischen Schulbüchern vor 1945 nachgewiesen werden sollten, den Geist der Schulbücher vor 1945 haben sie mit Sicherheit nicht bestimmt.

*(13) Kriegsdienstverweigerung*

Die Schule war auch in diesem Fall nicht Vorläufer einer Entwicklung. Die Möglichkeit eines Rechtes auf Kriegsdienstverweigerung wird im Schulbuch erst nach Festschreibung des Kriegsdienstverweigerungsrechtes durch das Grundgesetz der Bundesrepublik Deutschland behandelt. Nach der fortschreitenden fachlichen Differenzierung des Schulbuches wird diese Thematik aber nicht primär in den Lesebüchern, sondern in den Büchern für Sozialkunde oder für den politischen Unterricht vorgestellt. Dies geschieht auch nicht mehr durch das Angebot einzelner »Lesestücke«, sondern durch ein relativ breites Angebot von unterschiedlichen »Materialien«, die in der Regel durch eine Anzahl problematisierender Fragen ergänzt sind.

In H. Gieseckes »Einführung in die Politik, Lese- und Arbeitsbuch für den politischen Unterricht in der Sekundarstufe 1« (Stuttgart 1979, 2. Auflage) werden beispielsweise vier Gruppen von »Materialien und Problemskizzen«

Kriegslied
Matthias Claudius

's ist Krieg! 's ist Krieg! O Gottes Engel, wehre
Und rede du darein!
's ist leider Krieg – und ich begehre
Nicht schuld daran zu sein!

Was sollt ich machen, wenn im Schlaf mit Grämen
Und blutig, bleich und blaß,
Die Geister der Erschlagnen zu mir kämen,
Und vor mir weinten, was?

Wenn wackre Männer, die sich Ehre suchten,
Verstümmelt und halb tot
Im Staub sich vor mir wälzten und mir fluchten
In ihrer Todesnot?

Wenn tausend, tausend Väter, Mütter, Bräute,
So glücklich vor dem Krieg,
Nun alle elend, alle arme Leute,
Wehklagten über mich?

Wenn Hunger, böse Seuch' und ihre Nöten
Freund, Freund und Feind ins Grab
Versammelten und mir zu Ehren krähten
Von einer Leich' herab?

Was hülf mir Kron' und Land und Gold und Ehre?
Die könnten mich nicht freun!
's ist leider Krieg – und ich begehre
Nicht schuld daran zu sein!

**Abb. 24**

**Abb. 24:** Aus: Weisgerber, B., u. a. (Hg.): Weinheimer Lesebuch. Lesewerk für Grundschule und Hauptschule. 1967, Bd. 4, Texte für das 7.–9. Schuljahr, S. 310
**Abb. 25:** Giesecke, H.: Einführung in die Politik. – Lese- und Arbeitsbuch für den politischen Unterricht in der Sekundarstufe 1. Stuttgart 1979. 2. Auflage. S. 130 f.

**Abb. 25**

## Wehrdienst und Ersatzdienst im Grundgesetz

*Art. 12a*

(1) Männer können vom vollendeten achtzehnten Lebensjahr an zum Dienst in den Streitkräften, im Bundesgrenzschutz oder in einem Zivilschutzverband verpflichtet werden.

(2) Wer aus Gewissensgründen den Kriegsdienst mit der Waffe verweigert, kann zu einem Ersatzdienst verpflichtet werden. Die Dauer des Ersatzdienstes darf die Dauer des Wehrdienstes nicht übersteigen. Das Nähere regelt ein Gesetz, das die Freiheit der Gewissensentscheidung nicht beeinträchtigen darf und auch eine Möglichkeit des Ersatzdienstes vorsehen muß, die in keinem Zusammenhang mit den Verbänden der Streitkräfte und des Bundesgrenzschutzes steht.

*Art. 17a*

(1) Gesetze über Wehrdienst und Ersatzdienst können bestimmen, daß für die Angehörigen der Streitkräfte und des Ersatzdienstes das Grundrecht, seine Meinung in Wort, Schrift und Bild frei zu äußern und zu verbreiten, ... das Grundrecht der Versammlungsfreiheit ... und das Petitionsrecht, soweit es das Recht gewährt, Bitten oder Beschwerden in Gemeinschaft mit anderen vorzubringen, eingeschränkt werden.

**Was man sich fragen kann**

♦ Warum erlaubt das Grundgesetz, aus Gewissensgründen den Dienst mit der Waffe zu verweigern?

♦ Was sind »Gewissensgründe« und wie kann man die feststellen?

♦ Welche Möglichkeiten für den Ersatzdienst gibt es, »die in keinem Zusammenhang mit den Verbänden der Streitkräfte« stehen? Warum werden diese Möglichkeiten hier ausdrücklich erwähnt?

♦ Wieso können für Soldaten und für Ersatzdienstleistende die genannten Grundrechte eingeschränkt werden? Hängt das mit den besonderen Aufgaben der Bundeswehr zusammen?

aus diesem Fragenkreis angeboten. Gruppe 1 behandelt den »Wehrdienst und Ersatzdienst im Grundgesetz« und bietet dazu lediglich den Text des Grundgesetzes und vier zentrale thematische Fragen an (Abb. 25). Gruppe 2 und 3 bringen zwei Zeitungsausschnitte zur Entscheidung des Bundesverfassungsgerichtes über das Wehrpflichtänderungsgesetz (»Wehrdienstverweigerung per Postkarte ist verfassungswidrig«) und schließen daran einen Kanon von acht Fragen an (a. a. O. 131 f.). – Gruppe 4 schildert unter dem Titel »Der Drückeberger« den Arbeitstag eines Ersatzdienstleistenden in den Bodelschwinghschen Anstalten Bethel und ergänzt diesen Bericht wiederum durch problematisierende Fragen.

Bei der Auswahl der Fragen läßt der Verfasser allerdings deutlich seine Sympathien für die Ersatzdienstlösung erkennen.

*(14) Notwendigkeit der Verteidigung*

In den Epochen verherrlichender Kriegsdarstellungen im Schulbuch (s. Abschnitt [3]) wird die Notwendigkeit der Verteidigung sicher mit viel zu großer Leichtigkeit als gegeben angesehen. Die Frage wird gar nicht ernsthaft diskutiert (vgl. auch Abschnitt [4]). Es ist wieder die Aufklärungspädagogik, die die erforderliche Rationalität aufgebracht hat, in abwägender Weise den Wunsch nach dauerhaftem Frieden und die realen Chancen, einen solchen Zustand zu erreichen, im Schulbuch zur Frage zu stellen. G. U. A. Vieth (1801, 45) hat die Frage für seine Zeit so beantwortet, daß unter den gegebenen Bedingungen eine Verteidigungsbereitschaft des Staates offenbar notwendig sei (vgl. Abschnitt [8] und [12]). Obgleich die Schulbücher nach 1945 aufgrund der Erfahrungen des Ersten und Zweiten Weltkrieges und in Kenntnis der mißbräuchlichen kriegsverherrlichenden und kriegsvorbereitenden Nutzung der Schulbücher in den Epochen zwischen 1854 und 1945 deutlich den Akzent auf die Ächtung von Kriegen, auf die Verhinderung von Kriegen und auf die Suche nach gewaltlosen Konfliktlösungen setzen, wird andererseits insbesondere in den Schulbüchern zur Sozial- und Gemeinschaftskunde in objektiver und offener Weise zugleich auch die Frage nach der Notwendigkeit der Verteidigung, die Frage nach der Rolle des Soldaten in der Gesellschaft usw. behandelt. Dies geschieht auch hier wieder in der Regel durch den Abdruck von Zeitungsartikeln, von Auszügen wissenschaftlicher Untersuchungen (z. B. auch der Friedensforschung) und durch Informationen über die Rechtsgrundlagen (vgl. Fischer, K. G., und Mitarbeiter, 1971, 70 ff.).

## 3. Auswertung

### 3.1. Historische Aspekte

Auf der Basis der Analyse von ca. 1 000 historischen Schulbüchern läßt sich sagen:

- Im Schulbuch der letzten 200 Jahre war das Thema »Krieg« unablässig präsent. Die thematische Streuung reicht von kriegsverherrlichenden Darstellungen bis zur Ächtung des Krieges.
- In den Epochen zwischen 1854 und 1945 dominiert die kriegsverherrlichende Darstellung. Es kann angesichts des faktischen Verlaufs der Geschichte nicht in Abrede gestellt werden, daß die Schulbücher dieser Zeit in großem Umfang dazu beigetragen haben, das ganze Volk kriegsbereit zu halten und durch die Vorgabe von Feindbildern sowie durch die Heroisierung und Mystifizierung des Kriegsgeschehens auf den Krieg vorbereitet zu haben.
- Nur in den Epochen vor 1854 und nach 1945 finden sich bei der Behandlung der Kriegsthematik kritische Positionen, die geeignet sind, die Schwelle für einen Kriegseintritt deutlich zu erhöhen. Der kritische Umgang mit der Kriegsthematik in der Zeit vor 1854 kommt wahrscheinlich aus Positionen der Aufklärungspädagogik.
- Nach 1945 wird der Krieg unter zahlreichen Aspekten problematisiert. Erstmals tauchen Fragen der Wehrdienstverweigerung und der Friedensforschung auf. Die Notwendigkeit einer Verteidigungsbereitschaft wird dennoch nicht bestritten. Eine irgendwie geartete Verherrlichung des Krieges findet nicht statt.
- Klassisch literarische Texte, die sich bereits zu Beginn des 19. Jahrhunderts kritisch über den Krieg äußerten (M. Claudius; Jean Paul Richter), finden erst nach 1945 Eingang in die Schulbücher.

### 3.2. Systematische Aspekte

- Die Schule darf die Kriegsthematik nicht umgehen. Sie muß das Bewußtsein der Not und der Grausamkeit der Kriege wie auch das Bewußtsein der Sinnlosigkeit der meisten Kriege wachhalten.
- Wie die Schule doch mindestens ein Jahrhundert (z. B. 1854–1945) zum

Kriege erzogen hat, muß sie nunmehr bemüht bleiben, zum Frieden zu erziehen. Sie muß sich bemühen, den jungen Menschen zu sensibilisieren, stets nach gewaltlosen Lösungsmöglichkeiten der sicher unausbleiblichen zwischenmenschlichen und zwischenstaatlichen Konflikte zu suchen. Diese Aufgabe ist nicht leicht, als es offensichtlich anthropologische Konstanten gibt, die den Menschen immer wieder zu gewaltsamen Lösungen seiner Konflikte disponieren (Gruppensolidarität, Aggressionsbereitschaft bei Bedrohung von Gruppenmitgliedern, Kampf- und Dominanzstreben, Territorialverhalten, Fremdenscheu, Intoleranz gegen Abweichungen von der Gruppennorm; vgl. Eibl-Eibesfeldt 1984, 510; vgl. Liedtke, M., 1992).

- Solange es nicht zu einer Weltfriedensordnung kommt, in der im Sinne von C. F. von Weizsäcker die Außenpolitik der Staaten in eine Weltinnenpolitik (mit staatlich-polizeilichem Gewaltmonopol) umgewandelt wird, besteht auch unter der Maxime einer Friedenserziehung für jeden Staat die Pflicht, sich verteidigungsbereit zu halten.
- Aus der Notwendigkeit der Verteidigungsbereitschaft folgt selbstverständlich, daß die Schule auch Respekt vor der gesellschaftlichen Rolle des Soldaten vermitteln muß. Sicher wird die Schule auch Respekt vor den Gefallenen vergangener Kriege vermitteln müssen, auch wenn es sich um verführte und irregeleitete Soldaten verwerflicher Kriege handelt.

### *Literatur*


Basedow, J. B. (1774): Elementarwerk.

Bayerische Lehrerzeitung 1873, Nr. 10.

Bei uns in Nürnberg. Erstes Lesebuch. Nürnberg (o. J.).

Breiherr, M., u. a. (1930) (Hg.): Neues bayerisches Lesebuch für weibliche Lehranstalten. Bd. 3 und Bd. 6. München.

Burkholz, G., u. a. (1969) (Hg.): Fragen. – Kritische Texte für den Deutschunterricht. München.

Caselmann, A., u. a. (1918) (Hg.): Lesebuch für höhere Lehranstalten. Nürnberg.

Cürtze, C. (1849) (Hg.): Deutsches Lesebuch in Lebensbildern. Mengeringhausen.

Deutsches Lesebuch für Volksschulen. Bd. IV. Berlin 1944.

Dolz, J. Chr. (1815): Lehrbuch der nothwendigen und nützlichen Kenntnisse. Leipzig.

Eibl-Eibesfeldt, I. (1984): Die Biologie des menschlichen Verhaltens. München, Zürich.

Fischer, K. G., und Mitarbeiter (1971): Gesellschaft und Politik. Ein Arbeitsbuch für die Sozial- und Gemeinschaftskunde der Klassen 7 bis 9/10 aller Schulen (Sekundarstufe I). Stuttgart.

Fock, E., und Weber, K. (1956): Lehrbuch der Physik für Höhere Lehranstalten. Bd. II. Oberstufe. Frankfurt a. M., Hamburg, 240.

Franck, W. (1941): Lehrbuch der Chemie für höhere Schulen. Bd. 2. Leipzig und Berlin.
Gaspari, A. Chr. (1809): Lehrbuch der Erdbeschreibung zur Erläuterung des neuen methodischen Schulatlasses. Weimar, 11. Auflage.
Giesecke, H. (1979) (Hg.): Einführung in die Politik, Lese- und Arbeitsbuch für den politischen Unterricht in der Sekundarstufe 1. 2. Auflage. Stuttgart.
Haesters, A. (1870) (Hg.): Lehr- und Lesebuch für die Oberklassen katholischer Volksschulen. Essen.
Hajek, E., und Hiemesch, K. H. (1916) (Hg.): Um Heimat und Herd. Ein Kriegslesebuch für Schule und Haus. Kronstadt.
Hampp, Ph. (1918) (Hg.): Liederbuch für Schulen. 2. Teil. München.
Hanus, H. (1911): Vaterländische Erdkunde nebst Deutschlands Kolonien. Leipzig.
Harlander, O. (1940): Englisch als 1. Fremdsprache. Leipzig und Berlin.
Haselmayer, J. E. (1909): Neues Aufsatzbuch zum Gebrauch an höheren Schulen und zum Selbstunterricht. Würzburg.
Henniger, K. A., und Franck, W. (1941): Lehrbuch der Chemie.
Höfling, O., und Jacobs, W. (1961): Physik für Mittelschulen. Bonn, Hannover, Hamburg, Kiel, München.
Hofstaetter, W. (1924) (Hg.): Wägen und Wirken. – Ein deutsches Lese- und Lebensbuch. Leipzig und Berlin.
Hoppenstedt, A. L. (1814) (Hg.): Lieder für Volksschulen. 4. Auflage. Hannover.
Hübner, J. (1811): Biblische Historien. Rudolfstadt.
Ipfelkofer (1916) (Hg.): Deutsches Lesebuch. Nürnberg.
Kennerknecht, D., und Neubauer, J. (1910) (Hg.): Deutsches Lesebuch für bayerische höhere Töchterschulen. Bamberg.
Koch, W., und Skriewe, P. (o. J.) (Hg.): Deutschland muß leben! – Sammlung nationaler Gedichte für die Schule des Dritten Reiches. Halle.
Lehr- und Lesebuch für die mittlern und obern Klassen der deutschen Schulen im Königreiche Bayern. München 1843.
Lembke, Fr., und Sohnrey, H. (1915) (Hg.): Fürs Vaterland – Kriegslesebuch für deutsche Schulen. Berlin.
Lesebuch für unterfränkische Sonntagsschulen (1912). München.
Liedtke, M. (1991) (Hg.): Handbuch der Geschichte des bayerischen Bildungswesens. Bad Heilbrunn.
Liedtke, M. (1992): Feindbilder im Prozeß der Sozialisation und Erziehung. In: Voit, H. (Hg.): Geschichte ohne Feindbild? – Perspektiven für das historische Lernen in Deutschland nach dem 9. November 1989.
Lomberg, A. (1917) (Hg.): Deutsche Kriegsgedichte 1914/15 zum Gebrauch in Schulen. Langensalza.
Markert, K., und Schander, K. (1907) (Hg.): Mein erstes Lesebuch. Nürnberg.
Meißner, C. (1886): Lateinische Phraseologie. 5. Auflage. Leipzig.
Merkstoff für den Sachunterricht in den Volksfortbildungsschulen (1913). München.
Meyer, E., und Zimmermann, K. (1941): Lebenskunde. Lehrbuch der Biologie für Höhere Schulen. Erfurt.
Namenbüchlein zum Gebrauche in Stadtschulen. Wien 1850.

Neues Bayerisches Lesebuch für höhere Lehranstalten (1924): 5. Band: Albrecht Dürer. München.
Neues Elementarwerk für die niedern Klassen lateinischer Schulen und Gymnasien. Halle 1795.
Poetische Blumenlese zur Erklärung, zum Deklamieren und Auswendiglernen für Schulen. Ansbach 1804.
Rechenbuch für die bayerischen Volksschulen. 1943, Heft 8. München.
Rochow, Fr. E. (1796): Der Kinderfreund. Dessau und Frankfurt.
Schietzel, C. (1962): Natur und Menschenwerk. Braunschweig.
Schlez, J. F. (1819): Der Kinderfreund. Giessen.
Schmaus, J. (1916) (Hg.): Deutsches Lesebuch für die dritte Klasse bayerischer Mittelschulen (Quarta). Bamberg.
Sitzungsprotokolle der Bayerischen Kammer der Abgeordneten vom 30. 3. 1916.
Vieth, G. V. A. (1801): Physikalischer Kinderfreund. Leipzig.
Wackernagel, Ph. (1863): Deutsches Lesebuch. Dritter Teil. 16. Auflage. Stuttgart.
Wagner, Fr. L. (1812): Neues Handbuch für die Jugend in Bürgerschulen. Frankfurt a. M. 1812. 6. Auflage.
Weisgerber, B., u. a. (1967) (Hg.): Weinheimer Lesebuch. Lesewerk für Grundschule und Hauptschule. Bd. 4. Weinheim und Berlin.
Westphalen, Chr. D. (1810): Arithmetische Aufgaben für Anfänger im Rechnen. 9. Auflage. Hamburg.
Wigand, L. C. A. (1887): Vorlesung über den kleinen Katechismus Luthers, zum Gebrauch in deutschen Schulen. Quedlinburg.
Wir Kinder. Erstes Lesebüchlein für die altbayerischen und schwäbischen Volkshauptschulen. 4. Auflage. München 1935.

*Franz Simon*

# *Konflikt und Befriedung bei den Eipo*

Die Eipo leben im oberen Eipomek-Tal, im Zentralen Hochland von Irian-Jaya. Diese Region liegt zwischen 1400 und 2300 m ü. d. M. und zeichnet sich aufgrund der Höhenlage durch gemäßigte Temperaturen aus.

Die Eipo sind Angehörige der Berg-Papua-Bevölkerung. Nach anthropologischer Zuordnung sind sie Pygmäen (Büchi 1978, 1981). Sie gehören der sogenannten Mek-Sprachfamilie an (Schiefenhövel 1976, Heeschen 1978).

Die Eipo leben hauptsächlich von Knollenfrüchten, wie Süßkartoffeln und Taro, aber sie bauen auch verschiedene Gemüsesorten, Zuckerrohr und Bananen an.

Bei der Bearbeitung des Bodens verwenden sie Grabstöcke. In den Niederungen legen sie Hochbeete an (Walter 1982/1989), auf den Steilhängen Terrassen (Koch 1985/1987). Nach wenigen Wachstumsperioden bleiben die Gärten etwa 15 Jahre lang unbearbeitet. Durch diese Wechselwirtschaft bedingt, gibt es große mit Sekundärvegetation überzogene Flächen. Die Tierhaltung beschränkt sich auf das Schwein und den Hund. Das Schwein hat auch eine ausgeprägte sakrale und zeremonielle Bedeutung. Die Sammelwirtschaft ist unbedeutend, und die Jagd spielt in der Ernährung keine Rolle.

Das äußere Erscheinungsbild der Eipo wird durch die Spärlichkeit, aber auch durch die Auffälligkeit der wenigen Kleidungsstücke, die sie haben, stark mitgeprägt. Die Frauen und Mädchen – auch die ganz kleinen – tragen mehrlagige Grasschürzen, die erwachsenen Männer – nur die erwachsenen – Peniskalebassen und Leibbinden aus Pflanzenmaterial (Simon 1983).

Die Siedlungen liegen auf Anhöhen und haben 30–140 Einwohner. Sie sind eigenständige Einheiten. Bei kriegerischen Auseinandersetzungen gehen sie auch Bündnisse ein.

Die Häuser sind kreisrund und haben Kegeldächer, manchmal auch Satteldächer.

Infolge von bestimmten Techniken (Bearbeitung von Stein und Verwendung von Stein als Werkzeug) wird die Eipo-Kultur gern als neolithisch, die

Eipo selbst als neolithische Pflanzer bezeichnet (Koch 1987). Bei aller Ungenauigkeit und Fragwürdigkeit dieser Bezeichnung wird sie hier – weil in der Eipo-Literatur so eingeführt – einfachheitshalber akzeptiert, auch wenn die damit verbundene Frage, worin eigentlich die Weiterentwicklung der geistigen Grundpositionen der Kreatur Mensch seit dem Neolithikum bis heute bestehe, hier nicht diskutiert werden kann. Kennzeichnend für die soziale Ordnung der Eipo ist, daß sie kein organisiertes Führungssystem kennen. Es gibt keine Häuptlinge, nur sogenannte führende Männer. Eine funktionelle Hierarchie also, in der die Führungsrolle einer Person nur akzeptiert wird, solange die dafür erforderliche Qualifikation deutlich zu erkennen ist.

G. Koch charakterisiert die Eipo an einer Stelle so: »Dem europäischen Gast erscheinen sie intelligent und sehr auffassungsfähig, recht gutartig und liebenswert, doch sie können auch heftig reagieren und sind durchaus zu (traditionsbedingten) bewaffneten Auseinandersetzungen bereit« (Koch 1987). Diese Grundhaltung konnte während des Feldaufenthaltes häufig beobachtet werden.

Am Ostersonntag 1976 half uns ein Mann namens Motup mit seinen Familienangehörigen aus dem Dorf Mungona Lebensmittel nach Malingdam zu transportieren. Im Gepäck befanden sich auch einige Buschmesser. Motup und seine Leute traten mit dem Gepäck zugleich den Rückweg an. Wir folgten später und trafen noch vor Einbruch der Dunkelheit in Malingdam ein, wo wir eine große Unruhe vorfanden: Motup rannte in höchster Erregung zwischen Dorf und unserer Wohnhütte auf einer Strecke von etwa 20 m den Hang auf und ab. Er rüttelte seine Waffen und drohte wild gestikulierend, den Mann namens Somson zu erschießen. Motup rannte nach unserer Ankunft noch eine Weile auf und ab, dann verschwand er.

Nach und nach konnte der Vorfall geklärt werden: Der Mann namens Somson wollte aus unserem Gepäck ein Buschmesser für sich entnehmen. Motup griff zur Waffe und drohte, Somson zu erschießen, falls er versuchen sollte, das Buschmesser zu entwenden.

Das Haus, das ich bewohnte, stand auf Motups Grund und Boden, und so stand ich unter Motups Schutz. Zugleich war er auch für mein Wohlergehen und die Unversehrtheit meines Eigentums verantwortlich. In letzter Konsequenz hätte er für einen eventuellen Schaden auch mit einer Kompensationsleistung geradestehen müssen. Dieses Rechtsempfinden und die daraus resultierende Haltung ließ Motup zur Waffe greifen.

An diesem Beispiel zeigt sich, daß nicht nur bei kriegerischen Auseinandersetzungen mit anderen Dörfern, sondern auch bei gruppeninternen Konfliktsituationen schnell zur Waffe gegriffen wurde.

Verläßt ein Mann sein Dorf, nimmt er immer seine Waffen, den Bogen und einige Pfeile mit. Spannungen mit anderen Dörfern oder persönliche Feindschaften gibt es immer, und ein Unbewaffneter kann nicht darauf vertrauen, verschont zu werden. Bogen und Pfeile sind die einzigen Offensivwaffen der Eipo. Die Bogen werden meistens aus dem Holz der Schwarzpalme geschnitzt, die Sehnen aus Rotanliane hergestellt. Die Bogen gehören zum wichtigsten Besitz des Mannes und die Pfeile zum bestgearbeiteten Kulturgut der Eipo, für deren Herstellung die Männer viel Zeit und Sorgfalt verwenden (Nelke 1978, Simon 1980). Die Pfeile sind alle ungefiedert, werden nicht vergiftet und sind aus Teilen zusammengesetzt. In dem Schaft aus Schilfrohr werden die glatten oder mit Widerhaken versehenen Hartholzspitzen eingefügt. Die Pfeile mit Hartholzspitzen werden hauptsächlich beim Kampf gebraucht. Für die Jagd verwendet man Pfeile mit drei oder mehr Spitzen. Es gibt auch Pfeile mit Bambusspitzen, mit denen die Hausschweine beim Schlachten erschossen werden (Nelke 1978, Koch 1984, Simon/Schiefenhövel 1989).

Als Defensivwaffe ist bei den Eipo der Brustpanzer bekannt. Er wird aus Streifen der Rotanliane geflochten und bietet einen relativ guten Schutz. Einen weiteren Schutz gegen Schußverletzungen bietet das um den Hals gewickelte Tragenetz (Nelke 1978).

Im Dezember 1974 ist eine alte Fehde aufgelebt, und so konnte das Anlegen eines Brustpanzers unterhalb des Dorfes Mumyerunde dokumentiert werden (Koch 1985).

»16. Dezember 1974: Es hat Alarm gegeben. Drunten im Tal wurden feindliche Marikla gesehen. Trotz der bedrohlichen Situation schmücken sich die Männer noch unterhalb des Dorfes Mumyerunde zum Kampf: Sie dekorieren sich mit Kopfseitenschmuck aus Paradiesvogelfedern und legen eine Stirnbinde, ein mit Nassa-Schneckengehäusen besetztes Zeremonialobjekt, an. – Dann eilen sie, mit Bogen und Pfeilen bewaffnet, ins Tal hinunter« (Koch 1987).

Schmücken wird hier sicherlich nicht trotz, sondern gerade wegen der bedrohlichen Situation sorgfältig vorgenommen, um zusätzlich zu imponieren.

Auch das stumme Präsentieren der Waffen als Demonstration der Schlagkraft – aus sicherer Entfernung – ist zwischen kriegführenden Parteien wiederholt beobachtet worden (Eibl/Schiefenhövel/Heeschen 1989). Eine kriegerische Auseinandersetzung besteht zum großen Teil aus Imponieren. Selten kommt es zu großen Kämpfen starker Verbände. Meistens beschießen sich die Gegner in kleinen Gruppen aus relativ sicherer Entfernung, so daß Treffer keinen allzu großen Schaden anrichten können (Nelke 1978).

Waffen gehören zum Individualeigentum eines jeden Mannes. Die alten Männer interessieren sich allerdings kaum noch für Waffenbesitz. Die Knaben, die noch keine Waffen besitzen, üben sich bei gutem Wetter mit viel Begeisterung im sogenannten »Graspfeilspiel«. Diese Spiele werden häufig von jungen Männern angeleitet. Die Spieler werfen gezielt aufeinander mit den kräftigen Stengeln eines hier vorkommenden Grases. Treffer können erhebliche Schmerzen und auch Verletzungen verursachen. Angriff, Rückzug, aber auch das Ducken und Ausweichen, also die richtige Kampfweise der erwachsenen Männer, wird auf diese Art spielerisch eingeübt (Michel 1983, Nelke 1978), um dann nach der obligatorischen Zeremonie der Initiation als Mann mit den eigenen Waffen umgehen zu können und zu einer »traditionsbedingten« (G. Koch) Auseinandersetzung mit der Waffe befähigt und bereit zu sein.

Schon bei der Perforation der Ohrläppchen der Knaben wird die Händigkeit beachtet, um die spätere Qualifikation des zukünftigen Bogenschützen nicht zu beeinträchtigen; Linkshänder sollen den beim Bogenschießen hinderlichen Ohrenpflock rechts tragen, Rechtshänder im linken Ohr (Simon/Schiefenhövel 1989).

»Ein Mann habe drei Gelüste oder Triebe, so hieß es: nach Süßkartoffeln, nach Frauen, nach Krieg« (Eibl/Schiefenhövel/Heeschen 1989). Die ersten zwei »Gelüste«, a) Süßkartoffeln, b) Frauen, sind in der Mehrzahl der Fälle die Auslöser der Konflikte und eigentlich die Voraussetzung für Waffengänge, also für das dritte Gelüst.

Süßkartoffeln heißen *Kwaning*. Kwaning bedeutet aber auch ganz allgemein Speise, Nahrung (Heeschen/Schiefenhövel 1983), vergleichbar mit unserem Begriff »tägliches Brot«. So hieß auch der Reis, den ich in Malingdam für das Abendbrot gekocht habe, *Reiskwaning*.

Süßkartoffeln und die Gärten, in denen sie wachsen – täglich wachsen –, stehen an erster Stelle der Existenzsicherung.

Im sozialen Bereich gründet sich die Existenzsicherung nach dem Grundsatz der Gegenseitigkeit auch auf die moralische Verpflichtung der Teilung.

Im Frühjahr 1976 entstand im Dorf Talim eine Lebensmittelknappheit. Daraufhin setzte sich eine lange Marschkolonne – ca. 100 Personen – in Bewegung und brachte große Mengen Lebensmittel, hauptsächlich Süßkartoffeln, nach Talim. Es waren Männer, Frauen und einige Jugendliche aus Mungona und Malingdam.

Führende Männer aus Mungona nahmen auch eine zeremonielle Reinigung des Dorfes Talim vor, und anschließend führten sie außerhalb des Dorfes auch einen Fruchtbarkeitszauber durch. Diese Aktion entspricht der genannten moralischen Verpflichtung der Teilung, der nur nachgekommen werden kann, wenn das Individuum nicht daran gehindert wird, über sein Eigentum persönlich zu verfügen, gegebenenfalls auch zu teilen.

So ist dann auch in diesem Zusammenhang eine Grenzverletzung und Beschädigung im Gartenland oder das Wegnehmen von Lebensmitteln Konfliktstoff Nummer 1.

V. Heeschen berichtet folgenden Vorfall:

»Erwachsene reagieren auf Wegnehmen oft mit großer Heftigkeit. Der 25jährige Lekwoleb entnahm im Männerhaus von Dingerkon dem Netz seines etwa 30 Jahre alten Bruders Ferengde eine Banane, worauf der ihn mit seiner Steinaxt schlug und an der Schulter schwer verletzte. Lekwoleb stürzte daraufhin in seine Hütte, holte Pfeil und Bogen und wütete weinend und fluchend über zwei Stunden vor dem Männerhaus, Pfeile gegen das Haus schießend. Mehrere alte Männer und Frauen bemühten sich, ihn zu beruhigen, und verhinderten, daß er ins Männerhaus eindrang, um sich an Ferengde zu rächen« (Eibl/Schiefenhövel/Heeschen 1989).

Entsteht aus vergleichbaren Gründen ein Konflikt zwischen Mitgliedern zweier Dörfer, kann daraus schnell ein Konflikt mit Waffengang entstehen, der zum Krieg führt.

So wie das »Gelüst nach Süßkartoffeln« kann auch das »Gelüst nach Frauen« einen Krieg auslösen.

G. Koch beschreibt einen sogenannten Frauenraub und die Folgen, die hier auszugsweise wiedergegeben werden sollen:

Der »Frauenraub« des Mannes Walabnye von Imarin bestand darin, daß er im Gartenland die junge Frau Barieto des alternden Otan von Moknerkon erfolgreich zum Mitgehen aufforderte. Dieser »Frauenraub« hatte einen Tötungsversuch und nachfolgende Kampfhandlungen zur Folge.

Schon im September 1974 hatte sich Walabnye für Barieto interessiert. Am

5. Oktober »raubte« er die Frau und legte am 6. Oktober schon vorsichtshalber seinen Panzer an, als er ins Gartenland ging. Er wurde am Fluß Mumye von Otan aus Moknerkon beschossen und von einem Pfeil getroffen. Dank seines Panzers wurde er nicht verletzt. In der Folgezeit ging Walabnye mit Barieto ins Gartenland. Er schickte Barieto vor, er schritt bewaffnet hinter ihr her. In diesen Wochen war er ungewöhnlich reich geschmückt. Am 6. November ging Walabnye, der sich mittlerweile sicher fühlte, ohne Panzer schon früh ins Gartenland. Unterhalb von Moknerkon wurde er von Otan beschossen und mit zwei Pfeilen in Unterleib und rechte Brustseite getroffen. Die Nachricht von dem Überfall erreichte Malingdam – durch Zurufe –, und kurz vor 9 Uhr war eine Gruppe von etwa 20 Männern am Mumye-Ufer unterhalb von Moknerkon versammelt. Walabnye lag im Gartenhäuschen, die Pfeile hatte man vorsichtig herausgezogen.

Die Männer von Malingdam gruppierten sich am Mumye-Übergang und stimmten Gesänge an. Dann überschritten sie den Fluß und griffen Moknerkon an. In der Auseinandersetzung wurden zwei Moknerkon-Männer von Pfeilen getroffen. Einer von ihnen war Otan, der einen Schuß ins Gesäß erhielt. »Obwohl Moknerkon nur von relativ wenigen Männern verteidigt wurde und diese nun noch um zwei Verwundete vermindert waren, ließen die Angreifer jetzt vom weiteren Kampf ab. Sie hätten Moknerkon ›besetzen‹, die Männer töten, die Häuser verbrennen können. Dieses wäre aber bei solchem Anlaß außerhalb eines jeden Kriegsrituals gewesen. Für die Männer von Malingdam war mit der Verwundung der beiden Verteidiger der Ausgleich geschehen, der Angriff auf ihren Walabnye ›gerächt‹.«

Der verwundete Walabnye wurde nach Malingdam getragen, wo er an der Feuerstelle des Hauses in einem Stabgestell sitzend gepflegt wurde.

»Am 14. November humpelte der noch schwache und unbewaffnete W. wieder in die ›kritische Region‹ am Mumye, und am 21. November saß er, genesen, am Hang unterhalb von Mumyerunde, Barieto stand bei ihm – und neben ihm hockten friedlich zwei aus Moknerkon zu Besuch gekommene Männer (mit Bogen und Pfeilen). Der Fall war offensichtlich endgültig erledigt« (Koch 1984).

Mitte Dezember 1974 flammte auch eine Dauerfehde zwischen den weiter im Nordwesten lebenden Marikla und den Eipo auf. Ein Eipo-Mann aus Mungona namens Mute wurde von den Marikla erschossen, sein Leichnam mitgenommen und bei einem Siegesfest angeblich z. T. verspeist. Leute von

Talim, die den Vorfall beobachteten, informierten die Mungona-Leute. Die Männer zogen sofort los und kehrten fröhlich zurück; sie töteten im Gegenzug einen Marikla-Jungen. Am Abend desselben Tages feierten sie ein Siegestanzfest.

Mute wurde von Frau und Tochter betrauert; sie beklagten mit Klageliedern seinen Tod.

Einige Tage später wurde bekannt, daß der Marikla-Junge nicht getötet wurde, sondern verwundet entkam. Somit war kein Ausgleich erzielt worden. Der Krieg ging weiter! Es gab zahlreiche Verletzte, bis dann Ende Dezember bekannt wurde, daß der Marikla-Junge gestorben sei. Der Tod des Mute war somit ausgeglichen.

Koch vermerkt noch, daß die Kampfesweise trotz Verletzungen an ein »Turnier« erinnert und bei den »wettkampfartigen« Auftritten auch eine Hemmung, dem Gegner allzu großen Schaden zuzufügen, zu merken ist.

Alles in allem ist zu sagen, daß die Bemühung der Eipo nicht darin besteht, Konflikte zu meiden, sondern sie zu lösen. Lösungsmodelle sind traditionell vorgegeben. Bei jeder Konfliktlösung steht die Wiederherstellung des Gleichgewichts im Vordergrund. Das ausbalancierte Miteinander ist Voraussetzung der gemeinsamen Existenz, die nur auf der Grundlage der Gegenseitigkeit denkbar ist. Dieses Modell kann allerdings nur funktionieren, wenn die Grenzen des einzelnen wie auch die der Gruppe durch das ständige Erfahren dieser Grenzen im normalen Alltag nicht nur allen bekannt, sondern auch von allen als verbindlich empfunden werden. Dies setzt die Überschaubarkeit der Gruppe und der Gruppen bei einem bestimmten Stand der technischen Möglichkeiten voraus. Werden die technischen Möglichkeiten erweitert, ändert sich das Bild.

Um die Versorgung zu sichern, wurde im Eipomek-Tal eine kleine landesübliche Landepiste »gebaut«. Nach Fertigstellung des Landestreifens kamen die ersten kleinen Flugzeuge. Als die Männer gefragt wurden, wer von ihnen bereit wäre, einzusteigen und mitzufliegen, meldeten sich nach kurzer Beratung einige Männer, darunter auch Barbyal aus Mungona, der die Mungona-Männer gegen die Marikla anführte. Die Männer wollten Steine mitnehmen, die man auf die Männerhäuser der Marikla abwerfen wollte (mündliche Mitteilung von W. Schiefenhövel 1976/1990 und G. Koch 1984).

Kurz gefaßt muß man hier sagen, daß Barbyal und seine Männer aus dem Stand heraus die Bombe erfunden haben.

Wenn man nach dem Unterschied zwischen diesen »neolithischen Pflanzern« und Vertretern der westlichen Zivilisation sucht, findet man ihn hauptsächlich in der technischen Ausstattung, nicht aber in der grundsätzlichen menschlichen Haltung.`

*Literatur*


Büchi, E. C.: »Forschungsprojekt Physische Anthropologie«, in: Führungsblätter zur Sonderausstellung »Steinzeit – heute«, Nr. 9, Staatl. Museen Preußischer Kulturbesitz. Berlin 1978.

Büchi, E. C.: Physische Anthropologie der Eipo im zentralen Bergland von Irian Jaya (West-Neuguinea), Indonesien. 8. Beitr. z. Schriftenreihe Mensch, Kultur und Umwelt im zentralen Bergland von West-Neuguinea. Berlin 1981.

Eibl-Eibesfeldt, I./Schiefenhövel, W./Heeschen, V.: Kommunikation bei den Eipo. Eine humanethologische Bestandsaufnahme im zentralen Bergland von Irian Jaya (West-Neuguinea) Indonesien. Berlin 1989.

Heeschen, V.: The Mek languages of Irian Jaya with special reference to the Eipo language. IRIAN Bullet.

Heeschen, V./Schiefenhövel, W.: »Wörterbuch der Eipo-Sprache. Eipo-Deutsch-Englisch«, Beitrag 6 der Schriftenreihe: Mensch, Kultur und Umwelt im zentralen Bergland von West-Neuguinea, Berlin 1983.

Koch, G.: Malingdam. Ethnographische Notizen über einen Siedlungsbereich im oberen Eipomek-Tal, zentrales Bergland von Irian Jaya (West-Neuguinea), Indonesien. 15. Beitr. z. Schriftenreihe Mensch, Kultur und Umwelt im zentralen Bergland von West-Neuguinea. Berlin 1984.

Koch, G.: Eipo (West-Neuguinea, Zentrales Hochland) – Terrassieren und Bepflanzen eines Hanges (Wiederbewirtschaftung von Brachland). Film E 2640 des IWF, Göttingen 1985. Publikation von G. Koch, Publ. Wiss. Film, Sekt. Ethnol., Sonderserie 7, Nr. 4/E 2640 (1987), 18 S.

Koch, G.: Eipo (West-Neuguinea, Zentrales Hochland) – Vorbereitungen zum Kampf. Film E 2713 des IWF, Göttingen 1985. Publikationen von G. Koch, Publ. Wiss. Film, Sekt. Ethnol., Sonderserie 7, Nr. 8/E 2713 (1987), 15 S.

Michel, T.: Eipo (West-Neuguinea, Zentrales Hochland) – Rückkehr zum normalen Leben nach einem Erdbeben. Film E 2718 des IWF, Göttingen 1983.

Nelke, W.: »Forschungsprojekt Ethnologie – WAFFEN –, in: Führungsblätter zur Sonderausstellung »Steinzeit – heute«, Nr. 19, Staatl. Museen Preußischer Kulturbesitz Berlin, 1978.

Schiefenhövel, W.: Die Eipo-Leute des Berglands von Indonesisch-Neuguinea. Homo (1967), 263–275.

Simon, F.: Eipo (West-Neuguinea, Zentrales Hochland) – Schnitzen von Pfeilspitzen vor dem Männerhaus in Malingdam. Film E 2578 des IWF, Göttingen 1980.

Simon, F.: Die Kleidung der Eipo. Publikation Nr. 20. Mensch, Kultur und Umwelt im zentralen Hochland von West-Irian. Schwerpunktprogramm der Deutschen Forschungsgemeinschaft. In: Verhaltensforschung in Österreich. Konrad Lorenz 80 Jahre. Hrsg. Otto Koenig, Wien 1983.

Simon, F./Schiefenhövel, W.: Eipo (West-Neuguinea, Zentrales Hochland) – Durchbohren des Ohrläppchens. Film E 2512 des IWF, Göttingen 1989.
Simon, F./Schiefenhövel, W.: Eipo (West-Neuguinea, Zentrales Hochland) – »Mote«, ein Besuchsfest in Mungona. Film 2803 des IWF, Göttingen 1989.
Walter, S., und Inst. Wiss. Film: Eipo (West-Neuguinea, Zentrales Hochland) – Gartenbauarbeiten (Hochbeetbau). Film E 2660 des IWF, Göttingen 1982. Publikation von S. Walter, Publ. Wiss. Film, Sekt. Ethnol., Sonderserie 7, Nr. 10/E 2660 (1989), 11 S.

*Günter Smolla*

# *Konflikte, Krieg und Frieden in der menschlichen Frühzeit*

Daß es in der Geschichte der Menschheit »von Anfang an« wie bei ihren Mitgeschöpfen aus der Tierwelt Konflikte gab, ist selbstverständlich. Streit um die Jagdbeute, um Jagd- oder Sammelbezirke, um Frauen, um die »Rangordnung« innerhalb einer Gruppe hat es gewiß gegeben. Diskutabel wäre nur, inwieweit es dabei zu blutigen Auseinandersetzungen – bis zum Tode eines oder einiger der Beteiligten kam. An Waffen, die aber primär Jagdwaffen waren, fehlte es nicht: Lanzen sind in einigen Fällen als Jagdwaffen unmittelbar schon aus dem Mittelpaläolithikum erhalten. An einem der Neandertalerskelette vom Berg Karmel ließ sich nachweisen, daß dem auf der Seite Liegenden eine Lanze mit solcher Wucht ins Becken gerammt wurde, daß die Spitze mehr als 10 cm eindrang – ihr Negativabdruck ließ sich nachweisen. Andere Schädel zeigen Verletzungen, die auf Keulenhiebe zurückgehen. Auch der Rest einer Holzkeule wurde in Afrika gefunden.

Nichts spricht aber dafür, daß »Mord und Totschlag«, der »Kampf aller gegen alle« das Leben der frühen Menschen bestimmten. Vielleicht war sogar der »Kampf ums Dasein« in ihrer tropischen und subtropischen Heimat leichter, als wir es uns vorstellen. Aber selbst in klimatisch ungünstigen Zonen fällt auf, daß Wohn- und »Rastplätze« eher nach jagdstrategischen Gesichtspunkten ausgewählt wurden als nach besonderer Schutzlage. In der Regel hatte man nicht nur weiten Ausblick, sondern wurde auch von weitem gesehen. Das gilt auch für das Jungpaläolithikum, obwohl damals schon Fernwaffen – wie Wurfspeere z. T. mit Speerschleudern – üblich waren. Ob es schon Bögen gab, ist umstritten.

Das ändert sich mit dem vor 10000 bis 12000 Jahren einsetzenden Prozeß der »neolithischen Revolution«, der mit starker regionaler Bevölkerungsverdichtung, raschen Umweltveränderungen am Ende der letzten Kaltzeit verbunden war. Nun ist es im »Mesolithikum« eine deutliche »Schutzlage« des Wohnplatzes, die in versteckter Lage in Tälern oder auf kleinen Inseln zu finden sind. Auch auf Felsbildern werden seitdem kriegerische Ereignisse dargestellt. Schon im 8. Jahrtausend v. Chr. gab es im heutigen Jericho eine Großsiedlung mit mindestens mehreren hundert, wenn nicht über tausend Einwohnern, die von einer mehrere Meter hohen Steinmauer und einem davor liegenden z. T. in den Fels eingetieften, über 8 m breiten und etwa 3 m tiefen Graben umgeben war. Ob man hier schon von einer Stadt sprechen darf, ist eine Frage der Definition. Daß sie die erste und einzige Befestigungsanlage ihrer Zeit war, ist jedoch unwahrscheinlich. Jedenfalls setzt sie »kriegerische Zeiten« voraus. Es gab mehr, was zu erbeuten und zu verteidigen war: Lebensmittelvorräte, Vieh, Handelsgut – im Fall Jericho wohl auch das Salz im Bereich des damals noch nicht ganz Toten Meeres. Auch die Bewaffnung ändert sich: Spätestens jetzt ist der Bogen belegt, daneben auch die Schleuder, die zwar auch zur Vogeljagd geeignet ist, aber wohl in erster Linie eine Kriegswaffe war, während beim Bogen die Priorität noch unklar ist.

Während auf dem Balkan und im Vorderen Orient Metalle eine immer größere Rolle spielten und befestigte Großsiedlungen entstanden, die jetzt unbestritten Städte genannt werden, sind seit dem 5. und 4. Jahrtausend in Mittel- und z. T. Nordeuropa Siedlungen in Schutzlage auf Höhen belegt, die wohl auch wie Siedlungen im Flachland mit Erdwällen, Palisaden usw. befestigt waren. Seitdem wurden die Befestigungssysteme zwar verfeinert – besonders die Toranlagen und »Türme«, doch änderten sich bis zur Einführung der Feuerwaffen höchstens einige Belagerungsmethoden z. B. durch Rammböcke usw., was regional zur Veränderung der Bauweise der »Mauern« – wie dem »murus gallicus«, den Cäsar beschrieb – führte.

Parallel dazu lassen sich Waffen nachweisen, die zur Jagd kaum brauchbar waren, sondern in erster Linie dem Kampf zwischen Menschen dienten: steinerne Streitäxte, Keulenköpfe und Dolche, in den Metallzeiten Äxte, Dolche, Dolchstäbe, Schwerter, Lanzen- und Pfeilspitzen waren meist für den Krieg bestimmt. Als Jagdwaffen dienten sie – wenn überhaupt – eher sekundär. Waffen sind oft auch besonders prunkvoll gearbeitet – steinerne Streitäxte benötigten zur Herstellung weit längere Zeit als »Arbeitsäxte« und -Beile. Manchmal hat man den Eindruck, es handle sich mehr um »Würdezeichen« als um Kriegswaffen. Seit der Bronzezeit sind außer den »Trutzwaffen« auch Schutzwaffen belegt: Helme, Schilde, Beinschienen. Neben der Ausrüstung für den Einzelkampf lassen sich auch Waffen für die dichtgedrängte »Phalanx« nachweisen, besonders durch Lanzen, die zuerst durch die

Darstellung auf der sogenannten Geierstele des Eannaetum von Lagasch belegt ist. Spätestens seit der Mitte des 2. Jahrtausends v. Chr. kam es zur Konstruktion des ersten »Waffensystems«, des Streitwagens mit zwei Speichenrädern. Er setzt nicht gut ausgebildete, dauerhaft »trainierte« Wagenkämpfer voraus, sondern auch eine soziale Schicht, die von China im Osten und den Britischen Inseln im Westen und von Südskandinavien bis in die Sahara ähnliche »Spielregeln« anerkannte. Ein »Rittertum« also, bevor es berittene Krieger gab. Diese lassen sich erst ab Ende des 2. Jahrtausends v. Chr. nachweisen. Aber erst viel später – in Europa kaum vor dem 6. Jahrhundert nach Chr. – gab es Steigbügel und stärkere Pferde, die ein Rittertum mit eingelegter Lanze kämpfen ließen.

Vom »Frieden« ist archäologisch scheinbar weniger zu erschließen. Das mag auch damit zu tun haben, daß »Katastrophen« – zu denen ja Kriege auch gehören – deutlichere Spuren hinterlassen als geruhsame friedliche Zeiten. »Schöne Waffen« künden aber wohl in der Regel von friedvolleren Zeiten, und nicht jede Befestigungsanlage ist gegen einen konkreten Feind gebaut worden. Das »Imponiergehabe« gehört bis zu modernen Hochrüstungen zur menschlichen Grundausstattung. Oft ist auch zwischen Kultbauten und Befestigungen nicht zu trennen. So wie ja auch Kirchen zu »Burgen« werden konnten. Bei der geringen Lebenserwartung früherer Zeiten, mag es durchaus viel mehr Menschen gegeben haben, die nie einen Krieg erlebten, als wir meinen. Wenn sich trotzdem Kriege seit der »neolithischen Revolution« immer mehr »verfeinert« und brutalisiert haben, so wird deutlich, daß dieser Prozeß während der »industriellen Revolution« zu einem »Höhepunkt« getrieben wurde. Krimkrieg und nordamerikanischer Sezessionskrieg, Erster und »letzter« Weltkrieg könnten sein Ende bestimmen. Konflikte wird es freilich auch in absehbarer Zukunft geben, doch bleibt der »ewige Friede« utopische Hoffnung.

*Jürgen Zwernemann*

# *Konflikte und ihre Lösung bei den Völkern der westafrikanischen Savanne*

In diesem Beitrag verwende ich vorwiegend empirisch gewonnene Aussagen von meinen Reisen in der westafrikanischen Savanne, und zwar von den Moba im Nordwesten von Togo[1] und den Kassena im Süden von Burkina Faso[2], dem ehemaligen Obervolta. Für die Kassena und die Nuna, die ebenfalls in Burkina Faso leben, werte ich ferner die Notizen von Kunz Dittmer[3] aus, der auch bei den südlichen Kassena in Ghana gearbeitet hat.[4]

In der Gegenwart ist es verständlicherweise schwierig, kompetente Aussagen zum Thema Krieg und Frieden zu bekommen, haben doch alle noch lebenden Informanten die Zeit, in der diese Völker noch selbst in kriegerische Handlungen verwickelt waren, nicht mehr erlebt. Somit kann man in dieser Hinsicht nur noch wenige allgemeine Hinweise bekommen. Etwa, daß der Erdherr, der Priester der Erde, jeden Kampf zwischen zwei Gehöften stoppen konnte, indem er sich mit weißer Asche oder Erde in den Händen zwischen die streitenden Parteien stellte[5] oder sein Rückenfell oder seinen Amtsstab zwischen sie warf. Bei den Süd-Kassena konnte der Erdherr Kämpfe zwischen Dörfern stoppen, indem er durch Frauen des eigenen Clans, die in der feindlichen Siedlung verheiratet waren, oder durch Frauen des eigenen Dorfes, die aus der gegnerischen Siedlung stammten, Asche zwischen die kämpfenden Parteien streuen ließ. Beide Seiten legten sofort die Waffen nieder. Ähnlichen Einfluß hatten übrigens auch die Erdherren anderer Völker des Volta-Gebiets[6]. Man erfährt ferner, daß Kriege hauptsächlich wegen Frauen, Erbfolgestreitigkeiten und zur Eroberung von Land, seltener wegen Vieh geführt wurden.

Wenn man diese Hinweise mit der heutigen Situation vergleicht, dann kommt man im wesentlichen auf die gleichen Konfliktpunkte, nämlich Frauengeschichten, Landstreitigkeiten und Vieh. In dieser Reihenfolge wurden die Konfliktpunkte immer wieder genannt. Sie soll daher beibehalten werden. Einige weitere Punkte werden dann noch angefügt.

*Affären wegen Frauen*

Ehebruch und Entlaufen der Frau sind auch heute noch ganz wesentliche Konfliktpunkte. *In flagranti delictu* erwischte Ehebrecher wurden früher vom geprellten Ehemann offenbar nicht selten auf der Stelle getötet. Die Frau wurde kräftig verprügelt. Die Tötung des Liebhabers löste im allgemeinen eine kriegerische Handlung aus. Das Dorf des Liebhabers griff an. Heute werden beide, Liebhaber und Frau, verprügelt. Der Liebhaber wird zum Häuptling gebracht, bei dem der betrogene Ehemann Klage erhebt. Auch wenn seit dem Ehebruch schon einige Zeit vergangen ist, hat der Ehemann bei den Kassena das Recht, den Ehebrecher zu verprügeln. Bei den West-Kassena erfuhren wir, daß der Ehemann eventuell darauf verzichtet, den Übeltäter zu verprügeln, diesem aber sagt, er solle die Frau nur behalten. Da dies als schlecht gilt, geht er zu den Ältesten des Ehemanns und bittet sie um Verzeihung. Der Ehemann muß dem Liebhaber seiner Frau vergeben, wenn die Alten darum bitten.

Bei den Ost-Kassena beträgt die Strafe für Ehebruch 1–4 Rinder. Da jeder Familienälteste für die Handlungen der Familienmitglieder geradestehen muß, hat er die auferlegte Strafe zu bezahlen. Wird die Strafe nicht bezahlt, kann das Gehöft des Schuldigen ausgeplündert werden. Die Rinder bekommt der Häuptling, denn kein Mitglied der Familie des betrogenen Ehemanns würde auch nur ein Stück von dem Fleisch dieser Tiere anrühren. Wenn man davon äße, so würde dies bedeuten, daß man die Frau »verkauft«, d. h. prostituiert hat. Stammt der Liebhaber aus dem Machtbereich eines anderen Häuptlings, hält man ihn gefangen, schickt einen Boten und verlangt die Zahlung der Strafe. Erst wenn die Bußzahlung eingetroffen ist, läßt man den Missetäter frei. Bußzahlungen waren früher nur innerhalb des eigenen Verwandtschaftsverbandes üblich. Ein Informant sagte, daß die Söhne reicher Leute immer die meisten Frauengeschichten hatten und ihre Väter nicht selten ruinierten. Diese jungen Leute konnten vor allem Frauen aus ärmeren Familien leicht mit Geschenken verführen. Übrigens gilt eine schwere Geburt stets als Hinweis auf einen Ehebruch. Die Frau muß dann den Ehebrecher nennen, damit das Kind geboren werden kann.

Frauengeschichten innerhalb des eigenen Gehöftes werden intern geregelt. Die Verführung der Frau eines Bruders, d. h. der im Gehöft lebenden Verwandten der eigenen Generation bedeutet, daß der Schuldige unter Verfluchung verjagt wird. Besonders scharf bestraft wird bei Ost- und Süd-Kassena

Ehebruch mit der Frau eines Häuptlings. Dann wurde zumindest früher das gesamte Gehöft des Schuldigen ausgeplündert und die Familie vertrieben.

Nuna-Informanten aus Léo und Pouni gaben an, daß der Liebhaber bei einem Ehebruch auch früher nicht getötet, sondern wie die Frau verprügelt wurde. Allerdings behauptete einer dieser Gewährsleute ebenso, daß man auch keine Kriege wegen Frauen geführt habe. Leider wurde der Frage nicht nachgegangen, ob dies nur vereinzelte Meinungen waren. Insgesamt ist das Material der Nuna zu unserem Thema nicht so ausführlich wie das der Kassena.

Ganz eindeutige Aussagen gibt es jedoch von den Moba[7]. Bei Ehebruch mit Einverständnis der Frau wurde nur die Frau von ihrem Ehemann verprügelt. Dem beteiligten Mann geschah nichts, aber die beiden Männer mieden einander in Zukunft. Dieser Aussage stehen Angaben gegenüber, daß beide Beteiligten tüchtig verprügelt wurden und daß der Ehebrecher dem betrogenen Ehemann ein Rind geben mußte, wenn dieser ihn nicht tötete. In der Gegenwart muß man Klage bei Gericht erheben. Andernorts wurde gesagt, daß eine Frau, die einen Ehebruch nicht beichtet, blutigen Durchfall bekommt, der nur mit einem besonderen Zauber geheilt werden kann. Bei zu vielen Frauengeschichten erfolgte früher eine Ausstoßung des Missetäters. Heute ist dies kein Mittel, das sonderlichen Eindruck auf die jungen Leute macht.

Oft steckte hinter einer Liebesgeschichte mehr als nur ein flüchtiger Ehebruch. Kassena-Informanten berichteten uns, daß der Mann seine Geliebte dann mit deren Einverständnis entführt. Sobald der Ehemann erfahren hat, wo sich seine Frau aufhält, geht er zunächst zu seinem Schwiegervater und fordert seine Frau zurück. Weiß der Vater nicht, wo seine Tochter ist, erfährt er es vom verlassenen Ehemann. Kann der Vater die Frau nicht zurückschaffen, dann geht der Ehemann hin und verlangt die Rückgabe der Frau. Eventuell bietet der Entführer die Erstattung des Brautpreises an. Wenn der verlassene Ehemann akzeptiert, dann ist die Angelegenheit erledigt. Wird aber keine Erstattung des Brautpreises angeboten oder ist der erste Mann mit dieser Lösung nicht einverstanden, dann wendet der Letztgenannte sich an seinen Häuptling, der den Fall mit dem Häuptling des anderen Dorfes regeln muß. Gelingt dies nicht, ist in der Gegenwart der Gang zum Gericht üblich, sofern die beiden im Land geblieben und nicht nach Ghana oder zur Elfenbeinküste geflüchtet sind. Bei einer Gerichtsverhandlung im Dorf Kayoro in

Nord-Ghana ging es um die Entführung einer Frau. Das Urteil sprach die Frau ihrem Ehemann zu.

Früher war ein Krieg unvermeidbar, wenn die entführte Frau nicht zurückgegeben wurde. War das Dorf des verlassenen Mannes nicht bereit, den Krieg zu beginnen, dann provozierte dieser den Kampf durch eine Gewalttat gegen die Familie des Entführers. Die Partei siegte, die am längsten durchhielt. Kriege wurden nämlich so lange geführt, bis es Tote und Verwundete gab, wenn die Erdherren nicht zuvor das Ende des Kampfes und somit Verhandlungen erzwangen. Die Ältesten und/oder die Häuptlinge der beteiligten Gruppen verhandelten dann, unter welchen Bedingungen der Konflikt beendet werden konnte.

Bei den Moba verfuhr man ähnlich. Eine entführte Frau wurde zunächst zurückverlangt. Führte dies nicht zum Erfolg, dann wurde das Dorf des Entführers entweder angegriffen, oder man raubte dort auch ein Mädchen oder eine Frau. Wer die Frau eines anderen entführt hatte, der durfte sich früher nachts nicht aus dem Gehöft wagen, und selbst am Tage war es für den Betreffenden unsicher. Ein alter Gewährsmann versicherte mir, er habe es selbst erlebt, daß sich Brüder wegen einer Frau umbrachten. Derselbe Gewährsmann versicherte mir, in der deutschen Kolonialzeit seien Männer, die mit Frauen anderer Leute durchbrannten, samt den Frauen gehenkt worden. Der Gewährsmann gab an, dies in seiner Jugend selbst gesehen zu haben. Zur Verifizierung bedarf es hier freilich noch einer Klärung mit Hilfe der alten Gerichtsakten. Im Moba-Dorf Lotogou erfuhr ich, daß sich zwei Clans gegenseitig Frauen entführen und diese veranlassen, sich scheiden zu lassen, um den Entführer heiraten zu können. Interessanterweise wurde festgestellt, daß man notfalls einen Zauber herstellt, mit dem man die Frau gefügig macht, so daß sie dem Entführer folgt. Dies kann natürlich eine Schutzbehauptung sein.

Zum Schluß dieses Abschnitts zitiere ich den Kommentar des zuvor erwähnten alten Gewährsmannes, der meint, daß die jungen Männer in der Gegenwart anderen Leuten, vor allem den alten, Frauen wegnehmen wollen. Die Alten begreifen das nicht: es »verdirbt das Land«.

### *Landstreitigkeiten*

Land ist in der Vergangenheit oft Anlaß für kriegerische Auseinandersetzungen gewesen. Mündliche Überlieferungen vieler Völker des Voltagebiets berichten, daß Söhne aus Herrscherfamilien, die bei Erbfolgestreitigkeiten unterlegen waren oder sich von vornherein keine Chance ausrechneten, einmal die Würde ihres Vaters übernehmen zu können, mit Gefolgsleuten auszogen, um sich eine Herrschaft und damit Land zu erobern. Von diesen Fällen wird hier nicht die Rede sein. Vielmehr geht es um Streitigkeiten, die Feldbesitz betreffen.

Land gehört im Voltagebiet nach dem Glauben der Bewohner stets der übernatürlichen Macht des Ortes. Durch einen mystischen Pakt mit der lokalen Macht hat sich der erste Siedler das Nutzungsrecht am Land erworben. Er ist dieser Macht, d. h. im allgemeinen der Erde, in ihrer lokalen Erscheinungsform kultische Verehrung schuldig. Die Erde gewährt ihm und seinen Nachkommen und allen, die er, der Erdherr, zur Niederlassung autorisiert, Schutz vor Krankheit und anderen Gefahren sowie gute Ernten. Das Amt des Erdherrn vererbt sich in der männlichen Linie auf die Nachkommen des Erdherrn. Stirbt eine Linie aus, dann kommt die Linie des genealogisch nächstältesten Nachkommens des Erdherrn an die Reihe. D. h., Nachfolger des ursprünglichen Erdherrn sind sein ältester Sohn und dessen jeweils älteste männliche Nachkommen. Wenn diese Linie ausgestorben ist, wird der älteste lebende männliche Nachkomme des zweiten Sohnes des ursprünglichen Erdherrn Nachfolger. Hatte der erste Siedler nur *einen* Sohn, dann wird der Nachkomme des zweiten Sohnes dieses zweiten Erdherrn Nachfolger, wenn die ursprüngliche Linie ausgestorben ist.

Alle Clanangehörigen des Erdherrn haben ein Anrecht, sich auf dem von ihm verwalteten Kultgebiet niederzulassen und Land zugewiesen zu bekommen. Diese Felder bleiben bei allen drei Ethnien, von denen hier die Rede ist, im Besitz der Familie, der sie einmal gegeben wurden, auch wenn sie nicht mehr bestellt werden. Die Eigentumsverhältnisse sind insofern etwas kompliziert, als Land grundsätzlich nicht veräußert werden kann, denn es gehört der lokalen Erde. Die landbesitzende Familie hat nur ein Nutzungsrecht, das allerdings exklusiv ist. Will ein Dritter ein Feld bestellen, das einer Familie gehört, aber ungenutzt ist, so darf er das nur mit Erlaubnis des Oberhaupts dieser Familie. Nicht immer ist leicht zu erkennen, daß ein Stück Land, das vielleicht jahrelang brachliegt, schon einen Inhaber hat. Wenn nun ein Mitglied dieses Clans meint, das Land sei noch herrenlos, dann entsteht Streit: Er hat das Feld eines anderen genommen. Solche Streitigkeiten muß der Erdherr schlichten. Seine Entscheidung ist unanfechtbar. Freilich muß der Erdherr in dem von ihm verwalteten Kultbezirk genau wissen, wem welches Landstück gehört. Streitigkeiten entstehen meistens um Grenzen zwischen Feldern. Auch dabei entscheidet der Erdherr.

Ein anderer Grund ist der Streit um das Land, wenn eine Familie sich trennt, d. h., wenn ein Gehöftbewohner mit seiner Familie das Stammgehöft verläßt. Hier müssen die Ältesten des übergeordneten Sozialverbandes entscheiden. Kommt es zu keiner Einigung, dann entscheidet bei den Süd-Kassena der Häuptling in einer Gerichtsverhandlung.

Bei den Moba gilt ein Streit um Land als schlecht. Wer sich um Land streitet, riskiert, von den Ahnen »gerufen« zu werden, d. h. zu sterben, weil die Ahnen dann selbst richten wollen. Wenn wirklich ein Streit um Land entsteht, dann fängt man keinen Krach an, sondern die uneinigen Parteien gehen zum Erdherrn, der die Felder besichtigt und deren Grenzen erneut angibt. Es gibt dort aber auch andere Mittel, Streit um Landbesitz zu entscheiden: Die Ältesten der streitenden Parteien vergraben nachmittags je ein schwarzes Huhn. Dabei setzt man die Hühner in Löcher, die mit Steinen (vermutlich mit Steinplatten) bedeckt werden. Auf jeden der beiden Steine setzt sich ein Alter. Am nächsten Morgen sieht man nach, was aus den Hühnern geworden ist. Wer unrecht hat, findet sein Huhn tot.

Ich hatte selbst Gelegenheit, einen Landstreit zu erleben. In einem Gespräch hatten die Ältesten einer Gruppe des Clans Diyob erklärt, das Land, auf dem sie wohnen, gehöre ihnen. Kurz danach wurde ich von den Ältesten des Clans Yarebom aufgefordert, an einem Opfer an die Erde teilzunehmen. Bei diesem Opfer wurde der Erde der Fall mit dem Hinweis vorgetragen, dies sei das Land der Yarebom. Die Erde wurde aufgefordert, den Fall zu entscheiden. Bald darauf starb einer der Ältesten der Diyob, und dies wurde als Zeichen genommen, daß die Erde die Angelegenheit damit bereinigt hatte.

## *Streit um Vieh*

Die Tatsache, daß auch Vieh bei Konflikten eine erhebliche Rolle gespielt hat, geht aus der Bemerkung eines alten Moba-Häuptlings hervor, der mir sagte, wenn früher zwei Männer miteinander kämpften, ging es entweder um Frauen oder um Rinder. Freilich ist dies offenbar regional unterschiedlich, denn von den Nuna liegen mir hierzu gar keine Hinweise vor, und von den Kassena habe ich nur einen Beleg aus Nord-Ghana. Dort ist ein Ahne wegen eines Streits um Vieh aus seinem Heimatdorf fortgegangen und hat sich bei dem Bruder seiner Mutter niedergelassen.

Auch von den Moba habe ich zu der Äußerung des Häuptlings leider keine weiteren Angaben. Streit gibt es jedoch immer dann, wenn das Vieh in das Feld eines anderen geht. Handelt es sich um das Feld eines Mitglieds des eigenen Clans, dann wird lediglich der Hütebub verprügelt. Gehört das Feld aber dem Mitglied eines anderen Clans, dann muß der Besitzer des Viehs den Schaden gutmachen. Dieser Angabe aus dem Dorf Nanergou steht die Erklärung des Häuptlings von Dapaong gegenüber, daß grundsätzlich kein Schadenersatz fällig wird, daß der Feldbesitzer das Tier aber mit dem Streithammer töten oder verletzen darf. Niemand kann dazu etwas sagen. Dies sei kein Rechtsfall.

Der Verhandlung eines Rechtsstreits um Vieh konnte ich selbst in Dapaong beiwohnen: Einem Gendarmen, der den Fall selbst vortrug, kamen drei Widder abhanden. Den kleinsten Widder fand er in der Herde eines alten Mannes wieder, den der Gendarm zuvor gefragt hatte, ob er etwas über den Verbleib der Tiere wisse. Der alte Mann hatte das verneint. Als die Tiere sich verlaufen hatten, erfuhr der Gendarm die Richtung, in die sie gegangen waren. Am Tage danach hatte er den Häuptling von dem Verlust unterrichtet, und nach sieben Tagen hatte er berichtet, daß die Tiere sich noch nicht wieder angefunden hätten. Einige Tage danach sah er einen der Widder, sagte jedoch nichts, da er auf dem Wege zum Dienst war. Am nächsten Tag fuhr er mit dem Fahrrad erneut dorthin, wo er sein Tier gesehen zu haben vermeinte. Er sah die Herde, in der sich sein Widder befand, wieder und erkundigte sich nach dem Besitzer. Der alte Mann bestätigte, daß ihm die Herde gehöre, aber die Widder des Gendarmen seien nicht darunter. Der Gendarm ging zu der Herde und sah seinen einen Widder, den er auch zurücknahm. Er forderte auch seine beiden anderen Widder zurück, aber der alte Mann stritt alles ab, obwohl die Widder eine Woche bei ihm waren. Der beklagte alte Mann fragt, wo der Gendarm die Herde gefunden habe. Der Gendarm antwortet: beim Gehöft des Alten. Der alte Mann sagt: Er wisse nichts davon. Er habe bei seinem Vater und bei seinem Großvater gelernt. Er habe aber nicht gelernt zu stehlen.

Weder sein Vater noch sein Großvater hätten jemals gestohlen und er selbst auch nie. Daraufhin erwiderte der Gendarm: Er habe bisher noch niemals jemanden angeklagt, der unschuldig sei. Yendu (Gott) und der Häuptling würden richten. Darauf fragt der Häuptling, ob der Alte wirklich nichts wisse. Antwort: Nein. Darauf sagt der Gendarm: Er wolle den alten Mann nicht zur Gendarmerie mitnehmen, damit niemand sagen könne, weil er seine Widder verloren habe, hätte er den alten Mann eingesperrt und mißhandelt. Wenn der alte Mann jetzt sage, er habe die Widder nicht, so müsse er (der Gendarm) das akzeptieren, aber Yendu werde richten. Er könne im Hinblick auf das Alter des Mannes nichts machen. Yendu werde richten. Der Häuptling spricht das abschließende Wort: Er habe die Erklärungen gehört und sei sehr erstaunt. Sie sollten die Angelegenheit nunmehr Yendu überlassen. Nach der Verhandlung übergibt der alte Mann dem Häuptling einen Topf Hirsebier.

### *Verstoß gegen Gesetze der Erde*

Eine Konfliktsituation entsteht für das ganze Gemeinwesen, wenn gegen die Gesetze der Erde verstoßen wird, d. h. wenn Erdtabus gebrochen werden. Das gesamte Erdkultgebiet, in dessen Grenzen der Verstoß geschah, ist davon betroffen. Man befürchtet, daß die Erde unfruchtbar wird, daß sie Krankheit und Tod schickt. Daher sind Häuptlinge und Älteste auch daran interessiert, die Irritation der Erde zu beheben.

Bei allen drei Völkern gilt es als schwere Sünde, wenn menschliches Blut in einem Streit auf die Erde fließt. Zuvor wurde schon erwähnt, daß der Erdherr Kämpfe zwischen Mitgliedern des Kultbezirks stoppen kann und daß er Frauen, die aus dem Kultbezirk stammen und im gegnerischen Dorf verheiratet sind, bzw. Frauen, die im gegnerischen Dorf geboren wurden und in den eigenen Kultbezirk eingeheiratet haben, einen Kampf beenden lassen kann. Wenn aber einmal Blut geflossen ist, dann sind Sühnopfer an die Erde erforderlich. Die Opfer werden entweder dort gebracht, wo das Blut geflossen ist, oder am Erdaltar. Das Opfer kann bei den Kassena ein Huhn, ein Schaf, eine Ziege, aber auch ein bis sechs Rinder betragen.[8] Unterbleiben die Opfer, wird nicht nur die Erde steril, sondern die beteiligten Parteien werden vom Unglück verfolgt. Außer den Sühnopfern muß der Täter an den Geschädigten bzw. dessen Familie eine Bußzahlung in Gestalt von Rindern leisten.

Bei den Moba wird der Täter außerdem kräftig verprügelt. Nach einem Mord ist die Familie des Täters dort verpflichtet, der Familie des Ermordeten ein Mädchen zur Ehe zu geben, um durch Geburt eines Knaben den Toten zu ersetzen. Dies durfte früher keine Sklavin sein. War der Täter ein Sklave, wurde auch er getötet. Brudermord gilt den Moba als unsühnbares Verbrechen.

Wird ein Getöteter gefunden, dessen Mörder nicht identifiziert werden kann, dann muß bei den Ost-Kassena der Erdherr am Tatort zunächst ein Huhn oder ein Schaf opfern, ehe die Leiche berührt und fortgetragen werden darf. Der Erdherr bittet auf Verlangen der Ältesten die Erde an ihrem Altar, den Mörder zu überführen. Wenn dann der Täter erkrankt und seiner Familie die Tat gesteht, setzt sich der Familienälteste mit dem Erdherrn in Verbindung und beschafft die erforderlichen Opfer, um die Erde damit um Vergebung zu bitten. Nach anderer Meinung wird der Mörder wahnsinnig und gesteht die Tat. Bei den Nuna wird die Tat dem Häuptlingsheiligtum angezeigt, das den Täter krank macht.

Auf einige weitere Erdtabus soll hier nicht eingegangen werden. Erwähnt sei jedoch, daß es z. B. verboten ist, bestimmte Tote normal zu bestatten, wie etwa Zauberer, Selbstmörder, während der Schwangerschaft oder bei der Geburt eines Kindes verstorbene Frauen. Weitere Verstöße gegen die Gesetze der Erde sind Geschlechtsverkehr im Busch sowie die Zurückhaltung von Fundgegenständen.[9]

## *Hexerei*

Eine besondere Konfliktsituation ruft der Verdacht auf Hexerei hervor, der vor allem Frauen trifft. Eine der Hexerei verdächtigte Frau wird bei den Kassena dem Häuptling gemeldet, der die Verdächtige zu sich bringen läßt. Man fesselt ihr dann die Hände derart auf den Rücken, daß der Schmerz sie zum Geständnis zwingt. Die Täterin wird ermahnt, die Hexerei künftig zu unterlassen. Außerdem wird sie verprügelt, damit sie die gefangene Seele freiläßt. Hexerei bedeutet nämlich im Glauben aller westafrikanischen Savannenvölker, daß die Hexe oder, seltener, der Hexer Seelen fängt und gemeinsam mit anderen Hexen verzehrt. Früher hat man die Hexe auch wohl gefesselt in die Sonne gelegt, daneben ein Feuer angezündet und gedroht, sie zu verbrennen, wenn sie die gefangene Seele nicht freiläßt. Aus Angst gibt die Hexe dann an, wo sie die Seele gefangenhält, z. B. in einem verschlossenen Krug. Im Wiederholungsfall wurde die Hexe getötet, nach anderen Angaben auch verjagt.[10] Nach Angabe eines Nuna-Gewährsmannes dürfen Hexen im Interregnum nach dem Tod eines Kantonshäuptlings ungestraft auf Seelenfang gehen.

## *Diebstahl*

Ein gefangener Dieb wird bei den Kassena zunächst aufgefordert, das gestohlene Gut zurückzugeben und eine Buße zu zahlen. Weigert er sich, wird er zum Ältesten seines Sozialverbandes oder zum Häuptling gebracht. Dort verlangt der Bestohlene nochmals sein Eigentum zurück und setzt eine Bußzahlung fest. Weigert der Verdächtigte sich weiter, wird er verprügelt. Wer mehrfach stiehlt, wird schließlich feststellen, daß seine Verwandten sich weigern, die Strafe zu zahlen. Unverbesserliche Diebe wurden früher fortgejagt, nach einer Aussage hat man einem Wiederholungstäter die Augen ausgestochen, denn wenn man ihn fortgejagt hätte, wäre er an einen andern Ort gegangen, um dort zu stehlen. Einen unbekannten Dieb fängt man durch Magie: Man ruft an einem Altar eine übernatürliche Macht an (Erde, Himmelsgott, Ahnen oder Häuptlingsheiligtum), den Dieb zu fangen, der nach solcher Verfluchung erkrankt und gesteht.

Bei den Moba wird ein Dieb durch öffentlichen Aufruf aufgefordert, den gestohlenen Gegenstand zurückzugeben. Hat dies keinen Erfolg, ruft der Geschädigte den Blitz auf den Täter herab. Ein gefaßter Dieb wurde früher gebunden und bis zu drei Tage festgehalten und immer wieder verprügelt. Seine Verwandten sagten nichts dazu. Schließlich wurden die Familienangehörigen des Diebes geholt und aufgefordert, das Diebsgut wieder zurückzubringen. Beim ersten Mal wurde ein Dieb ermahnt, bei häufigem Rückfall brachte man ihn um. Viehdiebe wurden sofort getötet, wenn man ihrer habhaft wurde. Sie sollen immer aus anderen Gebieten, vorzugsweise aus dem Norden gekommen sein. Nur Diebstahl von Hirse kam im eigenen Dorf vor. Da Blutvergießen zu den Verboten der Erde gehört, konnte man einen aus dem gleichen Dorf stammenden Dieb nicht einfach töten.

## *Rechtsprechung*

Mehrfach war die Rede davon, daß Rechtsbrecher, die durch ihr Handeln eine Konfliktsituation auslösen, vor den Häuptling gebracht werden. Dies gibt Anlaß, der Rechtsprechung einen Exkurs zu widmen. In jedem Rechtsfall muß bei den Ost-Kassena der Weg von unten nach oben bis zum zuständigen Richter eingehalten werden. Bei Streitigkeiten zwischen zwei Familien sind die Ältesten des Quartiers zuständig. Die beiden Parteien werden vorgeladen und müssen Tabak für die Ältesten mitbringen. Diese versuchen, den Streit zu schlichten. Wenn dies nicht gelingt, wird der Dorfhäuptling eingeschaltet und dann der Kantonshäuptling. Früher ging der Weg vom Ältestenrat des Quartiers direkt zum Kantonshäuptling.

Der Gerichtsplatz ist meistens unter einem Baum vor dem Gehöft des Häuptlings. Bei der Verhandlung wird zunächst der Kläger gehört, dann der Beschuldigte und schließlich die Zeugen. Jeder kann die Sache so vortragen, wie er will. Die Ältesten bilden das Gericht und befragen Kläger, Beschuldigten und Zeugen. Der Häuptling hört sich die Verhandlung nur an. Nach der Befragung gehen die Ältesten beiseite und besprechen das Urteil. Der Häuptling stimmt dem Urteilsspruch entweder zu, oder er berät gemeinsam mit den Ältesten erneut und erklärt, was er für recht befindet. Behalten die Ältesten ihre Meinung bei, argumentieren sie. In keinem Fall finden diese Besprechungen öffentlich statt. Ähnlich ist die Rechtsprechung bei den Nuna und den Moba.

Wollte ein Beschuldigter eine Tat nicht gestehen, hat man ihn früher verprügelt. Ist der Tatbestand nicht zu klären oder unsicher, schwören Kläger und Beschuldigter beim Häuptlingsheiligtum. Wer falsch schwört, der stirbt und bringt zusätzlich Unglück über sein Gehöft. Bei einem Streit zwischen Verwandtschaftsgruppen schwören beide Parteien auf ihre Ahnenaltäre. Auch ein Eid beim Himmel, beim Blitz, bei der Erde bzw. beim Erdaltar ist möglich. Der schwerste Eid ist der Eid bei der Erde, wenn zugleich etwas Erde gegessen wird. Der Erdaltar bietet übrigens auch Asyl. Wer sich unter den Schutz des Erdaltars stellt, ist absolut sicher. Es genügt sogar, etwas Erde auf die Zunge zu nehmen und die Erde anzurufen, daß man unangreifbar wird.

Ein weiteres Rechtsmittel ist das Ordal. Wenn der Verdacht besteht, daß jemand auf magische Weise, durch Hexerei oder Gift, umgebracht worden ist, oder wenn nach einem Mord der Täter unbekannt ist, oder auch wenn die Todesursache überhaupt unklar ist, versucht man bei allen drei Völkern, den Schuldigen oder die Ursache durch Leichentragen herauszufinden. Dabei nehmen zwei Männer die Bahre mit dem Leichnam auf die Köpfe. Manchmal wird die Leiche auch von vier Männern auf den Schultern getragen. Der oder die Tote wird nun von einem Ältesten befragt, ob eine Hexe ihn oder sie umgebracht habe, ob er oder sie an Gift gestorben sei. Solange die Ursache nicht gefunden ist, schaukelt die Leiche auf den Köpfen von links nach rechts. Wird die Leiche von vier Männern getragen, geht es immer ein oder zwei Schritte vorwärts und zurück. Ist ein Mensch schuldig, dann rennen die Träger mit der Leiche auf den/die Betreffende(n) zu. Hexen und Giftmörder muß man fast immer in der eigenen Verwandtschaft suchen. Gibt es aber bei allen denkbaren Möglichkeiten eine Verneinung, dann bleibt nur noch die Frage offen, ob Gott den/die Tote(n) zu sich gerufen habe.

Bei den Moba ist bei Verdacht auf Ehebruch das Ordal mit einem Aufguß aus den Früchten des Kapokbaums (Ceiba pentranda) bekannt. Dieser Aufguß wird dem Verdächtigten in die Nähe des Leibes gebracht. Der Schuldige bekommt sofort heftige Leibschmerzen. Bei Diebstahl wird auch ein Ölordal gemacht. In heißes Öl werden einige Blätter eines bestimmten Baumes sowie ein Metallring getan. Der Verdächtige muß einen anderen Ring an den Daumen stecken, den Ring aus dem Öltopf ziehen, an den Daumenring schlagen und seine Unschuld beteuern. Ist er der Dieb, braust das Öl hoch auf, wenn er die Hand nur dem Öl nähert. Ein Unschuldiger kann den Ring aus dem Topf holen. Diese Ordale sind bis in die Gegenwart üblich und werden gelegentlich auch angewandt, wenn in einem Rechtsstreit nicht festgestellt werden kann, wer nun recht hat.

## *Kleinere Konflikte*

Während bisher nur von Ausnahmesituationen die Rede war, die größere Konflikte betreffen, sollen nun abschließend kleinere Konflikte und deren Lösung betrachtet werden. Hier beziehe ich die kleinen Reibereien, die das tägliche Leben mit sich bringt, ebenso ein wie tiefergehende Zerwürfnisse. Zank und Streit im Gehöft können innerhalb der Kernfamilien oder der polygamen Familien entstehen oder zwischen Mitgliedern unterschiedlicher Kernfamilien bzw.

polygamen Familien. In beiden Fällen entsteht Streit meistens zwischen Frauen.

Bei Streit zwischen den Eheleuten versucht das Gehöftoberhaupt zu schlichten. Aber nicht selten verläßt die Frau das Gehöft im Zorn und geht zu ihren Eltern. Dort sucht der Ehemann sie auch zuerst. Der Schwiegervater oder das Gehöftoberhaupt des Stammgehöfts der Frau hört sich den Fall an und ermahnt entweder die Frau oder deren Ehemann, sich künftig anders zu verhalten. Die Eheleute gehen gemeinsam nach Hause, wenn der Streit beigelegt ist. Im Extremfall kommt es zu einer Scheidung.

Streit zwischen den Frauen eines Ehemanns versucht dieser zu schlichten. Gelingt ihm dies nicht, muß das Gehöftoberhaupt eingreifen. Vielfach ist der Ehemann nämlich Anlaß solchen Streits, wenn er etwa eine der Frauen bevorzugt. Er wird dann ermahnt, seine Gunst künftig gleichmäßig auf seine Frauen zu verteilen. Auch bei Streitereien zwischen den Frauen verschiedener Männer des Gehöfts schlichtet das Gehöftoberhaupt.

Natürlich gibt es auch Streit zwischen Familien, in den die Männer einbezogen sind, bzw. Streit zwischen Männern desselben Gehöfts. Auch dann ist das Familienoberhaupt als Schlichter gefragt. Notfalls kann er dabei ein Machtwort sprechen. Sind die Parteien allerdings unversöhnlich oder besteht ein Streit zwischen dem Familienoberhaupt und einem anderen Mann des Gehöfts, der nicht beigelegt werden kann, dann erfolgt normalerweise eine Trennung, d. h. eine Partei zieht aus dem Familiengehöft aus.

Streit zwischen Mitgliedern verschiedener Gehöfte versuchen die Ältesten des Sozialverbandes beizulegen, wenn die streitenden Parteien zu ein und derselben Lineage[11] gehören. Sonst sind die Ältesten der beteiligten Sozialverbände gefordert. Ein Streit mit einem Häuptling führt gelegentlich dazu, daß jemand sich veranlaßt sieht, auszuwandern, wenn er und seine Familie nicht ständig unter Schikanen leiden wollen.

Selbstverständlich gibt es Streitigkeiten zwischen Gehöften oder auch Einzelpersonen, die nicht beigelegt werden können. Dann entstehen besonders delikate Situationen. Ein Mittel, seinen Kontrahenten zu ärgern, ist, daß man ein Kind mit einem Spottnamen ruft, der ständig an den Streit erinnert. Solche Namen sind bei den Kassena z. B. *Pwawobo* »die Häuptlinge haben nicht gedacht«, *Adyerewo* »mit wem werde ich streiten?«, *Asetoro* »ich nehme die Beleidigung an«, *Bafugwo* »wen werden sie ängstigen?«, *Nabombiti* »der Schwache befiehlt nicht«, *Tyigabeviye* »die Wahrheit geht nicht«. Einige

Beispiele seien auch von den Moba zitiert: *Tunam* »Lüge«, *Dyabiug* »schlechter Mann«, *Nang* »Neid« oder *Tundam* »Besitzer der Bosheit«. Mit solchen Namen will man dem Kontrahenten ständig sagen können, was man von ihm hält, ohne ihn direkt anreden zu müssen. Besonders effektvoll sind solche Namen, wenn ein Streit mit einem direkten Nachbarn besteht. Dann kann man den Nachbarn jedesmal ärgern, wenn man das Kind möglichst laut ruft.

Die Beilegung von Konflikten ist besonders wichtig, wenn es sich um Personen handelt, die an gemeinsamen Opferritualen teilnehmen. Bei den Moba erfuhr ich, daß niemand es wagen würde, an einem Opfermahl teilzunehmen, wenn er mit einem der Anwesenden ein Zerwürfnis hat. Nur wer mit allen Anwesenden friedlich zusammenlebt, darf beim Opfer zugegen sein. Alle Streitigkeiten müssen vor der Opferhandlung beigelegt sein, niemand darf einen heimlichen Groll haben. Wer trotz eines Streites mit einem Anwesenden am Opfer teilnimmt, der riskiert, daß die Ahnen ihn ins Jenseits rufen und sonstiges Unheil über seine Familie bringen. Ein solches Risiko geht kein Gehöftoberhaupt ein.

## *Schlußwort*

Mit diesem Beitrag habe ich versucht, Konflikte und ihre Lösung bei drei Völkern der westafrikanischen Savanne vorzustellen. Dabei zeigt sich, daß Konflikte nicht nur direkte Streitfälle sind, sondern daß darüber hinaus Ereignisse einbezogen werden müssen, die die gesamte Gesellschaft betreffen, das Sozialgefüge gewissermaßen aus dem Gleichgewicht bringen. Dies sind vor allem Verstöße gegen die Gesetze der Erde, und ich muß hier hinzufügen auch gegen die Gesetze anderer übernatürlicher Mächte, auf die ich hier nicht eingegangen bin. An erster Stelle steht hier Blutvergießen, das freilich gleichzeitig einen ganz konkreten Konflikt zwischen zwei Gruppen auslöst. In diesen Bereich gehören aber auch Hexerei und Diebstahl. Hexerei ist bei diesen Völkern gleichzusetzen mit Seelenfresserei, d. h. mit der Vernichtung eines Menschenlebens.

Die eben genannten Konflikte rechne ich zu den großen Konflikten, zu denen vor allem auch Frauengeschichten, Landstreitigkeiten und Streit um Vieh gehören. Diese drei Punkte wurden mir mehrfach als Hauptursachen für das Entstehen ernster Konflikte überhaupt genannt.

Wenn bei großen Konflikten die Beweisführung schwierig wird, haben die als Richter fungierenden Häuptlinge und Ältesten zwei Möglichkeiten zur Beweisführung, den Eid und das Ordal. Die Furcht vor übernatürlichen Sanktionen bringt im Hinblick darauf, daß solche Beweisführung droht, sicherlich nicht selten die Wahrheit an den Tag, ebenso die Verfluchung des Täters, wenn etwa die Verfolgung einer Tat der Erde dem Himmel oder dem Blitz anvertraut wird.

Den großen Konflikten stehen die zahlreichen kleinen Konflikte und Zerwürfnisse gegenüber, deren Lösung den Beteiligten, den Familienältesten oder den Ältesten der Sozialverbände obliegt. Nicht alle Zerwürfnisse lassen sich beseitigen. Manche sind recht dauerhaft und finden einen äußeren Ausdruck in Spottnamen. Ein soziales Regulativ ist zweifellos, daß niemand, der einem anderen Mitglied seines Sozialverbandes zürnt, an einem gemeinsamen Opfermahl teilnehmen darf. Vor allem die Familienältesten der betreffenden Gruppe sind dadurch zu einem friedlichen Neben- und Miteinander gezwungen.

*Anmerkungen*

1 1969–1970.

2 1954–1955 und 1962.

3 1907–1969. *Dittmer* leitete die Westafrika-Expedition des Hamburgischen Museums für Völkerkunde 1954–1956, an der ich bis zu einer Erkrankung im August 1955 teilnahm.

4 Soweit nicht anders angegeben, sind unsere Aufzeichnungen identisch.

5 *Louis Tauxier,* Le Noir du Soudan, Paris 1912, 314.

6 Vgl. *J. Zwernemann,* Die Erde in Vorstellungswelt und Kultpraktiken der sudanischen Völker, Berlin 1968, 115.

7 Dort überprüfte ich auch die Angaben von *Rudolf Asmis,* Die Stammesrechte des Bezirks Sansane-Mangu, Zeitschr. f. vergl. Rechtswissenschaft, 27, 1912, 71–128.

8 Vgl. *Tauxier,* a. a. O., 227, 313. Robert S. Rattray, The Tribes of the Ashanti Hinterland, Oxford 1932, [2]1969, Bd. II, 527, 532.

9 Vgl. hierzu *Zwernemann,* a. a. O., 216 ff.

10 Dies mag eine Schutzbehauptung sein, um nicht zu sagen, daß man Hexen getötet hat.

11 Zum Begriff der Lineage vgl. z. B. *Robin Fox,* Kinship and Marriage, Harmondsworth 1967.

## *Autorenspiegel*

Prof. Dr. Walther L. Fischer, Erziehungswissenschaftliche Fakultät der Universität Erlangen – Nürnberg, Lehrstuhl Didaktik der Mathematik, Regensburger Straße 160, D-W 8500 Nürnberg 30.

Akad. Direktor Dr. Hartmut Heller, Abteilung f. Landes- und Volkskunde, Universität Erlangen – Nürnberg, Regensburger Straße 160, D-W 8500 Nürnberg 30.

Prof. Dr. Helmwart Hierdeis, Institut für Erziehungswissenschaften, Universität Innsbruck, Innrain 52/V, A-6020 Innsbruck.

Prof. Dr. Walter Hirschberg, Hartäckerstraße 126, A-1190 Wien.

Prof. Otto Koenig, Forschungsgemeinschaft Wilhelminenberg, Glasergasse 20/3, A-1090 Wien.

Dr. Hans-Peter Kollar, Abteilung Marchfeld, Institut für angewandte Öko-Ethologie, Kirchengasse 34, A-2285 Leopoldsdorf.

Akad. Rat Dr. Uwe Krebs, Erziehungswissenschaftliche Fakultät der Universität Erlangen – Nürnberg, Regensburger Straße 160, D-W 8500 Nürnberg 30.

Prof. Dr. Max Liedtke, Erziehungswissenschaftliche Fakultät der Universität Erlangen – Nürnberg, Lehrstuhl Pädagogik I, Regensburger Straße 160, D-W 8500 Nürnberg 30.

Dr. Franz Simon, Institut für den Wissenschaftlichen Film, Nonnenstieg 72, D-W 3400 Göttingen.

Prof. Dr. Günter Smolla, Hardtgrundweg 20, D-W 6240 Königstein 3.

Prof. Dr. Jürgen Zwernemann, Hamburgisches Museum für Völkerkunde, Binderstraße 14, D-W 2000 Hamburg 13.

### *Bildnachweis*

Die Fotos wurden mit freundlicher Genehmigung von den Autoren zur Verfügung gestellt. Die Zeichnungen auf S. 110 stammen von Prof. Lilli Koenig.